远见成就未来

建 投 书 店 投 资 有 限 公 司
More than books

MIRAKLET
I
LEGO

乐高，玩出奇迹

［丹麦］尼尔斯·隆德（Niels Lunde） —— 著　　张同 —— 译

中国出版集团
中译出版社

图书在版编目（CIP）数据

乐高，玩出奇迹 /（丹）尼尔斯·隆德著；张同译
-- 北京：中译出版社，2019.3
ISBN 978-7-5001-5846-2

Ⅰ.①乐… Ⅱ.①尼… ②张… Ⅲ.①克伊尔德·科尔克·克里斯蒂安森—传记 Ⅳ.①K837.125.38

中国版本图书馆CIP数据核字（2018）第299151号

Miraklet i LEGO, Copyright © 2012 by Niels Lunde
The work first published by JP/Politikens Forlag, Denmark, in 2012
Published by agreement with the Kontext Agency, Sweden and Chinese Connection Agency, a division of The Yao Enterprises, LLC, Armonk, New York, USA.

版权登记号：01-2018-5187

乐高，玩出奇迹

出版发行	中译出版社
地　　址	北京市西城区车公庄大街甲4号物华大厦六层
电　　话	（010）68359101；68359303（发行部）；
	68357328；53601537（编辑部）
邮　　编	100044
电子邮箱	book@ctph.com.cn
网　　址	http://www.ctph.com.cn
出 版 人	张高里
特约编辑	任月园　冯丽媛
责任编辑	郭宇佳　张孟词
封面设计	肖晋兴
排　　版	壹原视觉
印　　刷	北京中科印刷有限公司
经　　销	新华书店
规　　格	710毫米×1000毫米　1/16
印　　张	22
字　　数	225千字
版　　次	2019年3月第1版
印　　次	2019年3月第1次

ISBN 978-7-5001-5846-2　　　　　　定价：88.00元

版权所有　侵权必究
中译出版社

"乐高不仅是玩具"一直贯穿着家族几代的经营。

乐高集团比隆总部的接待台就是用大积木建成的，这样就没有人疑惑：这家公司是做什么的？

乐高品牌要高于玩具，要通过终身学习与人类发展紧密联系起来。

如今，乐高进入第四代，产品为通过娱乐培养智力与态度。

目　录

重要人物　*1*

序言　*15*

前言　*25*

1978 年 3 月 7 日，星期二的讲话　*1*

乐高将帽子扔过高墙　*23*

瘦身计划　*52*

保罗·普罗曼施行"大清洗"　*71*

依照错误战略全速前进　*86*

濒临绝境　*107*

克伊尔德"回归"　*134*

至暗时刻　*169*

"共同愿景"　*186*

携手伟创力　*207*

"克努斯托普疗法"　*225*

"愿景2022"　*241*

"共同愿景"的实现　*255*

后记　*265*

参考资料　*310*

重要人物

维恩·霍尔克·安徒生（Vagn Holck Andersen）

20世纪70年代在乐高（LEGO）担任多个高层职位，因为与古德弗莱德·科尔克·克里斯蒂安森和克伊尔德·科尔克·克里斯蒂安森意见不合，于1979年离开乐高。1984年，他再次回归，担任乐高集团美国总监，并于1989—1996年担任董事会主席。

托莫德·埃斯克森（Tormod Askildsen）

在乐高集团任职多年，在2004—2005年的危机中，他让约恩·维格·克努斯托普认识到"成人粉丝"在企业定位中的价值。

约翰·巴伯（John Barbour）

美国玩具经销商"玩具反斗城"（Toys "R" Us）的董事长，他于2004年对乐高集团的年轻领导者说，玩具反斗城对乐高的热情比乐高集团自身更甚。

奥勒·博内代尔（Ole Bornedal）

电影导演，执导了哲学电影《作为乐高》（*At være LEGO*），但仅有少数观众可以看懂；2009 年 4 月，乐高高层在斯凯里尔屋（Skarrildhus）观看了这部电影。

古那·博朗克（Gunnar Brock）

瑞典利乐公司（Tetra Pak）和阿特拉斯·科普柯集团（Atlas Copco）前总裁兼首席执行官；自 20 世纪 90 年代中期乐高集团出现危机直至 2008 年危机缓解，他都担任乐高集团董事会成员。

拉姆·查兰（Ram Charan）

国际管理咨询大师，著有畅销书《执行——如何完成任务的学问》（*Execution: The Discipline of Getting Things Done*）；2004 年，他与约恩·维格·克努斯托普会见，助其构建乐高集团的全球视野。

伊迪丝·诺格·克里斯蒂安森（Edith Nørregaard Christiansen）

古德弗莱德的遗孀，克伊尔德的母亲。

古德弗莱德·科尔克·克里斯蒂安森（Godtfred Kirk Christiansen）

制造厂商，他为乐高产品开创了一个独特体系，并在 1960 年作出重要决定：乐高集团应该专注生产优点突出的塑料积木，放弃木制玩具。

奥勒·科尔克·克里斯蒂安森（Ole Kirk Christiansen）

20世纪30年代的贫困时期，木匠奥勒开始用木材边角料制作玩具；他将"leg"和"godt"（丹麦语意为"玩得快乐"）连起来创造了"LEGO"（乐高）品牌；后来，人们发现在拉丁语中，"lego"这个词恰好意为"组合"。

弗朗西斯科·奇科莱拉（Francesco Ciccolella）

品牌营销专家，他与保罗·普罗曼在B&O公司（Bang & Olufsen，一个视听品牌）相识；2000年，他在保罗的引荐下加入乐高集团，2004年1月被解雇。

斯德恩·多格（Sten Daugaard）

短期担任乐高集团财务总监，2008年上任，2011年离职。

尼尔斯·多德（Niels Duedahl）

乐高全球供应链总裁，他参与生产线运营这项事关企业命脉的业务。他和杰斯普·欧文森一起与伟创力公司（Flextronics）签订了存在风险的协议。

莎拉·福克斯（Sarah Fox）

曾任麦肯锡公司（McKinsey & Co）的顾问，帮助约恩·维格·克努斯托普构建"共同愿景"。

迈克·弗朗斯（Mike France）

英国玩具经销商 ELC 儿童早教玩具公司（Early Learning Centre）创始人，给约恩·维格·克努斯托普提供了玩具贸易方面的思路。

赫尔曼·盖斯（Hermann Geis）

美泰公司（Mattel）德国总管；当 2004 年 2 月乐高集团陷入危机时，他告诉麦斯·尼伯，乐高品牌再也不会在德国玩具市场夺回"第一"的宝座了。

泽维尔·吉尔伯特（Xavier Gilbert）

瑞士 IMD 商学院教授，1972 年曾教过克伊尔德·科尔克·克里斯蒂安森。1991 年，克伊尔德推荐他担任乐高集团战略教授；此后，他也为约恩·维格·克努斯托普提供战略指导，并将指导任务描述为"我的工作就是惹恼你"。

克里斯蒂安·艾弗森（Christian Iversen）

1998—2000 年担任克伊尔德·科尔克·克里斯蒂安森的助理；2006 年出任高层管理职位，负责乐高集团内部服务和运营；2011 年离开乐高集团。

尼尔斯·雅克布森（Niels Jacobsen）

威廉·戴蒙特控股集团（William Demant）首席执行官兼主席，

并担任马士基集团（A.P. Møller – Mærsk）副主席；2008 年，他接替麦斯·欧里森（Mads Øvlisen）担任乐高集团董事会主席。

奥洛夫·雅克布森（Oluf Jacobsen）

20 世纪 90 年代丹麦知名猎头；1998 年，他推荐保罗·普罗曼加入乐高集团。

尼尔斯·克里斯蒂安·延森（Niels Christian Jensen）

20 世纪 90 年代乐高集团的高管，负责市场与销售。

托米·古伦德·杰斯普森（Tommy Gundelund Jespersen）

乐高集团产品负责人，2004 年离开乐高。

约恩·维格·克努斯托普（Jørgen Vig Knudstorp）

经济学家，2004 年，35 岁的他出任乐高集团首席执行官。在探索走出危机的阶段，他发现了公司定位的重要性。此后，他带领乐高转变思维，重新认识公司的核心业务。这一国际化战略被称为"克努斯托普疗法"。

拉斯·科灵（Lars Kolind）

奥迪康助听器公司（Oticon）前首席执行官，后来指导了初出茅庐的约恩·维格·克努斯托普。他提出两个关键问题：乐高集团为何存在？乐高集团哪里出了问题？

古黑尔德·科尔克·约翰森（Gunhild Kirk Johansen）

克伊尔德·科尔克·克里斯蒂安森的姐姐，多年来一直掌管克里斯蒂安森家族控股投资公司KIRKBI（掌握着乐高集团的股份），2007年提出分割家庭财产。

克伊尔德·科尔克·克里斯蒂安森（Kjeld Kirk Kristiansen）

乐高集团的最大股东，他身体力行地诠释了公司的价值与品牌；在其带领下，公司在20世纪80年代收益大幅增长，现代乐高品牌也取得了良好发展。然而，他和麦斯·欧里森一同造成了公司业绩在20世纪90年代持续下滑的现象。他始终坚持比收益更高的目标，这既是他的强项也是其弱点。

托马斯·科尔克·克里斯蒂安森（Thomas Kirk Kristiansen）

克伊尔德·科尔克·克里斯蒂安森的儿子。大家期望他成为乐高集团家族精神的传承者。2007年，托马斯加入董事会。

索恩·托普·劳森（Søren Torp Laursen）

年轻的领导集体成员之一，他与弗朗西斯科·奇科莱拉和保罗·普罗曼意见不统一；2004年起，他助力乐高集团在至关重要的美国市场大获成功。

克里斯蒂安·麦格（Christian Majgaard）

20世纪八九十年代担任乐高集团总裁，他与克伊尔德·科尔克·克里斯蒂安森分享了乐高品牌大获成功的喜悦,也参与修建了耗资巨大的乐高乐园。他是20世纪90年代末使乐高充满商业野心的主导推手。

罗格·马丁(Roger Martin)

作家兼加拿大罗特曼管理学院(Rotman)院长;他为约恩·维格·克努斯托普提供识别和开发公司潜能方面的咨询。

思恩·麦克高文(Sean McGowan)

华尔街玩具产业高级评论家,他在1999年对乐高集团当时强大的商业野心提出批评;10年后,他见证了乐高集团的亏损和扭亏为盈。

麦克·麦克纳马拉(Mike McNamara)

美国伟创力公司首席执行官,他坦言伟创力无法兑现与乐高集团合作承诺,让约恩·维格·克努斯托普遭遇了第一次重大失败。

安德森·莫伯格(Anders Moberg)

宜家(IKEA)前首席执行官,他被克伊尔德·科尔克·克里斯蒂安森视作乐高集团新首席执行官的候选人,但在2003年6月董事会召开重大会议时,他与保罗·普罗曼的对峙表现得太过激烈。

尼尔斯·佩尔·尼尔森（Niels Peder Nielsen）

贝恩咨询公司（Bain & Co.）顾问，他在2004—2005年首次为约恩·维格·克努斯托普进行乐高集团核心业务分析，结论显示乐高集团是生产塑料玩具的厂商。

麦斯·尼伯（Mads Nipper）

乐高集团管理层成员，他在2001—2002年支持如"得宝"（DUPLO）等具有商业价值的子品牌继续运作；他曾就公司内部发展提出观点：公司品牌力量的强弱在孩子们圣诞夜拆礼物时可以得到检验。

杰斯普·欧文森（Jesper Ovesen）

乐高集团首席财务官，曾在比隆（Billum）发动一切力量挽救公司；他将奥勒·科尔克·克里斯蒂安森在比隆的房子挂牌出售，后来又忍痛出售乐高乐园。

莉斯贝思·万尔德·潘尔森（Lisbeth Valther Pallesen）

1989年加入乐高集团；2006年出任高层领导，负责乐高"粉丝"、教育与零售等工作；2011年离开乐高集团。

西蒙·派珀特（Seymour Papert）

美国麻省理工学院教授，前乐高学习研究项目教授；他与克伊尔德·科尔克·克里斯蒂安森合作多年，致力于通过搭建塑料积木颗粒与激发编程兴趣来提升孩子们娱乐和学习的热情。

巴利·帕达（Bali Padda）

乐高首席运营官，他提出"可视化工厂"（Visual Factory）的想法，上任不久便确认了公司收益主要来源于哪些产品以及哪些产品没有创造收益。

本德·彼得森（Bent Pedersen）

乐高控股投资公司KIRKBI的董事会主席，他与克伊尔德·科尔克·克里斯蒂安森合作多年；2004年，他参与了在乌托夫特（Utoft）庄园举办的会议，会间美国摩根士丹利银行（Morgan Stanley）向克伊尔德施加压力，希望他出售乐高。

克伊尔德·米勒·彼得森（Kjeld Møller Pedersen）

卫生经济学教授；他如指南针上的磁铁一样反应灵敏，也是保罗·普罗曼加入乐高集团后首位离开公司的老领导。

丹尼尔·平克（Daniel Pink）

美国作家，著有《全新思维：为什么右脑思考者将统治未来》（A Whole New Mind: Why Right Brainers Will Rule the Future），启发了约恩·维格·克努斯托普提出"系统创新"的想法。

亨里克·保罗森（Henrik Poulsen）

曾就职于麦肯锡管理咨询公司；他 1999 年加入乐高集团，很快把事业做得风生水起。后来，他在竞选首席执行官时被公司内部更年轻的约恩·维格·克努斯托普超越。在乐高集团高层领导者中，亨里克不像约恩和杰斯普·欧文森那般锋芒毕露——这也在某种程度上表明：在挽救公司的过程中，他的贡献有可能被低估了。

保罗·普罗曼（Poul Plougmann）

1998 年加入乐高集团担任首席运营官；他在尚未确立战略方向的情况下便对公司实施了快速改造；2004 年他被解雇。

托斯登·拉斯穆森（Torsten Rasmussen）

20 世纪 70 年代与克伊尔德·科尔克·克里斯蒂安森一同在瑞士攻读工商管理硕士，是克伊尔德的多年密友，后来被"默认"为乐高集团的接班人[①]；1997 年，他因失望离开乐高公司。

米切尔·瑞斯尼克（Mitchel Resnick）

美国麻省理工学院教授，他与克伊尔德·科尔克·克里斯蒂安森共同致力于提升孩子们娱乐与学习的热情；他参与了"乐高头脑风暴机器人"（LEGO Mindstorms）项目，并一直跟进项目发展。2011 年，他被商业杂志《快公司》（Fast Company）评为"最具创造力的 100

[①] 在克伊尔德病重离职期间，托斯登代行其职，实际上在当时被认为是克伊尔德的继任者，但并没有被给予官方任命。——译者注

位商业人士"之一。现在，他是继西蒙·派珀特之后的乐高教授。

霍华德·罗夫曼（Howard Roffman）

卢卡斯影业（Lucasfilm）的电影监制，2004年，他在一次宴会上告诉自己的丹麦朋友克伊尔德·科尔克·克里斯蒂安森：乐高集团已经失控了。

麦斯·卢德（Mads Ryder）

掌管乐高乐园事务，直至乐园业务被出售给默林娱乐集团（Merlin Entertainments Group）；他参与了年轻领导者们在尤尔斯明讷（Juelsminde）避暑别墅的旅行——在那里，弗朗西斯科·奇科莱拉与保罗·普罗曼相识、相知。

皮尔·索恩森（Per Sørensen）

20世纪80年代担任乐高集团人力资源总监，提出"11个管理的悖论"（The 11 paradoxes of management）准则；他将乐高集团比作一座教堂，说开会的目的并不是为了作出决策，而是通报管理者在按照章程行事。

索恩·托普·索恩森（Søren Thorup Sørensen）

曾就职于马士基集团，2010年加入KIRKBI。他在工作中发现，公司所有者克伊尔德·科尔克·克里斯蒂安森的想法与自己以往的经验差异巨大；在KIRKBI，他需要自己制订公司收益目标，这种模式对他构成很大挑战。

托本·百勒格·索恩森（Torben Ballegaard Sørensen）

20世纪90年代参与发展"乐高头脑风暴机器人"项目；2001年，他与保罗·普罗曼不和，之后离开公司；2005年，克伊尔德·科尔克·克里斯蒂安森请他重归乐高集团，但他的乐观态度与杰斯普·欧文森希望大力削减开支的想法产生了剧烈冲突。

约翰·欧格曼（John Ungermand）

乐高集团职员，1993年曾提醒管理层公司的经营效益增长状况堪忧，不利于发展，但未引起注意。1997—1998年，他担任克伊尔德·科尔克·克里斯蒂安森的私人助理。

莫登·尤尔·威廉曼（Morten Juul Willemann）

乐高集团职员，2003年春季帮约恩·维格·克努斯托普为乐高管理层制定备忘录，结果表明：乐高的发展已经连续10年偏离和摒弃了公司原有的价值观。

杰克·韦尔奇（Jack Welch）

通用电气公司（General Electrics）前首席执行官，他曾说："对管理者而言，最重要的准则是看清世界真实的面貌——不是看它过去怎么样，也绝非你认为它怎么样。"2003年6月，约恩·维格·克努斯托普在重要的备忘录中引用了这句话，透露出自己的期望，即董事会应该意识到公司已经陷入重大危机。

拉斯·泽尔（Lasse Zäll）

瑞典领导力教练。他在克伊尔德·科尔克·克里斯蒂安森病休期间（1993—1994年）帮助对方重拾信心。后来，他与克伊尔德一起创办了"开创者"（Pathfinder）机构，给乐高集团的许多高管进行过管理培训。

克里斯·祖克（Chris Zook）

贝恩咨询公司顾问、作家。2004年，约恩·维格·克努斯托普在从波士顿飞往阿姆斯特丹的飞机上与他相遇，交谈中，约恩深受启发，认识到乐高集团应该专注于核心产业。英国《泰晤士报》(*The Times*)曾将克里斯·祖克评为"全世界50位商业战略家"之一。

麦斯·欧里森（Mads Øvlisen）

诺和诺德生物制药公司（Novo Nordisk）前首席执行官。他在1996—2008年担任乐高集团董事；2003年6月，当他读到约恩·维格·克努斯托普在备忘录中批判乐高集团的内容时，大为吃惊。

注：读者也许会感到奇怪，奥勒·科尔克·克里斯蒂安森、古德弗莱德·科尔克·克里斯蒂安森的姓与克伊尔德·科尔克·克里斯蒂安森的拼写方法不同。他们三个都姓"克里斯蒂安森"（Kristiansen），但前两位更倾向于在法律文件之外使用"Christiansen"。20世纪80年代，丹麦《姓名法》修订，古德弗莱德抓住机会修改了自己的姓。

序言

乐高和中国

多年来，在进入中国市场的过程中，乐高集团的定位发生了巨大的改变——起先，是举办零零散散的小型活动；后来，逐渐将中国看作具有优先战略地位的重要市场。

20世纪80年代，乐高集团向中国迈出了第一步。当时，宝隆洋行（East Asiatic Company）担任乐高在中国的分销商。乐高集团非常坚定地看好这一机会，因为知道中国人口众多，长远来看蕴藏着巨大的潜能。但毋庸置疑，当时西欧和北美市场对乐高集团而言更为重要。

乐高集团在中国迈出了几小步：1983年，哥本哈根一位中国大使馆雇员首次购买了乐高品牌的产品；1985年，乐高集团和中国国际贸易促进委员会共同在上海举办了乐高教育会议及展览；1987年，乐高产品出现在中国的一些免税商店里；1993年，乐高集团与中国的一家合作伙伴一起，开始在大型商场里销售乐高产品。

千禧年间，真正的转变发生了。乐高集团在北京和深圳开设了办公室。这些年间，乐高集团也逐渐地意识到中国的广阔市场对公司未来发展至关重要。大家也清楚地看到，欧洲和北美市场已经成熟，不会一直保持高增长率。乐高集团要实现经济效益持续增长，就要看到中国的潜力以及未来在非洲的潜力。2012年5月18日，乐高集团首席执行官约恩·维格·克努斯托普在《日德兰邮报》的报道中说："未来10到20年，亚洲将有十多亿中产阶级，这蕴含着巨大的机会。"

2013年，乐高集团宣布将在嘉兴建设工厂；2016年，工厂正式投产；2017年，2014年落户上海的办公室也开始扩张。

长期以来，乐高集团拥有人克伊尔德·科尔克·克里斯蒂安森和首席执行官约恩都希望公司可以为中国的发展作出贡献。乐高集团在嘉兴开设工厂之际，外资企业进入中国的情况已然发生改变，外界对中国市场的看法也开始刷新。十几年前，中国是西方企业的加工制造聚集地，现在一些生产被召回并选址在距离客户更近的地方。乐高进入中国是出于战略考量，工厂选址也经过深思熟虑。嘉兴距离上海只有一个半小时车程，是一座文化城市。传统意义上的玩具工厂大都位于邻近香港的珠江三角洲地带。乐高集团的战略是要让生产靠近客户，与重要的中国市场保持近距离。

一直以来，克伊尔德都认为乐高自成一类，不仅是玩具生产商。乐高集团是一家制作玩具材料、致力于激发孩子在玩乐中学习的企业。乐高工厂不进行低成本制造，而采用先进技术进行中等成本制造，并高度符合环境友好的标准。乐高集团传达的信息是：在中国旨在推广"寓教于乐"的理念,作出积极贡献,助力现代化发展。鉴于此,乐高集团从不属于中国战略性产业的玩具制造工业中脱颖而出,企业的发展就像高铁的发展一样具有战略意义。

对中国人来讲,有两件事至关重要——与贫困作斗争及环境保护。乐高集团想在这两大领域作出贡献。玩乐可以激发学习的兴趣,如果孩子们都能接受教育,就有更大的机会去摆脱贫困;与此同时,乐高集团也旨在做到环境友好并采取全球统一的生产标准。

这一切考虑都纳入了乐高集团的商业模式。他们希望协助减轻贫困,也想让孩子们更轻松地学习,生产的产品更符合环境标准——做到这些,将使乐高的品牌更加强大。

举例来说,全世界有多个乐高当地社区互动项目,员工们每年花大量时间做公益,服务社会。在中国,大家注意到流动儿童群体受户籍制度影响,流动人口享受到的健康福利与教育机会相对更少。还有一些留守儿童,由爷爷奶奶照顾。乐高集团尝试为这些孩子提供一些积极的帮助。在这种情形下,中国的需求与乐高品牌的理念就联结在了一起。

2012年,乐高集团公布了一项协议:一些中国老师和儿童将在课堂中使用乐高产品。在乐高教育的支持下,乐高集团与中国教育部门合作,对五万多名老师进行"寓教于乐"的培训,在200所学校里推广了乐高的教育材料。

2016年,乐高基金会与清华大学签署协议,在北京成立了终身学习实验室,旨在探索全新的创新学习和教育模式,进而推动中国从学前教育到大学教育均采取创新学习活动。

清华大学里精英聚集。这所高校期望培养出的学生不仅拥有常规能力，还要具备创造力、批判思维和强大的沟通与合作能力。大家希望通过建立终身学习实验室，不断地靠近这一目标，并带动其他大学和教育机构，从而发挥更大的影响力。

中方认同此观点：如果中国想要成为全球经济的引擎，就需要强大的创新精神。如果一味地为他人生产产品，则很难获得新知识；如果既开发也生产，就能有更多收获。如果能在教育中成功获得新思维，也会帮助家长认识到玩乐对学习的重要意义。

过去几年，中国涌现了许多中产阶级家庭，家长尤其重视孩子的发展。然而，传统教育常用"死记硬背"法——孩子得花大量的时间做作业，只有少量的高质量玩乐时间。家长希望玩乐可以发展孩子的创造力和行动力。

在中国，拼搭类玩具范围很广，许多家长都认同这类玩乐可促进孩子的发展。因此，乐高所能提供的和中国家长的需求非常吻合。然而，有些中国家长不知道乐高，也从未玩过乐高，他们不知道乐高是什么——这对乐高集团构成了巨大的挑战。

中国家长会慎重地挑选玩具，让他们接受克伊尔德对乐高的观点尤为重要——乐高不仅是玩具，乐高自成体系。有些家长认为玩乐和学习是两码事，乐高集团一定要改变这种观点。

如果乐高集团成功地说服中国消费者——乐高不是传统玩具，而是自成体系——那么，在中国将有很大的潜力。过去几年，中国开始重视激发儿童的创新能力、批判思维和革新精神。中国不仅是一个进行工业大批量生产的国家，还要能够开发和制造具有创新性和新创意的产品。中国的经济增长模式一度以出口和基础设施投资为主，后来，来自越南、孟加拉国等低劳动成本国家的竞争压力逐渐增大。中国强调经济增长，政府一定要发展经济增长的新模式，创造新的工作岗位。解决这个问题的办法就是创新。中国致力于将"中国制造"转变为"中国创造"；中国的长远目标是在2050年成为世界领先的创新中心。乐高也像在其他国家一样，寻求与中国大学和其他教育机构的合作。

商业挑战

乐高集团在中国市场面临的商业挑战与传统的欧洲和北美市场有着明显差异。

首先，中国是一个大国，乐高集团需要做大量工作。中国是一个潜在的巨大市场，也会构成挑战。如果某个中国竞争对手迅速发展壮大，与乐高集团竞争，不仅会对乐高品牌在中国的发展带来巨大问题，也会在世界范围内造成影响。"中国的乐高"可能会对乐高集团的全球业务产生威胁。

其次，在商业领域存在文化差异。2013年，乐高集团在中国的18个城市以及通过新浪微博进行市场推广。在此期间，大家意识到中国的价值理念不同于西方。"拼搭的乐趣，创造的骄傲"（Joy of building, Pride of creation）与"启迪和培养未来的建设者"（Inspire and develop the builders of tomorrow），这两个表达的中文含义与西方意蕴并不完全相同。大家希望口号中有"快乐"一词，同时也要有启迪性和推动性，主题最终定为"小灵感，大快乐"（Small inspiration, big fun）。

再次，乐高集团是否应针对中国市场开发新产品，这也经历了深思熟虑。中国特有的文化和历史可以用作玩具主题，这听起来颇有诱惑力。然而，"星球大战"在中国不像在西方那么受欢迎。在美国，"星球大战"几乎成了文化符号，这部电影也在中国上映了，反响却一般。显然，乐高在中国的市场资源不足，最终决定不开发新产品。

中国市场蕴藏着巨大的潜能，但乐高集团管理者担心针对中国开发产品会增加产品的复杂性，这很棘手。比如，乐高"城市组"系列要生产一个中国警察局，就要求注塑、包装和库房存放等都进行改变，这与乐高集团多年来力求产品简洁的努力相违背。乐高集团更倾向于生产含有中国元素的产品销至全球，而非仅仅在中国销售，就像以日本文化为原型的乐高"幻影忍者"在全球销售一样。此外，他们发现，世界各地的孩子都有共同之处：不同环境长大的男孩都喜欢好人和坏人对抗的游戏。

乐高集团在中国面临的最大商业挑战是：中国的市场动力与西方市场以及日本、韩国等亚洲市场存在着巨大差异。中国是世界上最大的数字经济体，有着七八亿互联网用户，数字生态系统发挥着独特的影响力。全球最强大的应用程序之一是微信，阿里巴巴（网购平台）、腾讯（游戏、社交媒体和手机支付）、百度（等同于谷歌和YouTube）和京东（网购）都是大型互联网科技公司。

中国的数字化发展迅猛，消费者热衷于使用新技术。如今，乐高集团在中国的大部分交易都是网购。

乐高集团应向中国市场学习，5—10年后，网上商店会在日常生活中取代实体商店。前期，西方企业在中国传授经验；如今，大家要从中国市场学习，回到西方国家推广和使用这些经验。

在乐高集团看来，中国的数字化发展对公司提出了两大要求：

其一，有一个强大的品牌至关重要。例如，在阿里巴巴上搜索玩具，如果有一个强大的品牌，产品就会出现在搜索结果中。由于消费者搜索了这一品牌，在阿里巴巴上带来了流量，这样一来，阿里巴巴就愿意将这个产品放在"货架"上。如果品牌不够强大，就很难在搜索中出现，也不会被放在"货架"上，但在实体店中情形则不同。

与此同时，有实体店也至关重要，但对其要求则有了变化。商店不再仅仅是顾客购买商品的场所。如果一个忙碌的人去一家实体店，那么一定有一种特殊的动力驱使他这样做，即他要在商店里得到一种体验。如果成功做到这一点，实体店依然具有网店无法达到的功效——创造一种与顾客的直接联系，他或她可以亲自用双手感受产品。

因此，乐高集团要有强大的品牌来适应网络购物，也要建立高质量的零售实体店铺，给顾客提供购物理由。这既指乐高品牌旗舰店，也指乐高品牌授权专卖店——即拥有销售乐高产品授权执照的零售店铺。

拥有一个无论在线上商店还是实体商店都强大的品牌至关重要。这两个方向都有着分布配比，经销商数量较少，会使生产商处于压力之下，因为零售商与顾客直接产生联系。在这种情况下，拥有一个强大的品牌至关重要。

乐高集团在中国的销售渠道总结起来就是：强大的网店加上零售，以及乐高品牌旗舰店和乐高授权专卖店。

在强化品牌的过程中，2018年，乐高集团与全球最大的电子游戏公司之一腾讯达成合作。按照协议，双方共同在腾讯视频平台上为儿童开发"视频专区"和其他乐高游戏。乐高集团希望通过这种方式提高大家对"乐高BOOST"系列的认知度，儿童可以先创建一个形象，然后在电子平台上用它玩游戏。这一协议体现了乐高集团明确的商业视角，同时腾讯希望可以学习乐高集团为儿童创建安全数字体验的经验。

显然，线上销售和与腾讯合作可以提升乐高品牌的市场份额，但仅利用网络平台仍不足以创建强大的品牌。上面提到，还需要实体店的存在，让儿童可以试玩，此外乐高品牌旗舰店的设立也有助于顾客理解乐高品牌的理念。中国人喜欢出门寻找娱乐项目，如果能开设一个有趣的零售店，就能吸引很多孩子，由此，顾客通过实体零售店也与品牌建立起联系。乐高集团在上海迪士尼小镇开设第一家品牌旗舰店后，2018年又在靠近上海人民广场上的世贸广场开设了上下两层的品牌旗舰店。具有购买力的人在不断增加，让大家了解这一品牌并理解乐高品牌的价值，知道乐高能给他们带来什么。实体店铺要解决的挑战是——让孩子们把积木拿在手里，得到乐高玩乐的体验。

乐高集团在中国的行动比起其他市场节奏更快。目前，乐高集团选择在拥有百万以上人口、规模巨大的城市扎根，如北京、上海、广州、深圳（这四个是乐高集团最先进入的城市）、成都、杭州、武汉、天津、南京、重庆、西安、长沙、青岛、沈阳、大连、厦门、苏州、宁波和无锡；此后是二线城市，其实它们的大小也不输于欧洲的大城市。

尼尔斯·隆德

2018 年 11 月

前言

2007年夏，我与乐高集团首席执行官约恩·维格·克努斯托普取得联系，自荐为他写传记。多年来，我和其他职业记者们一直关注着乐高集团所经历的极具戏剧性的大事件：一度陷入严重危机，濒临绝境；危急时刻，一位年轻的首席执行官上任，挽救公司于水火之中。

令人惊讶的是，约恩在短时间内使乐高集团的销售额持续上涨，取得了骄人的成绩。这一事件被丹麦和全球的媒体争相报道，但其如何发生巨大转变仍是一个谜团。但无论如何，这都会是一个精彩的故事，引人入胜且值得学习。

当时，约恩婉言谢绝了我。我得到一个记者听惯了的答复："时机不对。"他的解释是：讲述这个故事为时尚早。

此后，我一直与约恩保持联系，也曾在多种场合碰面。2008年12月，我又一次见到他，重新提出写作邀请，但也被婉拒了。

2010年2月，我见到了夏洛特·西蒙森（Charlotte Simonsen）——乐高集团人力资源和公共关系部门总监以及耶德·欧德纳（Jette

Orduna）——乐高集团核心文化部门"乐高之家"（LEGO Idéhuset）的负责人。在讨论乐高集团事宜的过程中，我们很快达成共识：若要讲述乐高集团近年来的发展史，这段故事可比约恩本人的故事更宏大。讲故事时，作者要追溯过去，还要对乐高集团的文化与认同有着深刻的理解，自然也会谈到克伊尔德·科尔克·克里斯蒂安森——这些年来，他很少被提及，仅有少量的采访和公开照片。

我在"乐高之家"与夏洛特·西蒙森和耶德·欧德纳会面。这座建筑内有一个博物馆，展示了乐高自20世纪30年代以来的发展史，包括当初失业的木匠奥勒·科尔克·克里斯蒂安森如何用木材边角料做玩具来贴补家用。参观博物馆时，我意识到：自己的任务要比最初设想的艰巨得多。从各个方面来看，乐高都是一个不同凡响的企业，它所注重的价值、文化、理念、产品、商业和家庭……所有这些特征，与其他丹麦企业相比均格外新颖。

2010年夏天，乐高集团向我抛出了橄榄枝。当时，我正在写一本人物传记《百位高层》（*100 topchefer*）。关于乐高集团的著书计划并不急迫，我们便约定于2011年1月开始着手写作。最终，这本书按照计划启动了。

乐高集团和我约定：我在写作中完全自由，可以与任何想了解的人交流；至于如何讲述这个故事，乐高不会干扰。乐高提出的唯一条件是需要通读书稿，确保事实无误。我在下文将详细介绍本书的写作结构和方法。

这是我首次撰写企业传记，真是一项大挑战。在写人物传记时，作者会很轻松地抓住一条贯穿始终的线索；但在写一本企业传记时，这条线索往往不容易被抓住。作者稍不留神就会写出一本混杂着人名、产品、年度数据、预算和所属子公司的书，让读者略翻几页便感到厌倦。因此，选择一个恰当的写作角度至关重要。我选择的角度是：遵循自己对乐高集团的观察展开叙述，以此为线索，对乐高的认识随着写作推进不断加深。下面分享一下我的观察心得：

我的乐高故事从 1978 年 3 月讲起。当时，年轻的克伊尔德·科尔克·克里斯蒂安森从瑞士回到祖国，为商业发展引入崭新的视角，带领乐高集团在 20 世纪 80 年代取得了成功。他与父亲古德弗莱德·科尔克·克里斯蒂安森产生了对抗——父亲既不理解儿子为何如此卖力拼搏，也不愿意给儿子让出一席之地。然而，克伊尔德还是逐渐站稳脚跟。乐高集团取得了长达 15 年的巨大商业成功，但这份佳绩也使克伊尔德滋生了骄傲自满的情绪。此后不久，乐高集团止步不前，产品也发生了信任危机，发展战略应对无力，公司从此一蹶不振。

危急时刻，克伊尔德将"宝"押在年仅 35 岁的年轻首席执行官约恩·维格·克努斯托普身上。约恩虽然没有丰富的经验，但事实证明克伊尔德的选择是正确的。约恩和同事杰斯普·欧文森很快制订出一份危机计划，此后不断地扩充，最终形成一份正确、详尽的战略规划。在媒体报道中，该计划被称为"克努斯托普疗法"，也被视作一剂"灵丹妙药"——可让一个危机重重的公司起死回生。从国际视野来看，乐高集团的这一逆转既遵循商业逻辑，又富有教育意义，如商业教科书一般经典。

这本身就是一个妙趣横生的故事。在工作中，随着了解的加深，我发现乐高集团的历史要比我想象的更为宏大。从宏观来看，这个故事讲述了克伊尔德·科尔克·克里斯蒂安森对梦想的毕生追求。他在位于比隆的公司长大，每当放学回家，就到开发部和员工们玩最新的玩具，可谓从小就痴迷乐高玩具；他也是一位毕生坚守着企业价值观的集团所有者，认为乐高的最高目标不是实现盈利，而是追求更远大的价值。

从1978年作为新任领导者发表讲话，到后来就乐高积木颗粒提出"永恒、天才的产品理念"，可以看出：克伊尔德深知积木颗粒蕴含着激发孩子们玩乐和学习的无尽可能性。他也认识到，乐高集团可以给世界各地的孩子们提供超出玩具本身的乐趣，但他无法厘清这一构想。他无法阐释自己的想法；员工们也不理解他的想法，更不知道如何去执行。在20世纪90年代的危机中，克伊尔德无法清晰地表述自己的一些构想，导致乐高集团的领导层越发不知所措，公司逐渐迷失了发展方向。因此，对克伊尔德来说，乐高危机是一场充满伤痛的失败，是他作为乐高创始家族后裔、个人以及公司所有者的失败。

大家都清楚约恩对乐高集团作出的贡献。他不仅创造出丰硕的成果，更重要的是——他是集团内第一个理解克伊尔德想法的人。此前，没有人能清楚地领悟到克伊尔德的想法，连克伊尔德自己也充满疑惑。后来，大家发现：约恩的"第一个共同愿景"和"2022年愿景"正是迟来却重要的探索，指向揭开克伊尔德对乐高集团的构想。

从2004年深入乐高集团的核心业务，到2008年向克伊尔德展示"发明玩乐的未来"（Inventing the future of play）这一理念，约恩花费了海量时日来理解克伊尔德及其家族的想法。他始终努力地向着乐高集团上下希望实现却难以企及的目标靠近：创造不仅能带来收益的产业，还可以帮助乐高创始家族实现梦想，将公司打造为让世界各地儿童拥有更美好生活的平台。

现在，评判克伊尔德和约恩共同完成的事业是否成功还为时尚早。也许，对他们来说，有无实现创造"玩乐的未来"这一愿景其实并不重要。自创始以来，乐高集团一直奉行着一句格言——"只有做到最好才足够"（Only the best is good enough），它是20世纪30年代创始人奥勒·科尔克·克里斯蒂安森之语，字里行间闪烁着永远追求卓越的信念。事实上，乐高集团一直为超出公司本身利益的事业奋斗，也始终致力于实现该梦想——这既是公司不断前进的动力，也是理解乐高集团远大追求的一把钥匙。

尼尔斯·隆德
写于哥本哈根，2012年7月15日

1978 年 3 月 7 日，星期二的讲话

- 1978 年 3 月—1994 年 4 月

克伊尔德在瑞士求学并工作一段时间后回到比隆。他首次面向公司领导层讲话时引入了新的商业视角，带领乐高集团取得了多年增收；他积极采取多种办法赋予"乐高"高于玩具本身的价值。

20 世纪 80 年代，父亲古德弗莱德不愿意给儿子让位，但克伊尔德通过努力取得了越来越大的影响力，掌管的业务也逐渐增多。

1993 年，克伊尔德因患慢性结肠炎休养了一年半。

克伊尔德带着新愿景回归比隆

1978 年 3 月 7—8 日，星期二和星期三，乐高集团邀请了大约 100 位领导层成员参加在比隆召开的年度会议。"三月例会"是公司的一项传统，销售和市场负责人可以了解到新产品，倾听领导层的

意见。但1978年的例会显得格外重要，实际上，这次"三月会议"堪称乐高历史上的"里程碑"，年仅30岁的克伊尔德·科尔克·克里斯蒂安森作为新领导者在会上发表了首次讲话。

一年前，克伊尔德回归家族企业；此前，他主要从事国际市场销售和产品发展。他在瑞士求学数年，1972年通过了工商管理硕士考试，接着又完成了丹麦的商业HA考试。在悉心考量后，他决定先着手乐高集团的海外工作。

克伊尔德在瑞士建立起一系列业务，包括创办研发部门、玩具工厂和生产部门；他还着手在美国设立公司。1978年3月7日，他站在演讲台上，为乐高未来的发展规划蓝图。此时，公司已然深受危机影响。20世纪70年代初期，乐高集团在美国市场上取得了成功，后来却停滞不前。市场竞争越发激烈，就连当时最重要的西德[①]市场的销量也一路滑坡。在比隆的乐高集团总部，人们的不安感蔓延开来——业务发展没有以前那么顺利了，到底是哪儿出错了呢？

乐高集团管理层意识到问题，却很难找到解决办法。多年来，公司因积木产品声名远播，大获成功，业绩丰厚；企业文化也渗透着对产品的浓浓自豪感。在创始人（木匠奥勒·科尔克·克里斯蒂安森）和儿子（制造商古德弗莱德·科尔克·克里斯蒂安森）共同创建乐高文化时就以产品为核心，但如今，乐高集团的员工们开始怀疑：难道公司的发展已经到达极限了？世界各地的孩子们显然喜欢玩乐高，但对公司来讲，却很难进行创新，很难制作出孩子和家长

[①] 德国在"二战"后被分为西德和东德，1990年实现统一，统一后的德国为今天的德意志联邦共和国。——译者注

们愿意花钱购买的产品——他们只愿意玩已经买到的产品。

克伊尔德身处瑞士时对乐高集团的发展有了新见解。他站在局外审视思考后意识到：多年来，公司只注重同种产品，这限制了新思想的萌发。他认为，如果产品想创新发展，乐高就要开始对消费者——即孩子和家长们——给予更多的兴趣和关注。对公司来讲，拥有崭新的视角极为重要。

于是，克伊尔德回归比隆，脑海里装满了用全新方式进行产品分类的想法。他给不同产品划分出主题，例如很受欢迎的"得宝"系列（DUPLO）——最基础的积木，专为学龄前儿童设计，自成一体。克伊尔德想，如果乐高跳出对产品认知的局限，便可拥有全新的可能性，"得宝"将不再只是小孩子的玩具，在这一品牌下可以分门别类，让它们各自拥有一个主题和生产线，比如说以农场或小动物为主题设计整套玩具。早在一年前，他在乐高集团内部展示新的发展模型时已经画了构思草图。这张图在公司的后续发展中意义重大，如今被陈列在乐高集团总部的博物馆里。

1978年3月，克伊尔德在讲话中说，乐高集团存在的最大问题是公司偏离最初的理念太远了：

"我要强调，我们一直在有限的基础产品系列中尝试用新的销售方式和特殊元素进行突破，这让乐高集团走入歧途。今天的消费者怎么看待乐高品牌呢？……他们会认为乐高的产品在积极地发展，还是逐渐背离了'天才、创新和具有教育意义'的理念呢？"

对克伊尔德来说，有一点尤为重要，即更清楚地给孩子和家长传达"乐高并不是普通玩具"的讯息。乐高不仅是玩具，而是高于玩具。乐高应该自成体系。这就要求乐高要针对不同年龄段用户进行产品定位，满足他们的身份认同。如此一来，乐高就会有：

> "……诸多可能性，从我们的产品创意和生产基地出发，发展出方向清晰的不同类产品。长远来看，顾客会逐渐认识到乐高不仅是'拼搭玩具'，而是代表'创新和发展的高质量玩具'。"

克伊尔德的讲话表达出对乐高集团发展的全新展望。他突破了公司的一大传统——对技术和产品的高度重视和无限自豪——引导大家把关注焦点放在孩子和家长们身上。视线从看内部转向看外部市场，这本身就是一场革新。全新的商业理念有力地推动了公司和产品的发展，使得收益急剧增长，远超预期。后来，这一理念也深深地影响了丹麦的商业界。当时，许多公司也同乐高集团一样，抱持着"以产品为傲"的思想；之后几年，新一代的公司领导者们都致力于将员工的焦点从产品转向客户需求上。

但克伊尔德并不满足于此。他的目标不仅是实现盈利，也不限于引领乐高进入新时代——更要理解孩子们的需求、跟他们联系得更紧密。在这次讲话中，克伊尔德首次谈论了自己的梦想，这也是他毕生的追求。在孩提时代，每天下午，他和乐高集团开发部门的成员一起玩乐高，从那时起他就意识到：乐高有机会成为某种特别的存在。他无法确切地表达自己的理想，但在1978年3月这一天作出了尝试。他说：

> "从今天开始，之前的产品定位（乐高＝拼搭玩具）应该逐渐在用户心目中转变为'乐高集团＝一家面向各个年龄段儿童的公司，生产并推广富有创造力和启发性的高质量玩具'。"

也许，在场听众只有极少数人领悟了这些话的内涵。随后，克伊尔德具体讲述了自己对产品的看法。他希望听众明白，乐高今后要对众多产品进行分类。他将专为婴童设计的玩具命名为"得宝系列"，拼搭玩具命名为"乐高"（LEGO）——在这一分类里，他开创了"乐高城市组"（LEGO City）、"乐高城堡系列"（LEGO Castle）和"乐高太空"（LEGO Space）三个产品线，此外还有游戏和兴趣爱好类——他称之为XYZ，其中有为女孩设计的装扮类玩具Scala系列。

将乐高产品分为三大类，是因为它们都具备各自的特性，便于乐高用户轻松地进行选择，也利于促进新产品的发展。这一变革效果显著。随后几年里，乐高集团发展迅猛。1979年，乐高集团推出了史上最多的新产品，再次受到大众欢迎，这又激发了公司创造更多的新产品。克伊尔德为乐高产品提出了新的理念，引入玩具主题和乐高小人仔，使得乐高产品也适用于角色扮演类游戏。

但克伊尔德最终想表达什么呢？从乐高集团后来的改革看，他的这次讲话极富历史意义，想传达的核心信息是：在克伊尔德眼中，

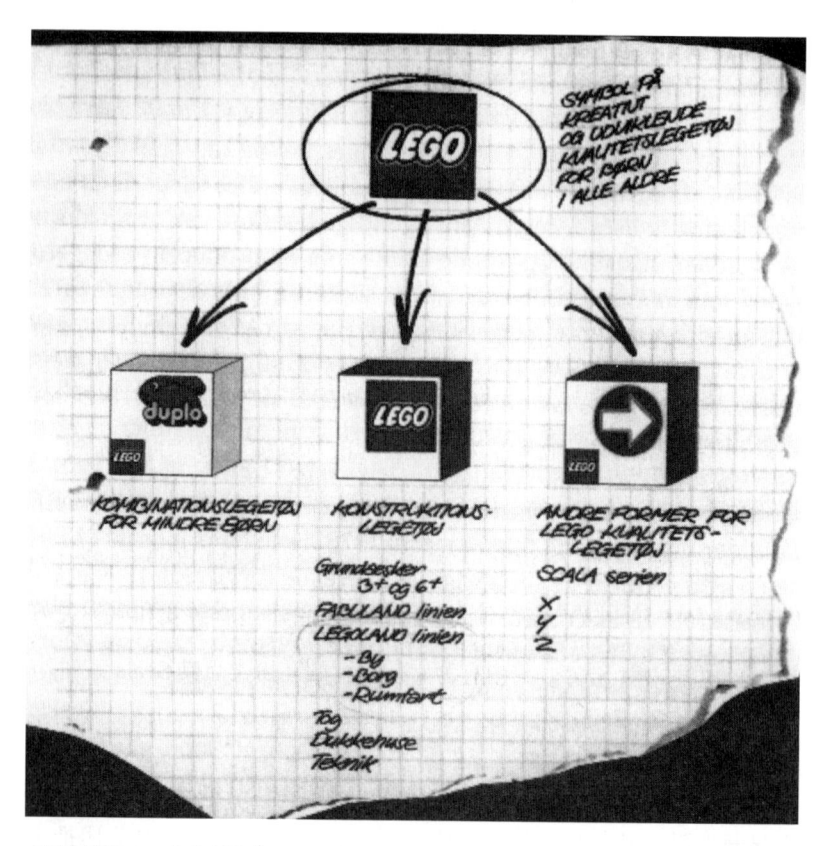

克伊尔德在1977年绘制的草图，为乐高的产品开发引入了全新视角。他的想法是将乐高集团的众多产品分为三个类别，它们各自拥有独特的身份认同，以便顾客更好地理解。1978年，克伊尔德在公司内部会议讲话中用这张图启发大家，为公司在20世纪80年代的出色业绩打下了基础。如今，这张图在乐高集团总部的博物馆内展出。

乐高集团并不只是一家玩具生产商——尽管大多数人这么认为——他觉得乐高集团应该是一家独特的公司；把乐高集团从制造玩具发展到拥有更宏大的视野和影响力，最终实现促进世界各地儿童发展的宏伟目标，是他毕生的梦想。

1978年3月的讲话，是人们看懂乐高集团后来的发展和理解克伊尔德的一把钥匙。他在乐高集团作出的所有努力——从20世纪80年代的大获成功，到20世纪90年代的疑惑迷茫；从千禧年间的灾难挫败，再到近几年的奇迹复苏——处处印证着他对蕴藏在塑料积木颗粒里的永恒创意的不懈追求。

克伊尔德发表讲话时才30岁。作为年轻领导者，他不光受到过良好的国内外教育，还是一个爱玩的"大孩子"。他从小在公司里长大，对乐高积木颗粒和公司精神、特质有着直觉性的深入理解。他对乐高理念的理解早已超越其他人，如今，他在"原有体系"中创造了一种新模式。

"原有体系"是指克伊尔德的父亲古德弗莱德在25年前提出的理念。古德弗莱德将乐高看作一个集合体系，顾客可以将买到的所有乐高产品任意拼装，在同一个拼搭系统中使用。当时，这是一个全新的创意，带领乐高集团取得了成功。如今，克伊尔德让这一创意更进一步。对孩子和家长来说，新产品更为直观清晰，且有着内在联系——比如，某几个产品属于"乐高城堡系列"这一主题。这也让比隆的员工更容易开发和生产出新产品。

克伊尔德十分欣慰。接下来的几年里，他作为公司的技术指导开创了最精彩的篇章。他把在瑞士求学时的同学、同龄人兼好友托斯登·拉斯穆森请到比隆乐高总部掌管至关重要的产品生产，两人紧密协作。

这对好友让乐高集团在20世纪80年代大获成功，收益大幅上升，业绩出色且良性、健康增长。这个过程复杂且充满挑战：员工们铆足干劲，开发出多种不同种类的积木，产品多样化也导致产品线复杂程度上升，解决起来有些棘手却在可控范围之内。如果产品开发不受限制，生产费用将失去控制；或者更糟糕的是，乐高产品将面对供不应求的脱销局面，顾客无法买到商品。

从1978年起，乐高集团就取得了无与伦比的成功，此后一路高歌猛进，连年增长率超过10%。其领导者们的最大挑战就是控制增长，这令其他丹麦企业既羡慕又钦佩。

多年的成功造就了强大的企业文化。乐高家族业绩优异，古德弗莱德和伊迪丝在比隆小城里备受瞩目和敬仰，人们纷纷称赞乐高集团的发展状况很好。其实，可以说它发展得"太好了"，所有产品都被抢购一空。毫不夸张地说，当乐高集团的生产部门决定生产多少产品时，销售部门主管们就可以预知将销售多少产品。

这种商业模式与其他公司截然相反，在乐高集团却运转良好。一切都风调雨顺。对乐高公司而言，挑战不是来自竞争者的压力，而是尽量避免销售量高于生产量。乐高集团是一家强大的家族企业，自20世纪60年代起就由古德弗莱德与家人们领导并打理着公司事务。他们身处一座安宁的小城，集团本身和这座城市都不足以吸引外来人口。在古德弗莱德掌管公司的那些年里，他一直雇用当地员工，在评判员工忠诚度时，也以他们在公司的任职年限为标准。

员工的优异业绩使得公司很难作出改变，尤其是不受人们欢迎的决定。连开除员工都变成一件难事——一想到次日可能会在超市里遇到他们或他们的孩子就会觉得很尴尬。随着时间的推移，公司的运营成为例行程序，开发新产品耗时冗长，管理层不断壮大，新的支出不断增多。人力资源总监皮尔·索恩森经常把公司比作剧场，他说，"我们又完成了一年的'表演'"——意即乐高集团存在于现实世界之外。公司应该生产什么产品，完全由乐高集团自己决定，而非市场。

克伊尔德注意到，20世纪80年代，公司中的自满情绪开始滋生。他想作出改变，但选择采取温和的方式而非强硬的手段。当时，许多强硬的领导者想通过削减公司支出或强制裁员来扭转局势，克伊尔德却选择走相反的路。他和皮尔·索恩森采取了一系列措施，如拟定管理发展规划，并在1986年的首次研讨会上提出了管理准则："11个管理的悖论"。这次尝试反映出他希望改变公司的强烈愿望，其中第一条悖论是"能够与员工建立紧密的关系——又能保持适当距离"，第二条是"带个好头——又要退回到幕后"。

这11条悖论彰显出克伊尔德的期望。他的视野不局限于条条框框，也不用强硬方式解决问题。他寻求中庸之道。比起二选一，他更喜欢"鱼与熊掌兼得"。他不仅在公司决策中这样做，在管理中也是如此，但有时会显得模棱两可。有时候，两位领导者在报告会上意见不一，但只要员工知道，最重要的领导者是谁、该听谁的，这一切就不是问题了。这种管理方式需要大量沟通，其实沟通也极具价值。在作决定之前进行充分讨论是件好事，克伊尔德认为乐高集团可以承担这种"奢侈"的模式。

　　这种模式可以结出丰硕的果实，也会使管理机构变得庞大冗杂。乐高管理层开创了"冲突避免机制"。在管理层开会之前，艰难的决定已然作出，这样在会议中就不会出现争持不下。皮尔·索恩森将乐高集团比作一座教堂，开会的目的并不是为了作出决策，而是告诉大家管理者在按照章程行事。"11条悖论"没有遭到强硬管理者们的抵制。皮尔·索恩森在内刊《积木》（*Klodshans*）中说，世界各地的管理者都把这"11条悖论"写在圣诞问候的海报上。

　　换句话说，乐高集团不断地卖出产品，公司向前发展，管理层不断壮大，管理者们变得更喜欢使用管理工具，公司事务运转缓慢……这样下去肯定会出错。从1987年5月的《积木》中可以看出：营业额在增加，营业收益却未跟上，利润在下跌。这正是一家公司发展太快的典型征兆。不久后，克伊尔德在1987年12月的《积木》中写道：

　　　　"品质一直是乐高集团的核心理念——我们要继续发扬，但……我们在所有工作中都倾向于把事情做到最好——即追求完美。有时候可能太好了。追求极致完美的代价太高了！"

　　多年后的2001年8月31日，星期五，美国商业杂志《快公司》在一篇文章中写道："乐高在20世纪80年代犯了一个错误，认为增收就是成功。销售的爆炸式增长并不意味着产品创意的突破，或许仅是公司全球化高速发展的体现。克伊尔德除了提醒公司运营存在的问题以外，还专注于真正令他困惑的问题——公司创意。"

1988年，克伊尔德提出了一个愿景。从奥勒·科尔克·克里斯蒂安森时代起，乐高集团就有了"只有做到最好才足够"这一座右铭，但克伊尔德希望再添加一些创新与现代的元素。他想给乐高品牌树立一个更明确的形象，向顾客和员工解释清楚乐高到底是什么。他想实现的"愿景"是他的理想，希望外部世界会自动地把"乐高"与三个概念联系起来，即"创意、热忱与价值"。

当时，第一批为儿童设计的电脑游戏问世，这一新事物在乐高集团内部引发躁动。当一个全新的电子世界诞生，大家仍然坚信世界各地的孩子们会继续玩以前的塑料积木吗？之后几年，乐高内部的人员越发担忧，克伊尔德却表露出对积木颗粒的坚定信心。他看到了一些发展的可能性，但只有少数人理解他的想法。1987年12月，克伊尔德在内刊《积木》中回答了"未来儿童还会玩拼搭玩具吗"这一问题：

"所有的国际教育权威都认为，玩一些用实体材料制作的玩具，比如我们的积木颗粒，有利于促进儿童未来的发展。……说得理想一些，乐高产品对孩子大脑的帮助十分有利且很重要。儿童结合自己的经验学习最有效，他们可以学会把问题拆解为一个个部件，再用新的方式重新拼搭。在实体材料的帮助下学习，这种形式已经越来越被儿童发展领域的研究人员和专家喜爱——与西蒙·派珀特的想法相符，他将其称为'建构主义'（constructivism）。"

乐高集团面临的严峻挑战虽然让人担忧，但并没有动摇克伊尔德对乐高积木及其诸多可能性的信心。1987 年，在这一问题出现后，他和其他高层领导者进行了快速彻底的管理变动，且不仅是遵循了管理层悖论法则。然而此时，世界历史上出现了一件出乎意料的大事件：1989 年秋，柏林墙倒塌，引发了东欧剧变。从很多层面来讲，这是件好事。对乐高集团来说，新市场敞开了大门，原本重要的德国市场的规模比以前更大。这件事也拉动了乐高产品的销售量。20 世纪 80 年代末，乐高品牌首次荣获了丹麦领先商业刊物《博森新闻杂志》(*Børsens Nyhedsmagasin*)评选的"最佳商业形象奖"。

1990 年 2 月，克伊尔德在内刊《积木》中回顾了 20 世纪 80 年代那令人惊喜的十年。他开发"乐高城市组""乐高城堡系列"及"乐高太空系列"的构想和在 1978 年讲话之后的举措，造就了乐高无与伦比的巨大成功。年度预算显示，公司员工数量为 6355 人，是 1980 年 3630 人的两倍之多。1990 年 5 月 9 日，星期三，《博森新闻杂志》报道，乐高的年终收益是税前 10 亿丹麦克朗，简直是"不可思议"的事。

与父亲的关系

20 世纪 70 年代末至 20 世纪 80 年代，年轻的克伊尔德为扩大乐高集团的影响力作出了卓越努力。他是乐高所有者古德弗莱德的儿子，终有一天会接手乐高集团，但父亲不太欣赏他。

古德弗莱德性格强硬。他在父亲奥勒的公司长大，记忆中始终没有忘记20世纪30年代开创乐高集团时的贫穷与艰难。

奥勒住在一座田野边的小城中,他身为木匠,生活窘迫,难以维持生计,便用木材边角料制作玩具出售。奥勒创立了乐高集团;20世纪五六十年代,古德弗莱德将其发展为一家大公司。古德弗莱德从小就养成了谦虚谨慎、富有责任感的好品质,他将这些玩具定义为一种组合拼搭系统,堪称商界的神来之笔。1960年,一场大火烧毁了乐高集团,古德弗莱德又作出了择优制造塑料玩具、放弃木质玩具的重大决策。

古德弗莱德既是领导者又是行动派:他一直在忙碌,全盘掌控所有重大决策;他可以——也愿意——指挥公司运营。他深入每个细节,每天都会从副主席奥拉·约恩森(Orla Jørgensen)那里收到一份财务报表。他用毕生精力开创了自己的事业,也深深以此为傲。他并不看重自己的董事会主席身份,而自视为一个生产商。他拥有这家公司,他的所思所想、所作所为都是一位公司所有者该有的样子。早在1974年,美国期刊《国际管理》(International Management)就评价古德弗莱德是"一位作出所有决策、不会将责任和权力交给员工的领导者"。

古德弗莱德对公司事务得心应手,他领导公司多年,信心十足,和所有人都聊得来。每到傍晚,他都会带着宠物狗在工厂散步。当时的首席执行官维恩·霍尔克·安徒生在跟克伊尔德谈话时曾说:"在古德弗莱德睡觉之前,没有人知道这一天会怎么结束。"

年轻的克伊尔德在公司里没法做到随心行事。他在公司里的权威无法和父亲相提并论,当他要去工厂走一走时,没法像父亲那样抬脚就去。克伊尔德感到这更像差事，员工们也觉得他的到访是一种巡视。在公司里，克伊尔德更像是一个"外人"。在比隆，古德弗莱德是一名虔诚的基督徒，他的父亲也是如此。这给古德弗莱德增加了一份独特的自信心——他对一切得心应手。

克伊尔德跟父亲是不同类型的管理者，他更多的是在探索，虽然略显迷茫，但在看待公司及其潜力上有着更高瞻远瞩的视角和观点。瑞士求学的经历对他影响深远，他不需要每天拿着财务报表过目——这点很难让父亲理解。

两个迥然相异的人共事一定会矛盾重重，加之父亲不愿给儿子让位，情况就越发严重。1977年，克伊尔德开始担任乐高集团领导者时，父亲担任董事会主席。时任首席执行官的维恩·霍尔克·安徒生很快就感觉到情况不对，便决定离开。1979年，维恩进入丹麦伊尔玛超市（Irma）任职，这令克伊尔德十分沮丧。维恩仍在董事会里，但克伊尔德还是感觉自己遭到背叛。他与父亲的矛盾也不断升级，父子两个人不仅管理风格迥异，对公司发展快慢的看法也不同。

克伊尔德非常注重公司的增收，认为这是吸引新员工的必要条件。古德弗莱德却对此持怀疑态度——很难解释个中原因，也许他害怕增收会破坏企业文化，也许是他不确定风格温和的儿子能否领导处于增长中的公司，也许他只是单纯地难以理解这一观点。

1981年，《管理》（*Management*）杂志委婉地将这两种不同观点清楚地表露出来。在采访中，古德弗莱德说：

"我觉得，在过去几年，发展和需求促使我们不断前进，但我们有些用力过猛。我认为，不应该让未来的战略致力于最大限度地提升营业额和实现公司盈利，而要寻求可持续发展的途径，因此，不偏离乐高的基本理念极为重要。"

克伊尔德说：

"我们都同意，未来发展需要可持续地健康增长，但我们在什么是'健康增长'上出现了分歧。……我认为，我们应该每年有6%—7%的数量增长，等同于至少15%的营业额增长。"

20世纪80年代中期，古德弗莱德仍然在参与管理层会议。克伊尔德作为公司新总管，一直努力想要树立权威，父亲的参与使他分外沮丧。古德弗莱德认为乐高集团发展速度太快，生产出过多新产品，迎来过多新面孔，他感到不安，不确认能否把控住发展节奏。他要告诉儿子这一点；如果儿子听不进去，他就会试图说服董事会的其他成员，让他们制止克伊尔德的膨胀心理。

古德弗莱德常与一名生产部门的老员工见面，对方也不太了解公司管理层的思路。克伊尔德又得跟父亲展开生产方面的新争论。他想让父亲远离日常决策，却使古德弗莱德更多地参与公司事务。克伊尔德很不耐烦，告诉父亲不愿意两人公开竞争。他觉得父亲只愿意发表观点，却不尊重自己的看法。

后来，克伊尔德的影响力越来越大。20世纪80年代中期起，古德弗莱德开始花更多时间打理控股投资公司KIRKBI，它被称为"家族资金池"。克伊尔德成立了一个商业委员会，以便快速作出某些决策，这样就不用等到开董事会成员例会时再作决策——那些成员大都是父亲的老朋友。克伊尔德还为管理层聘请了新人。古德弗莱德在慢慢退出公司日常事务，虽然他自认为仍在乐高集团保有重要地位。1990年7月，古德弗莱德年满70岁，他接受了内刊的采访。此时，克伊尔德已领导公司十余年。然而，采访的字里行间显示，古德弗莱德仍认为自己是家族和公司的领头人：

"……不要忘记，在过去10—12年间，虽然克伊尔德和其他公司管理层成员与优秀员工们成功地掌管了大多数事务——但我感觉，我从一开始就参与其中，所以现在仍然是我在承担大任。"

此外，这次采访还预示着一件后来在乐高集团发生的极具戏剧性的大事件。古德弗莱德被问到是否对儿子有好的建议时说：

"我对克伊尔德最好的建议是：让我们继续专注于乐高品牌的理念——当然要不带偏见地去看待这件事。深入了解，就会产生新的创意。"

古德弗莱德的这些话是想表达什么？许多年后有了答案。1992

年，他将自己对乐高的看法记录下来，写了半页纸。起初，这张纸去向不明，直到 2009 年才重见天日。当时，他这样写道：

"我认为，接下来的 35 年，如果我们继续坚守信念与专注，乐高集团就会健康良好地向前发展……尽管发展状况很好，还是要求专注。上到高层领导，下到各个机构，所有人都应该传承这一品质并且要一直传递给公司的新人。

唯一能摧毁乐高的，就是乐高自己。

我们不要求做到最大，但要成为最好的之一。

古德弗莱德·科尔克·克里斯蒂安森

1992 年 3 月，写于比隆"

为什么古德弗莱德一直在强调"专注"？为什么他对公司的连年增收持怀疑态度？毋庸置疑，当他提到"专注"时，是指人们如今所说的"核心业务"。他想表达乐高要始终抓住核心业务——积木。当人们回想乐高后来发生的事，再看这段记录，就仿佛能看到历史的钟摆在来回晃动：几年后，乐高集团忽视了"专注"，导致了一场巨大的灾难；大家寻求回归核心业务，才让它走出危机。

虽然父子间存在冲突，但总体上还算融洽相处。在古德弗莱德 70 岁的生日宴会上，克伊尔德致辞时小心翼翼地影射了父子间的多次争执。按照《积木》的记载，他说：

"父亲，你告诉过我，你常常为你父亲的所作所为感到不满,你的父亲对你做的一些事一定也持同样的态度。因此我觉得,我们父子之间的关系是历史的重演。"

克伊尔德病重

20世纪90年代初,乐高集团取得了巨大成功。公司多年持续保持的高增长率令人惊叹,克伊尔德也成为备受瞩目的丹麦和国际顶级商业人士。1993年,乐高第3次获得《博森新闻杂志》评选的"最佳商业形象奖"。1978年3月,克伊尔德发表讲话时就像一位非凡的梦想家,他怀揣着那份愿景,连续多年为公司创造了卓越的业绩。

然而不久后,情况发生了变化。玩具市场的压力剧增。一个重要原因是在孩子们的心目中童年越来越短,他们玩乐的时间也越来越少,加之越来越多的电脑游戏问世夺去了他们的注意力。世界各地的儿童在精彩的电子游戏出现后,还会玩这些缺乏新意的积木吗?

公司内部也忧虑重重。克伊尔德多次在内刊《积木》中提及此事。1987年,他认为,公司出现了泡沫增长,收益状况不佳,新员工进入公司的节奏太快——这些现象是乐高集团出现问题的征兆。20世纪90年代初,乐高共有6355名员工,两年后就增长到8560人。1993年4月,73岁的古德弗莱德回归公司担任董事会主席,几个月后心脏病突发。之前的首席执行官维恩接替古德弗莱德担任新主席,但他在这个职位上不够强大、沉稳,并且他也年事已高——将近70

岁了。

在这关键时刻,发生了一件大事,对乐高集团造成了沉重打击——克伊尔德病了。1993年5月,他开始感觉身体不适,后来检查发现患有溃疡性结肠炎。他的病情不断恶化,1993年6月,他被迫离开工作岗位。他的活力被疾病夺走了。他先是接受医学治疗,随后在凯特明讷(Kerteminde)附近的家族城堡斯堪伦堡(Schelenborg)静养,不问世事。比隆总部的员工一时不太清楚克伊尔德病重一事,他看起来好像没有生病。克伊尔德选择了隐退。

多年后,克伊尔德受访时被问到在隐退期间做了什么。他的回答是:什么都没做。他又说,听了吉米·亨德里克斯(Jimi Hendrix)的音乐,再没有其他有料的回答。这种说辞让人看到他作为领导者的弱势一面,也许他不堪压力的重击,甚至有些抑郁。

在比隆,乐高集团的员工们尝试在没有领导者的情况下工作。托斯登·拉斯穆森被选中接替克伊尔德的位置,他有时会与市场部门总监尼尔斯·克里斯蒂安·延森一同去菲英岛(Fyn)看望克伊尔德,谈谈公司事务,但对方通常无精打采,毫无生机,对公司事务也不太感兴趣。

这两位不曾遇到过这种情形。他们认识的克伊尔德是个极有担当的领导者——对公司充满热爱,眼里总闪着亮光;现在的克伊尔德却与从前判若两人。如今,领导日常事务的新主管托斯登·拉斯穆森想与新董事会主席维恩定期举行会议,但董事会的态度消极,甚至对托斯登有些不屑。年初时,古德弗莱德心脏病突发,身体也非常虚弱。乐高集团一度陷入群龙无首的境地,比隆上空似乎笼罩着一层厚厚的乌云。

1993年秋，一个名叫约翰·欧格曼的年轻职员向管理层提交了一份重要分析报告，显示公司的增长状况不健康，不利于发展，但管理层没有意识到情况的严重性。1989年，德国柏林墙倒塌，随后的欢乐气氛让乐高集团盲目乐观，决定给东德市场加大供货。然而，竞争不断加剧，固定成本也在快速增高。销售部门的领导者使出各种招数阻止销售额降低，使得销售费用日渐上涨。公司管理层聚到一起谈论细节时，各级都将责任推向上级，没有人真正听取意见。

当约翰·欧格曼分析公司状况时，他会预见到乐高集团在短短几个月后就会结束史上最成功的一年吗？的确，1993年以出色的业绩告终，仅零售额就增长了13%。

病去如抽丝，克伊尔德在斯堪伦堡疗养，体力逐渐恢复，便开始了解公司的状况。他比管理层其他成员更能看清公司存在的问题，也为此深深担忧。他清楚自己应该采取行动，但又缺少动力。克伊尔德自1979年起就一直担任首席执行官，在乐高集团任职了20年，其间许多领导者已经离职，有了新人接替。克伊尔德也许有自己的考虑，但作为理所应当的接班人，他担负着经营家族企业的重任，隐退绝不是正确的选择。

当时，克伊尔德如果选择退出，事情的发展也许会截然不同。但他没有那样做，而是**坚定了回归乐高的决心**，哪怕这并非本愿。当秘书告诉他，接下来的12个月里70%的时间已经排满了会议，他想想都觉得身心疲惫。

克伊尔德遭遇挫败后，决定从常规领域以外寻求帮助。他记得一年前曾有一位体育教练拜访过乐高集团。那是一次大型国际会议，一位曾担任1992年巴塞罗那奥运会丹麦独木舟队的瑞典心理教练发表了演讲，讲述自己如何给予独木舟运动员参加大赛的心理能量并取得显著成效。他还曾帮助运动员埃恩·尼尔森（Arne Nielsson）、克里斯蒂安·弗雷德里克森（Christian Frederiksen）超常发挥，赢得了世界锦标赛冠军。

这位教练名叫拉斯·泽尔，时年47岁，刚开始一项新事业：想把自己用在丹麦和瑞典体育精英身上的心理训练技术用于培养商界管理者。他接到克伊尔德秘书打来的电话后，只身前往比隆与克伊尔德见面。他们相谈甚欢，也许因为二人都处在严重的生活危机中，彼此的理解和安慰就变得更有力量。克伊尔德丧失了作为领导者的心力，拉斯·泽尔刚刚结束了一段婚姻。他们之间的交往随着时间的推移演变成真挚的友谊，在接下来的几年里，拉斯·泽尔对克伊尔德产生了很大的影响。

拉斯·泽尔最初担任指导者时，他看到了一个失去朝气的人：克伊尔德努力工作了多年，取得过成功，也经历过低谷；他不仅承受疾病的折磨，还有工作的重担，以及来自父亲、家族、同事和当地社会期望造成的压力。

克伊尔德作好了自己的孩子长大后不愿意进入乐高集团的准备，他不想逼迫孩子去做他们不想做的事。俩人谈到孩子们不愿意进入乐高的原因：也许是他们在孩提时代，经常见到爷爷古德弗莱德回家指责儿子克伊尔德，所以不希望长大后遭遇同样的处境。拉斯·泽尔多次向克伊尔德提出这类敏感话题，也询问过他的病有多少源于压力，自己克服了多少。拉斯·泽尔说，显然，对于一个充满梦想的人来说，当他想做一些事又不能去做时，会非常难过。这正是克伊尔德与父亲相处的困境。

几年后，1995年5月，克伊尔德在《博森新闻杂志》中说：

"当我回想自己把时间花到何处时，我发现，绝大多数都用于例行公事，还有那些出现在我桌上一遍又一遍的计划。这实在很无趣。"

1994年初，克伊尔德再次回斯凯伦堡休养。他在与拉斯·泽尔多次对话后渐渐找回了对工作的兴趣，也清楚地知道，这次会有大事发生。

乐高将帽子扔过高墙

- 1994年5月—1998年7月

　　克伊尔德在休养后回归乐高集团，开始推行"罗盘管理模式"（Compass Management），希望给公司注入活力与创新，但在改变企业文化方面鲜有成效。

　　公司制定了雄心勃勃的战略目标——"乐高集团将在2005年成为全世界有孩子的家庭中最受欢迎的玩具品牌"，大家也开始积极寻求公司增长。

　　克伊尔德的同学、好友兼公司"内定"接班人托斯登·拉斯穆森失望地离开乐高集团。

　　乐高集团开始走向失败，但仍然坚持进攻战略。克伊尔德希望乐高修建4个造价昂贵的乐高乐园（LEGOLAND）。

　　新董事会主席麦斯·欧里森开始掌管乐高集团的经营大局；保罗·普罗曼被聘入公司。

格鲁德会议

1994年夏，克伊尔德回归乐高集团之前不久，他对公司有了全新认识。与拉斯·泽尔的谈话使他战胜了自己，也明白自己真正想要做的事情是什么。他在斯凯伦堡休养期间，作出了三个重要决定：

其一，他不会离开乐高，将继续担任首席执行官；其二，他想创立新的管理哲学，目标是将热忱与自发性重新注入管理层与员工中；其三，他想将领导层成员从4位扩充到6位，以解决他们的工作压力和沉重、繁多的任务。

第三个决定促使他将大学教授克伊尔德·米勒·彼得森聘入乐高负责企业管理，并提拔内部员工约翰·博德格（John Bøndergaard）负责经营效益事务。这二位早在1994年夏便开始参加公司的重要会议，但直至1994年9月3日（星期一）才正式上任。在接下来的几年里，乐高集团的领导层有6位成员：克伊尔德·科尔克·克里斯蒂安森、托斯登·拉斯穆森、尼尔斯·克里斯蒂安·延森、克里斯蒂安·麦格、克伊尔德·米勒·彼得森和约翰·博德格。

1994年5月4—5日，星期四和星期五，克伊尔德将新领导集体聚集在斯克（Schur）会议中心，它位于霍森斯峡湾（Horsens）附近的格鲁德地区（Glud）。会议中，克伊尔德讲述了他的顾虑。同年夏末，公司内部存在的问题越发严重。1994年8月4日，星期四，领导层再次在格鲁德开会。克伊尔德说，他希望大家能够在日常工作中重拾乐趣，同时乐高也要学会更好地解读市场信号并迅速作出应对。他感到公司的逐渐扩大使得管理变得越发复杂，创新能力正日渐消失。乐高集团缺乏对收益的关注——也许因为公司连续多年大获成功，员工们也感觉公司永远都不会出大错，加之克伊尔德·科尔克家族的资金池 KIRKBI 也让大家觉得有保障。

拉斯·泽尔主持了会议，他让与会者描述一下自己在乐高集团的生活。起先，大家都不主动，拉斯便先问克伊尔德，对方说他不期待上班，有时那种痛苦的程度就像脓肿破裂一般让人难受。后来，其他人也谈了自己的问题，说工作任务太重，没时间和子女相处。

会中，大家也讨论了公司的状况。有人说，他们面临的最大挑战是如何掌控未来几年的公司增长。这些内容毫无新意。领导者们还在期望，公司未来的发展将同 20 世纪 80 年代经历的一样。回过头来看，这次"格鲁德会议"意义重大，并不是大家对公司商业处境的讨论有真知灼见，而是拉斯·泽尔成功地让谨慎的领导者们互相敞开心扉。

会议间隙，他们划船去了霍森斯海边的浅水区拾贝。当船靠岸时，克伊尔德一跃而下，将船再次推向水面。水没过克伊尔德的膝盖，他抽着烟斗。这幅场景深深地刻画在拉斯·泽尔的脑海中：眼前的克伊尔德满怀着带领乐高集团走向未来的朝气。

格鲁德会议让乐高集团的领导层产生了新的想法。克伊尔德提出了希望提升大家工作热情的愿望，其他管理者纷纷表示赞同，措施是创造一种可以激发动力的机制。不仅要激发出大家的能量，还要鼓励所有人参与公司事务——大家都拥有这些潜质，却没有表现在日常工作中。他们为这一新模式用心命名，最后决定称其为"罗

26　乐高，玩出奇迹

皮尔·莫登·阿博汉姆森（Per Morten Abrahamsen）1995 年 5 月摄，乐高集团供图

乐高集团时任领导集体装扮成爵士乐团，照片刊载于丹麦《博森新闻杂志》，从左至右依次为：克伊尔德、约翰·博德格、克里斯蒂安·麦格、尼尔斯·克里斯蒂安·延森、托斯登·拉斯穆森和克伊尔德·米勒·彼得森。

不留情面地讲，正是这个领导集体让乐高集团的后续发展仿佛在沙漠中徒步，濒临绝境。克伊尔德想用新的管理哲学发展企业文化的尝试以失败告终，将乐高品牌发展成为"全世界有孩子的家庭最喜爱的玩具品牌"这一宏伟战略目标导致公司在几年后偏离了核心业务，逐渐走向灾难。

盘式管理"。领导层为公司确立了大方向，每一位员工都有足够的自由空间去考量应该如何实现这些目标。

次年，克伊尔德在内刊《积木》中阐释这一想法时说：

"我们有这么多干练的领导者和职员——大多数在乐高集团任职多年，经验丰富。他们了解我们的价值观与理念。我们不能太过严格地把控计划、预算及决策，而应该给予员工更多信任——对他们的能力和可以作出正确决定更有信心。这样，我们就能激发出巨大的潜能，在过去几年里，我们在这方面做得不够。"

"罗盘式管理"表达了克伊尔德对公司管理战略的典型观点。他希望用这种方法鼓励大家独立思考，担起责任。但这一机制的运行开局并不太顺利。几位领导者积极参与了在格鲁德举行的会议，进行了一系列振奋人心的讨论，这着实是一个巨大的跨越。他们把这些想法写下来带回公司，和几千位毫不知情的职员解释说，现在要他们用新的方式思考和工作。

这一艰巨任务的落实落在了领导层新成员克伊尔德·米勒·彼得森身上。他要想方设法地让这一想法落地，还要向所有职员作演讲和展示，鼓动他们燃起热情，如同领导层们在格鲁德开会时那般。他行动起来。不久后，克伊尔德·科尔克·克里斯蒂安森打电话给拉斯·泽尔，请他来比隆观摩近期将对新管理哲学作出的展示。拉斯·泽尔见到克伊尔德·米勒·彼得森时，看到了格鲁德会议中的精彩构思变成了冗长乏味，包含大量数据、四边形和专业术语的幻灯片。喜悦感与能量荡然无存。拉斯·泽尔建议领导层重新制作，但只有少数几张幻灯片被去除。

听取"罗盘式管理"介绍时，员工们觉得以前似乎听过这些信息，没觉得这是为公司未来发展勾画的精彩蓝图，而认为是制定了一套乏味的行政管理体系。从格鲁德会议中孕育的能量消失了，连主讲人自己也没有全身心地投入到演讲中。克伊尔德·科尔克·克里斯蒂安森不愿意自己做这件事，更倾向于让另一位领导层成员来展示这些构想。拉斯·泽尔试图说服他，这应该是最高领导人的任务。

拉斯·泽尔再次对克伊尔德·科尔克·克里斯蒂安森说，他们在格鲁德会议中孕育的热忱在实施中消失不见了。克伊尔德回答，他相信继续施行"罗盘式管理"是正确的，也完全能理解拉斯·泽尔的意思。他很相信自己，选择继续对这一管理战略抱以希望。

大赌注

爱尔兰作家弗兰克·欧·科纳（Frank O' Connor）描写过童年时的一次经历。一天，他和小伙伴们站在一座无法翻越的高墙前，男孩们想继续前进，但不知道怎么才能做到，于是把帽子扔过高墙，这样，他们就一定要找到办法到高墙的另一边去。1961年，美国总统约翰·肯尼迪（John F. Kennedy）在决定要送宇航员登上月球时，引用了这个爱尔兰小男孩的故事，当时，他们完全不知道登月应该如何实现。在20世纪90年代的乐高，领导层成员们决定做同样的事。他们把帽子扔过了高墙，这成为公司的一项创举，对未来发展产生了广泛且永久的影响。

对克伊尔德·科尔克·克里斯蒂安森来说，乐高集团是他毕生的事业。他从未把卖玩具当作目标，多年来，他一直怀揣更远大的追求，努力向理想一步步地靠近。

毋庸置疑，克伊尔德在1978年3月的讲话触发了巨大的商业成功。他还谈及自己称之为"永恒""天才"的乐高产品理念。然而，在将乐高集团发展成为不仅是玩具生产公司这件事上，他没有走得太远。怎么才能取得成功呢？他将这一理念带入1998年的"愿景"（The Vision）与1994年的"罗盘式管理"中。然而，他仍未想出可以实现自己远大理想的可行之道。无论他多少次强调乐高应该拥有更广阔的视野，乐高仍然只是一个玩具生产商。

克伊尔德·科尔克·克里斯蒂安森已经付诸了多项实践。比如，当他萌生了乐高积木应该在儿童的学习中起到激发作用的想法时，1984年便着手与南非的美裔教授西蒙·派珀特合作。他在电视上看到西蒙教授谈到当孩子们积极参与拼塔积木时可以最有效地学习，这与自己的观点不谋而合。

克伊尔德还与美国波士顿麻省理工学院的媒体实验室（MediaLab, Massachusetts Institute of Technology）展开合作。该实验室由西蒙教授与尼古拉斯·尼葛洛庞帝（Nicholas Negroponte）联合创立，早在1986年，"LEGO Dacta"——即之后的"乐高教育"就开发了一个独特的软件，多年后逐渐发展成为"头脑风暴"（Mindstorms）系列产品。

1989年，乐高集团设立了"未来波士顿部门"（LEGO Futura

Boston Branch），1991年在日本东京也开设了这一部门。这两个发展部门致力于促进和领导乐高在异国发展。多年来，乐高集团赞助了三位乐高教授的研究：西蒙·派珀特，麻省理工学院教授、儿童娱乐及学习领域专家；泽维尔·吉尔伯特，瑞士IMD商学院教授，主要研究商业理念；米切尔·瑞斯尼克，美国麻省理工学院教授。除了这些活动，乐高产品还是没有成功地超越可以组装再拆卸的积木。

20世纪90年代中期，比隆的气氛异常特别。克伊尔德·科尔克·克里斯蒂安森热切地期盼企业文化可以改变。他一定发现了"罗盘式管理"开局不利，内心的焦躁也日益增长。他一定也很沮丧，仅有少数人可以分享他的好奇与雄心——让乐高集团拥有可以激励儿童娱乐和学习这一更高目标。

另一方面，其他的乐高集团领导层成员也开始为电子游戏的发展感到紧张不安，他们得采取行动才能继续保持过去几年的高速增长。也许在将来，大家对积木的热情会消退。简而言之，乐高集团的领导者们一直在探求，甚至在摸索。各个领导者的想法也相异，但20世纪90年代中期，乐高集团作好了大干一场的准备。缺少的只是时机，既然不能来自外部，那就自己创造。

乐高集团确立了一个新目标，称其为"战略目标"（strategic intent），具体来说，就是"乐高品牌将在2005年成为全世界有孩子的家庭中最受欢迎的玩具品牌"。

这个目标的理念是公司应该充分利用"乐高"这一品牌。乐高品牌在许多国家已经拥有了知名度，20世纪90年代中期已然是德国有小孩的家庭中最受欢迎的玩具品牌。为什么不尝试在世界其他地区也达到这样的地位呢？在乐高集团管理层眼中，乐高品牌与迪士尼（Disney）、可口可乐（Coca-Cola）这些同等知名品牌的唯一不同就是收益。那些大品牌看起来规模并不比乐高大太多，乐高集团的收益却无法与之媲美。大家在比隆分析认为，乐高集团应该也可以通过充分利用公司的品牌价值使收益增长。

克伊尔德不太喜欢这一理念。显然，他心中的乐高品牌不是商业化的，他也不想用品牌去赚钱；但如果品牌能够国际化，也许可以带领公司走出这潭死水并可能提振士气。未来的情况存在着诸多变化，使集团越发难以找准自己的位置。乐高集团没有弄清应该如何应对未来的种种挑战时，便开始追逐"战略目标"。克伊尔德将这看作实现1988年提出的"愿景"以及它的三个理念——创新、热忱和价值——的可能途径。

现在，很难准确查到这项工作是何时展开又于何时结束。"战略目标"并不是某一天提出的，也不是从某个特定的项目中得出的，它是缓慢地酝酿出来的。多年后，克伊尔德在内刊《积木》中提到，这件事开始于1996年3月。

媒体对这项新的"战略目标"持友好接纳态度。1996年4月1日，星期一早晨，《周讯》（*Ugebrevet*）上刊登了一篇文章，赞扬了乐高集团勇于迎接挑战的决心，克伊尔德乐观地说：

> "大家都知道我们将面临未知的挑战。若能够有效地应对，就能……成为激发集团更快发展、有更多新鲜创意的

好事。与此同时，这也是对乐高集团潜力最有效的见证。"

新的目标很宏伟，对于公司来讲也颇具逻辑性，因为迄今为止公司显然没有充分利用品牌的价值。其次，这也是公司对于未来商业在不确定性世界中发展所抱有的雄心。克伊尔德也许还希望，这一战略会让他与自己所构想的乐高发展的种种可能性越来越近。无论如何，克伊尔德当时欣然支持这一想法。

但这一战略目标也很冒险。风险之一是：乐高集团可能会将关注点从之前的核心业务和塑料积木转移到看起来更为有趣的新产品上，这些新产品也许只是通过某种方式和乐高品牌关联，甚至可能涉及全新的商业领域，乐高集团无法对其进行良好的把控和运营。它将带领公司走向何方？乐高集团需要聘请什么样的新员工？对于企业文化来说，这意味着什么？乐高集团该如何衡量公司是否实现了战略目标？也许领导层可以成功地创造一个更强大的品牌，但如果收益跟不上怎么办？

回望过去，这样的问题很容易提出来。通常，人们总是在事后比在事前更聪明。20世纪90年代中期，没有人知道未来会呈现何种模样。在世界各地的孩子们都沉迷于电脑游戏和游戏机的时代，有人敢确信乐高的未来会是什么样吗？世界变化如此之快，如果肯定地说孩子们会坚守这些老旧的积木，会不会有些不太负责任？

简而言之：乐高把帽子扔过了高墙，现在公司管理者们要举全公司之力去跨越它。

"4个新的乐高乐园"

早在 1995 年 5 月,克伊尔德就向《博森新闻杂志》透露,他希望乐高集团在 10 年之后:

> "销量是现在的两倍,也许三倍——员工人数增加 50%—100%。如今,有一半员工在比隆——最重要的人员增长将出现在国外的工厂,如瑞士、美国、韩国等。但愿到那时我们可以修建 4 个新的乐高乐园——无论如何我们都处在增长态势。"

4 个新的乐高乐园?克伊尔德或许并不清楚这一项目需要投入多大的财力!投资这样一个乐园动辄要上亿资金,在 10 年之内修建 4 个乐高乐园,绝对是让人瞠目结舌的宏伟目标!

克伊尔德为何会提出事后看来极为冒险、给公司带来了巨大伤害的目标呢?

一种解释是,他把建造乐高乐园视作实现自己对乐高的构想的途径。自从 1968 年比隆的第一家乐高乐园落成后,修建更多乐高乐园似乎成了他一直想做的事。此后的许多年间,他都认为乐高乐园是吸引孩子和家长的绝佳选择,它要给他们提供在别处得不到的体验。

乐高不仅是玩具,比隆的乐高乐园也超越了传统意义上的游乐园——如美国的两座迪士尼乐园。乐高乐园的理念并不是家长坐下来看着孩子跑来跑去,而是和孩子们在一起玩,共同经历。当然还有，在孩子回家时，可以从搭建积木中收获灵感，这也让家长认识到乐高是富有创造力的游戏，可以让孩子们受到鼓舞，利于学习。克伊尔德并不是单纯地戴着财务眼镜看待乐高集团，而是拥有更高远、更具战略性的视角。

克伊尔德见证着比隆的乐高乐园大获成功，游客数量远超预估。但问题是：当乐高集团在德国修建乐园想要再次取得之前的成功时，却遭到了严重打击。

早在1970年，乐高就在吕贝克（Lübeck）开设了乐园，但由于当地的承包商破产，乐高乐园也被迫关闭了。古德弗莱德认为这是一大失败，再次确信了自己对乐高品牌的看法：应该"专注"，一旦经不住诱惑相信"童话"或开展与积木无关的活动，公司就要为"不专注"买单，利益也会受到伤害。古德弗莱德不再建造乐高乐园，他的儿子却完全不同意父亲的看法。

克伊尔德认为，乐高乐园背后的理念很好。20世纪80年代，他一直屈服于父亲的意愿。1990年，他再次向"好点子大王"克里斯蒂安·麦格提出了这一想法。为了避免与古德弗莱德发生冲突，他俩想出了另一个名字："乐高世界"（LEGO World）。

古德弗莱德并不知道这就是乐高乐园的别称，误以为它是为孩子们打造的新体验概念，是从迪士尼的项目中得到启发开创的另一个室内活动。1992年，机会出现了，公司可以收购伦敦附近的"温莎野生动物园"（Windsor Safari），克伊尔德向董事会提出了这一提议。当时，古德弗莱德已经不在董事会任职了，但成员们还是十分尊敬他。所以，当他们在1994年8月的会议中被告知，这个修建在温莎的新公园是乐高乐园时，大家都认为克伊尔德应该告知父亲。这是克伊尔德首次违背父亲的意愿作出重大的决策。

那时，父亲在公司里也不再有影响力了。古德弗莱德病重多时，最终于 1995 年 7 月 13 日逝世。他的离开是乐高集团的一件大事，丹麦各大报纸都刊登了讣告。

1996 年 3 月 28 日，位于温莎的乐高乐园开业。克伊尔德在克里斯蒂安·麦格的支持下增大了资金投入，公司的支出大幅上涨。现在乐高要全力以赴，快速发展。

"罗盘式管理"停止运行

1996 年 4 月，克伊尔德·科尔克·克里斯蒂安森与公司多年的顾问、领导者、董事会主席——他极其信任的维恩·霍尔克·安徒生告别。维恩因年事已高，卸任董事会主席。接替维恩的是丹麦商界多年来"最强硬的男人"之一：诺和诺德生物制药公司首席执行官麦斯·欧里森。麦斯时年 56 岁，业绩颇佳。他不仅带领诺和诺德取得了骄人的国际化发展，还为公司树立了良好的社会形象，这在 20 世纪 90 年代可谓独树一帜。

选择麦斯，是因为克伊尔德希望招纳新人——特别是有领导家族企业经验的人——为公司注入新的活力。他先将瑞典人古那·博朗克和丹麦人拉斯·科恩·拉斯穆森（Lars Kann-Rasmussen）招纳进董事会。麦斯在诺和诺德的情况有些特别，他娶了公司一位创始人的女儿，所以克伊尔德认为，麦斯应该同博朗克与拉斯穆森一样，理解家族企业的特别之处。

麦斯出任董事会主席一职时，就深知这是一项艰巨的任务。他要在一家首席执行官也处于董事会、甚至是最大股东的企业中担任董事会主席。麦斯既要理解最大股东的想法，也要深入这个极其热爱自己产品的公司的内部。实际上，他们的热爱有时恰恰阻碍了公司发展。

1996年3月，维恩在内刊《积木》的离职采访中向麦斯提出了中肯、明智且富有预见性的建议：

"应该……在必要的时候，学会说不！乐高集团的整体目标是健康、独立地持续向前发展。要随时与克伊尔德交流——他充满活力，对董事会的工作也十分上心。"

20世纪90年代初，领导层发现乐高集团内部已经明显出现问题。在社会公众眼中，乐高仍然是取得骄人业绩的大公司，收益源源不断地增加。在媒体报道中，大家仍对乐高品牌持有钦佩甚至膜拜的态度。直到1996年1月24日，星期三，《政治报》（*Politiken*）中首次出现了一篇批判性文章，指出：乐高集团的处境已经和以前不同了。克伊尔德也确认公司出现了问题：

"1995年的销售有些疲软，到现在也不见起色。我们等着看今年的结果，也许比去年更糟糕。尽管如此，许多人还是在羡慕我们。"

人们很少注意到这些微小信号，它们透露出乐高集团内部开始出现压力。1996年5月，《博森新闻杂志》授予乐高集团"最佳丹麦商业形象奖"。这是乐高第5次获得此荣誉，可谓前无来者，但事实上公司内部正处于危急时刻。

显然，乐高集团要开创一个更具有创新性和商业活力的公司的雄心告以失败，新创立的"罗盘式管理"也停止运行。要让员工消化这些新理念需要过程，这些理念的根基也并不牢靠，很快就成了一堆散沙。公司的员工仍以原先的方式在工作。

为了促使员工尽快理解新理念并转变工作方式，领导层发起了"加速罗盘式管理"（Speeding Up Compass Management）的新措施，但收效甚微。比隆的管理层成员心情十分沉重。多年来，乐高集团取得了诸多成功，但大家只愿意在构思新产品上花时间，对日常事务中的难题鲜有关注。正因为如此，这一举措变得无从实施。公司存在的问题是什么？公司看起来状况很好，仍在盈利，报纸上也见诸"乐高集团是全国最令人钦慕的公司"等报道标题。既然已经取得了这般成就，为何还要改革呢？

1996年，麦肯锡公司的顾问团拜访了乐高集团，目的是对组织机构进行缩减，但并未取得成功。一方面，乐高集团的老员工觉得自己被这些年轻顾问们轻视；另一方面，这些西装革履的陌生人进进出出6个月，扰乱了公司的安宁。同样，顾问们也感觉不到在此期间乐高集团作出过任何改变。乐高领导层给麦肯锡的介绍中清晰地指出，顾问不需要挑战公司的战略。换句话说，比隆的领导层成员并不想打破原有的企业文化模式。

麦肯锡的顾问们离开比隆后，乐高的领导层轻蔑地说，这项工作"翻船"了。但事实是：领导层还没有准备好用新的思维模式进行思考。

克伊尔德失望地看到他想在公司确立新企业文化的愿望破灭了。公司成员处理日常事务的主动性没有增加，各部门内部作决策的构思也未取得乐观进展。信息技术部门总监伊卜·隆德·耶森（Ib Lund Jensen）在乐高集团任职22年后选择离开。他在内刊上说，在乐高集团工作已经不那么有趣了。克伊尔德为工作进展不利感到沮丧，但他不能也不愿意亲自领导"罗盘式管理"的实施。如果首席领导者不施加压力、拍板定案，那么，要在一家拥有数千名雇员的国际大公司创造出新的企业文化几乎不可能。克伊尔德十分焦虑，却没有对管理层进行"清洗"。

"罗盘式管理"逐渐引起了领导层成员们的分歧，销售惨状也开始冲击大家的情绪，克伊尔德·科尔克·克里斯蒂安森、托斯登·拉斯穆森、尼尔斯·克里斯蒂安·延森、克里斯蒂安·麦格、克伊尔德·米勒·彼得森和约翰·博德格之间的友好融洽氛围逐渐凝固。他们在比隆从未经历过此类情形，心中滋生出不安感，消极情绪不断地扩散，矛头指向了托斯登·拉斯穆森。

克伊尔德失去接班人

托斯登·拉斯穆森——克伊尔德在瑞士求学时的老朋友——在推行"罗盘式管理"过程中举步维艰。其实，他自己也并不完全认同这一理念。他负责公司的产品生产,即供应链。乐高集团是以产品生产立足的公司,其产品由不计其数的小部件通过铸造、分类、组装构成,生产节奏极快,可以迅速地对许多突发奇想作出反应。这一特征也是乐高集团维系公司命脉的根本所在。托斯登非常擅长这项工作,尤其是在乐高开发新产品时把控元件的数目,以避免产品的复杂程度太高。

托斯登的问题是:他没有赶上好时机。在市场开始急剧变化、前景未卜的几年间,公司一定要开创新的生产文化。这其实也是"罗盘式管理"承载的理念。

显然,如果乐高集团想要更快地作出决策,那么就应该给下属部门更多的决策权。为此,大家开始激烈地讨论多少生产应该留在比隆——在瑞士和美国该分配多少以及乐高集团是否应该把生产转移到雇工价格低廉的国家。

在这个紧要关头,托斯登担任了克伊尔德本来的角色。他上任伊始就推行"罗盘式管理"。他并不反对这一理念,但在实施中也没有完全认同。他认为,领导层需要作出重要决策,最好能集中作出,这也是乐高集团创始人持有的观点。他坚决反对将生产转移到劳动力低廉的国家,得到了其他几位领导者的赞同——大家认为通过转移生产节约下来的成本很少,而乐高产品却要始终保证高质量。

克伊尔德很快发现,管理者们并不觉得进行公开讨论可以更灵活地应对需求并迅速作出决定,比如,公司员工耶斯·波纳斯登(Jens Bornstein)就如此认为。

托斯登感觉他与克伊尔德的关系渐渐发生了变化,但他找不到原因。有一次，他跟维恩提及此事，但没有得出结论。托斯登不会像克伊尔德一样用更高的视野来看待乐高集团，也不会像克伊尔德一样备感压力。他认为乐高集团作为家族企业，发展情况还不错。克伊尔德的目标是把乐高发展成一个品牌，托斯登却充满了质疑——他知道增加新项目必将增加开支。

克伊尔德对托斯登不支持"罗盘式管理"越发不满。他认为公司的"命门"——供应链——在未来难以维系，因此，在生产供应中开创新的文化至关重要。目前，公司的供应链也许是高效的。多年来，销售都不用关注客户需求，生产出的产品几乎可以售罄。但是，公司不能预期未来的情况依然会如此。克伊尔德还认为，托斯登没有抓住机会降低生产成本。

托斯登与克伊尔德产生了隔阂，这让人极其痛心。托斯登向麦斯·欧里森提出离职，过去，他们二人也一直意见不一。最终，托斯登与克伊尔德多年来的亲密友谊也结束了。后来，这两位老友曾在位于格林斯特（Grindsted）斯凯伦堡庄园旁的乌托夫特狩猎时相遇，但关系已然完全破裂。

许多人认为，两人的关系并不像托斯登以为的那样亲密。克伊尔德非常平易近人，打动了许多共事者，他们在合作结束后都认为自己与克伊尔德的交情超越了工作关系，但其实不然——他们只是工作关系。克伊尔德的性格和管理风格一直都是善于接纳、乐于倾听，但这并不意味着他会与大家极为亲近——尽管其他人可能这么认为。也许，克伊尔德从孩提时代就清楚地知道，许多人都想博得他的信任。

克伊尔德与托斯登的决裂就像明朗天空中的一道闪电。他们相处得并不融洽。在这样一个习惯了增长、怀有雄心壮志又自由和谐的企业中，这是一件非比寻常的大事，也是出乎意料的坏消息。公司"内定"的接班人离开了，现在该怎么办？

起初，领导团队并没有调整，但管理层内部成员都清楚一定会发生些什么。托斯登空出的位置必然要找人填补，那又会是谁呢？突然的空缺让许多人跃跃欲试，管理层成员亦是如此。这没有使管理层成员团结起来——情况恰好相反。高层领导者们知道，他们与克伊尔德的关系没自己想象的那么亲密，对方是一位亲切的领导者，但并不意味着他会避免与人产生矛盾。

托斯登的离开对克伊尔德造成了沉重打击。1995年，他失去了父亲古德弗莱德；一年后，多年任职公司高层领导者兼董事会主席的维恩离职了。在乐高有许多决策要作的时候，担任公司引擎的领导者们离开了。1997年1月，托斯登·拉斯穆森离开了乐高集团。

将"爱丽丝梦游仙境"作为管理哲学

在外界眼中，乐高集团依然极为成功。当然，公司面临着诸多挑战。媒体发现乐高集团已经开始积极地应对困难。在商界，人们纷纷赞扬乐高集团的无所畏惧。1997年6月，《博森新闻杂志》第6次将"最佳商业形象奖"颁给乐高集团。

1997年春夏，领导者们清楚地认识到乐高集团存在着许多问题，经济收益也逐渐下滑。克伊尔德对"罗盘式管理"的期望落空了,"加速罗盘式管理"的结局也令人沮丧。

克伊尔德既难过又惋惜。自1994年8月他疗养回来后,事情就没有如愿发展过。他多次表露过失望——他搞不明白,领导者和员工们为何都不能理解那些理念。"人们不懂我",他说。他曾多次尝试让这些理念重获新生,但均以失败告终。乐高集团的企业文化是基于多年的稳定增长和员工们对家族的绝对忠诚,很难作出改变;领导层也没有让员工明白公司正面临着危机。

克伊尔德下决心再一次在公司内推行"罗盘式管理"。这次,他得到了瑞士IMD商学院的帮助。约翰·卢斯(Johan Roos)教授和巴特·维克多(Bart Victor)教授来到比隆,每周为300多名管理者培训两次,但最终仍未见成效。两位教授清晰地感知,比隆乐高总部的企业文化很难有所突破,约翰·卢斯毫不客气地对克伊尔德说,要想取得成功,用手榴弹来改变一切可能是更佳选择。

领导层首次收到了业绩不佳的坏消息。后来,在1996年的年度报告中却这样写道:

"1995年的年度报告强调,我们一定要在1996年和未来几年里不断进步,确保增收。现在,我们还没有达到这一目标,但今年启动了一系列方向正确的重要项目。我们要团结起来,让公司不断向着好的方向发展……公司收益目前还不能独立支撑所有运营支出以及进行正确且必要的投资这一长远目标。"

克伊尔德选择大刀阔斧地开创新局面。为了实现强化乐高品牌的目标，公司将开发一系列新业务。1997年的新业务领域为：

- 乐高乐园（LEGOLAND Parker）（为吸引家庭前来游玩设计的产品）
- 乐高授权（LEGO Licensing）（为儿童生活方式设计的产品）
- 乐高媒体（LEGO Media）（为儿童设计的媒体产品）
- 乐高教育（LEGO Dacta）（为儿童和学校设计的产品）

1997年6月，内刊《积木》收录了公司新任媒体总监克努·雷克维格（Knud Reckweg）对克伊尔德的采访。克伊尔德说，公司当前的目标是实现增收，并乐观地表示2005年公司的收益预计是现在的三倍。采访透露出他强烈的进取心和开始新征程的意愿，却极少提及公司员工应该如何完成任务。在采访中，他还引用了作家刘易斯·卡罗尔（Lewis Carroll）在《爱丽丝梦游仙境》（*Alice i Eventyrland*）中的几句话：

"能告诉我，我应该走哪条路吗？"爱丽丝问。
"这取决于你要去哪里。"兔子回答道。
"随便哪里都可以。"爱丽丝说。
"那你随便走哪条路都可以。"兔子说。

这段引言显然是克伊尔德精心挑选的，折射出他的态度和想法。他希望员工能够自信、自立，挑战自我，去寻求实现公司目标的方法。但接下来几年，乐高集团的发展与这句引言想要传达的意思却相距甚远，其间发生的大事让这几句话几乎变成了管理层战略混乱的注脚。以管理者的眼光来看，这些话语毫无意义。

半年后，公司的状况并未改观。1998年2月的《积木》上刊载了多年担任信息部门总监的彼得·安倍克·麦森（Peter Ambeck-Madsen）对克伊尔德的一次深度采访。克伊尔德再次强调了"乐高品牌将在2005年成为全世界有孩子的家庭中最受欢迎的玩具品牌"这一宏伟目标：

> "我不认为……为2005年制定的目标是无法实现的。我们已经得到这么多顾客的认可，现在只需要他们更频繁地想到乐高就好了。我们要在他们心目中留下能为1—16岁的孩子生产出世界上最好的玩具这一印象。换句话说，我们要让自己更醒目、更强大。在地域范围上也应如此，我们应确保乐高产品在正确的时间出现在正确的地点——新业务要通过产品和家庭乐园来实现对主营业务的支持。"

克伊尔德清楚地知道，新业务并不应使"主营业务"受到忽视。但他沟通表达得不够清晰，导致事情开始转向：员工们的注意力逐渐从传统的拼搭玩具转向新业务，传统的塑料玩具在乐高集团不再那么有吸引力了。

1998年初，乐高集团的状况如何？显然，公司存在着严重的问题，但问题到底是什么，为何领导层解决起来有这么难呢？

1998年初，乐高集团的领导层并没有在核心业务上花费精力，即是说，他们并没有认清公司最基础的业务是什么。如果当时有人提出这一问题，领导层会觉得受到了挑战。结果是，领导者们没有意识到自己太过关注新领域而忽视了核心业务，以致核心业务变得越来越杂乱，不堪收拾。他们当时这样做，也许是因为公司在1998年还整体沉浸在乐观气氛中。大家都将关注点投向新业务，领导层也没有仔细分析营业额下滑的原因。公司内部一片混乱，乐高集团的年度报告中写道：

> "很多媒体说，今年春季我们放弃了乐高积木，开始转向电子产品，事实并非如此。"

对于1997年令人失望的业绩，报告中描述如下：

> "乐高集团的营业额仅上升了1%，总计76.16亿丹麦克朗；税前收益从6.99亿跌至1.71亿丹麦克朗，税后收益降至6200万丹麦克朗。发展状况不佳。"

在公司内刊和年度报告中，领导层没有解释业绩严重下滑的原因。媒体依旧对乐高集团称赞有加。1998年1月28日，星期三，乐高集团在伦敦启动两个编程电子积木项目的前一天，《日德兰邮报》

（Jyllands-Posten）写道："这两个国际化的探险项目将带领丹麦的'比隆城堡'跻身世界玩具市场前列。"在这篇文章中，读者可以看到一个乐观的克伊尔德和一个正走在"发展最前线"的乐高集团。

几天后，即1998年2月4日，星期三，《贝林时报》（Berlingske Tidende）写道：

> "乐高集团成功借助'头脑风暴'将实体玩具与全新的电脑科技结合起来，与此同时将拼搭转化为屏幕之后的虚拟世界。"

外界人士用积极的态度接纳乐高集团的新业务。在大家看来，乐高集团在向正确的方向发展，依托的理念也很好，要不断开发新产品，不局限于电子领域。然而，这一切并未给公司增加收益。新业务没有得到财务回报，就连广受关注的"头脑风暴"也是如此，产品在不断售出，公司已取得一定的战略成果，有的产品在新加坡等多地的学校教育中得到广泛使用，但仍然没能取得商业成功。

1998年春季，领导层开始大力推行新战略。乐高集团要进军新业务领域这一战略被制作成一个文件——《乐高集团战略平台》（LEGO Group Strategic Platform），它最初被领导层称为"乐高集团最重要的文件"，出具日期是1998年3月30日，星期一。文件传达了乐高集团想要在2005年成为有孩子的家庭中最受欢迎的玩具品牌这一重要目标，还提到了其他远大抱负：比如，乐高集团要专注于电脑游戏、电视、儿童服装还有钟表制作，并让所有产品形成合力实现品牌强化。其中，乐高集团最大的理想是再修建 3 个乐高乐园，这样到 2005 年便会拥有 5 个乐园。

文件包含了许多重要目标，即"关键绩效指标"，却鲜少提及具体操作方法。事实证明，这也许就是乐高集团没有实现目标甚至在发展过程中命悬一线的原因。

这些年间，克伊尔德告诉员工，实现这些宏伟抱负的方法就是投身到新的业务领域，但员工往往不具备这些领域所要求的能力。后来，克伊尔德也没有在任何文章、简讯和信件中解释过采取这一错误战略的原因。

若干年后的 2007 年 9 月，克伊尔德在内刊《乐高生活》（*LEGO Life*）[①] 中说：

> "20 世纪中期，乐高集团出现了危机，原因之一是我们将公司业务扩展到自己无法掌控的新领域，比如乐高乐园、乐高媒体、儿童服装和钟表行业，这导致我们偏离了核心产品。加之当时的市场竞争变得更激烈、更活跃，我们的处境变得越发艰难。"

保罗·普罗曼出任财务总监

1997 年的失败业绩让麦斯·欧里森清楚地认识到必须采取行

---

① 由《积木》更名而来。——译者注

动。1998年，他担任董事会主席已有两年之久，但表现得并不强硬。作为一名领导者，他胸怀愿景，抱负远大。在诺和诺德工作时，他成功地缔造了充满社会责任感的良好公司形象。他也很善于为公司招贤纳士，尤其是聘请了拉斯·里本·索文森（Lars Rebien Sørensen）与斯丁·里斯格（Steen Riisgaard）两位管理者，他们为诺和诺德的商业发展作出了卓越贡献。

然而，麦斯对商业模式及运营缺乏深刻的见解，执行力度也不够强硬，行事风格也倾向于回避矛盾。

麦斯在同为家族企业的诺和诺德积累了丰富的经验，但在乐高集团这种企业（其所有者出任首席执行官）担任董事会主席，仍没能够成功地应对挑战。也许，当他来到乐高时，公司已经把所有精力注入一个失败的目标与实施战略中。

1996年春季，麦斯履新董事会主席，提议邀请麦肯锡顾问前来简化乐高集团的组织结构。他也试图掌管公司极为重要的财务职能，却没有取得成功。乐高集团的特殊结构使得公司重要的财务决策不得不由控股投资公司KIRKBI作出，也就是说乐高集团的内部财务不像其他大公司一样公开。

如今，公司的财务总监已不再是约翰·博德格。麦斯多次向克伊尔德提议招纳一个更有战略思想的人来出任。克伊尔德起初并无此意。1997年秋季前后，麦斯邀请诺和诺德的财务总监杰斯普·欧文森来比隆作了一场展示。杰斯普在诺和诺德的财务管理中有得有失，他讲述了自己的工作状况。遗憾的是，这一切没有了下文。杰斯普认为克伊尔德表面上在听，实际上并没有浓厚的兴趣。

1998年，克伊尔德逐渐改变了观点。他很清楚，乐高集团必须重新调整运营方式。面对公司开销不断增长、数据透明度极低的现状，拿出相应对策迫在眉睫。

当时，最知名的猎头奥洛夫·雅克布森接手了这一任务。他首先联系了杰斯普·欧文森，结果还是晚了一步。杰斯普已经离开诺和诺德在丹麦银行就职，他婉言谢绝了奥洛夫。在与猎头的谈话中，杰斯普了解到在自己拜访比隆后的半年里，乐高集团的态度发生了转变。显然，乐高的高层已拿出更成熟的态度来尝试新事物。

杰斯普谢绝后，奥洛夫开始更广泛地寻觅，最后给麦斯和克伊尔德推荐了两位候选人，保罗·普罗曼从中脱颖而出。

他是谁呢？

保罗·普罗曼在商界媒体中不是很知名，因为大多数记者仅关注最大的企业和高层领导者，尤其是在丹麦首都的商界人士。保罗则在一些省区中的大型企业任职多年。

他在商学院主修会计，分别于1970—1984年、1992—1996年间担任B&O公司的财务总监，同期也是首席执行官兼董事会主席安德斯·克努森（Anders Knutsen）的得力助手。他先后在两个遭遇危机的公司里就职，帮助它们脱离险境。这两次经历也让他成为极具活力的领导者，在员工心目中树立了良好的口碑。这两家公司分别是斯堪地亚（Scandia）和雅各布·霍尔姆 & 父子（Jacob Holm & Sønner）。他还整顿了一家位于奥尔堡、为渔业及屠宰场提供机器的公司。这家公司在他的帮助下日渐起色，后来被成功地转卖给BHJ集团（BHJ-koncernen）。

保罗时年49岁，为事业奋斗的节奏逐渐放慢。他的妻子在巴黎开办了工作室，他也一起搬到了巴黎。当奥洛夫·雅克布森打来电话时，保罗并没有很大兴趣。猎头试图说服他"这是一家精彩绝伦的全球化大公司"。他的说服并不奏效，保罗还是说了"不"。最后，奥洛夫大声喊："是乐高，你一定要来开会！"保罗答道："好。"最后，保罗决定申请这份工作。

克伊尔德知道，从外界雇用新人来公司担任极为重要的财务总监是一件大事。他要找到一个既有专业素养、敏捷干练，又可以与领导层其他成员和谐相处的管理者，这两点都非常必要。当然，这位新人也要理解乐高所承载的独特企业文化和价值理念。显然，财务总监的任务是对公司事务进行重新整顿，只有他充分认可公司的定位，才能取得成功。

克伊尔德曾安排克里斯蒂安·麦格和克伊尔德·米勒·彼得森与保罗见面。他们对这位候选人都有着良好的印象，认为保罗温和稳重，很有魅力。他们也都清楚，保罗与乐高一贯的风格截然不同。彼得森写信给克伊尔德说，他支持保罗担任财务总监，也注意到保罗可能会给公司带来许多变化。麦格则有些不太确定，一开始也表示支持，后来态度有所保留。

克伊尔德最终确定了两位候选人。他让自己信赖的顾问拉斯·泽尔给他们作了一个额外测试。泽尔测试后发现，这两个候选人有着截然不同的风格：一号候选人有着灵敏的直觉，更像克伊尔德本人；二号候选人则是创新与控制的强大结合体。经验告诉泽尔，二号候选人的个性对高层领导者并不利：当他产生某种想法后，会绞尽脑汁地想出理由来说服别人。

克伊尔德也听取了麦斯·欧里森和 KIRKBI 的领导者本德·彼得森的意见。他们都认为,乐高集团需要一个勇于变革的人,一个有行动力的人。当泽尔再次找到克伊尔德,提醒他不要选择二号候选人时,被告知已经作出了选择——雇用保罗·普罗曼。为保险起见,麦斯和克伊尔德为这一职位设定了任期,但这其实毫无意义。现在,乐高集团有了一位强硬的财务总监。麦斯·欧里森和克伊尔德希望这一改变能帮助他们实现远大目标。

瘦身计划

- 1998 年 8 月—1999 年 9 月

保罗·普罗曼担任新的财务总监,他开放的风格给公司固有的文化带来一股新风。很快,他就开始推行缩减开支计划——乐高的支出要缩减 10 亿丹麦克朗,远超之前领导层的预估。

1998 年,公司首次出现财务赤字,克伊尔德却依旧坚持宏大的增长目标。

保罗推行了"瘦身计划";克伊尔德十分欣喜地看到新任财务总监成功扭转了公司的状况。他们不曾想到,这样的好业绩并不是因为这项全新、健康计划的开展,而是由于星球大战系列产品短期销售的成功。

乐高"公司医生"上任

保罗·普罗曼高调上任。他本该在 1998 年 10 月 1 日正式进入乐高集团，但早在夏天接受《日德兰邮报》采访时便谈及此事。采访报道发表于1998年8月19日，星期三，乐高集团的管理层可以了解到保罗对于公司管理的看法。报纸这样介绍保罗：

> "大家对这位49岁的'公司医生'保罗·普罗曼的期望颇高。乐高追求的目标在丹麦公司中也许是最远大的了——7年后，乐高将成为全世界有孩子的家庭中最知名的品牌，迪士尼和可口可乐将被击败。保罗·普罗曼要将这个目标变为现实。到那时，在孩子们的卧室和客厅里，都有来自比隆的玩具。对乐高集团的管理层来说，这次任命意味着战略规划这一大任将从首席领导者克伊尔德身上转移到新总监的肩上。"

这次采访给乐高集团总部的人们特别是管理层，留下了深刻影响。报道中，保罗·普罗曼被称为"公司医生"。公司医生？这样一来，除克伊尔德之外，所有领导者都意识到：保罗不仅主管财务，他还有更大的职权，会扮演一个更强硬的角色。更直接地说，他以后也许会取代克伊尔德。"公司医生"的说法在乐高集团内部引发了大震动："医生"要工作，前提是这里有"病人"。乐高的确面临着巨大挑战，但还没有到"生病"的地步吧？

保罗对于担任公司领导职务怎么看，报道中这样说：

> "要想推动公司前进，前提是紧跟保罗的步伐，'一旦

作出某项决策或确立某个目标,就一直向前走。我从不向后看',他说。"

保罗自称"天生的乐观主义者"。他热情四射,对于管理公司至关重要。他做事迅捷高效并具有审时度势、及时纠错的强大能力。"有的人做事时没完没了,他们想确保每个细节无误。但我不是这样的。"他说。

如果此时还有人对公司发展充满疑惑,那很快这种疑云就消散了。新时代来了。克伊尔德在管理层会议上谈起这篇报道。保罗的言论仿佛击中了他——这位新任财务总监比他预期的更生猛。其他领导层成员颇为受惊,像从麻袋里放出来的猫一样。克伊尔德想安抚他们,但并未奏效。克伊尔德与其他管理层成员和保罗沟通时,并未就这位新财务总监在乐高集团的职权范围达成一致,这也在后来埋下隐患。

《日德兰邮报》的采访报道发表一段时间后,保罗在比隆上任。他清楚自己的言辞引发了公司内的紧张情绪,但他解释说,他习惯了自由言论,自己的天性就是口无遮拦。除高层管理者之外,其他管理者大都对保罗持积极态度。当时,大家已经很少能见到克伊尔德。这个急需革新的公司恰好迎来了一位强硬的领导者。是的,保罗的言辞有些莽撞,但 1997 年的惨淡账单让许多领导者意识到改变迫在眉睫。公司几乎陷入了瘫痪状态。

保罗在一个巨大的活页簿中写下了公司政策,他向领导层成员公布时说,如果他们拒不执行,就要罚喝一瓶红酒。他还说,公司的业务部门太不明确，领导层仿佛坐在一架挡风玻璃上满是泥浆的飞机里，坐的椅子甚至都没有靠背。他对管理层的一位同事说："我们要站在草丛中看着马儿跑，这样就能清晰地看到哪匹马没在跑了。"

上任首日，保罗就给公司带来了巨大的文化冲击，但当时他的意见还是富有建设性的。他说自己是一个行动派，不是学者。他把所有事情都通俗化了，用生动的语言表达出来，浅显易懂。他还拥有乐高人不具备的品格：他不害怕矛盾，也不怕当面对峙。他对公司的诊断得到了大家的广泛理解。公司内的氛围还没有受到危机的影响，"罗盘式管理"与"加速罗盘式管理"的流产也没有引发太大躁动，但大家清楚，会有大事发生。

保罗精力充沛地开始工作。他对《日德兰邮报》的记者说，每到新的公司，他一般要花3—6个月去适应。但在乐高集团，他只用了短短几星期。

保罗·普罗曼首次预估：我们要缩减10亿丹麦克朗

1998年秋，乐高集团的管理层对公司业绩日渐下滑充满了忧虑。1997年就开始惨淡经营，随后每况愈下，照此下去，1998年的预算目标肯定达不到。管理层成员开始谈论，也许乐高集团会出人意料地爆出史上首次亏损。

经严格评估，管理层制定了一个目标：公司将缩减1.5亿丹麦克朗支出。这个数目不大，管理层并没有意识到事情的严重程度。

董事会成员也看到数字不妙，担忧焦虑也日渐增长，但仍然认为稍加行动就能解决问题。他们坚信，将乐高品牌打造成为全世界有孩子的家庭中最知名的品牌是个正确的目标。他们也同样坚信，这个目标可以实现，惨淡的业绩只是外部原因所致。

1998年9月2日，星期三，总裁克里斯蒂安·麦格在《政治报》上说，1997年受亚洲经济危机影响，乐高的业绩惨淡。1998年11月2日，星期一，《贝林时报》上刊登了对克伊尔德的长篇采访，他乐观地说：

> "1997年，我们业绩惨淡，开支超出了预算，销售增长却没有赶上；为了寻求发展，我们同时开展了太多项目。但这也让我们对未来越发充满信心，我们已经取得了良好的开局。"

克伊尔德也解释说，亚洲经济危机给乐高集团造成了重创，但他们都没有进行反省。记者提到，克伊尔德早在1994年就提出要改变乐高集团的想法，但进展很缓慢。克伊尔德表示同意，解释说，这也是聘用保罗的原因。

这次采访中，克伊尔德还像往常一样对未来充满信心。他对公司价值和儿童创造力依然充满热忱，对新开展的项目感到欣喜，但并没有自我检讨，从内部找寻业绩不佳的原因。1998年秋季，乐高顶着巨大的压力，但领导层不认为公司正处于危急关头。

保罗上任几周后，一个周末，他坐在巴黎的家中回想刚加入乐高集团时的情形。他依据经验和对公司运营的直觉,很快便发现乐高存在着明显的弱点:企业文化友好但迟钝,管理机制烦冗,财务透明缺失。公司有着数不清的规章条例,但无人知晓生产每件产品需要多少钱,也不知道到底是哪些产品在赚钱。然而,对于一个成功挽救过危急关头的中大型企业并让它们快速发展的人来说,这次的任务谈不上艰巨。

保罗找出乐高集团的关键数据,制作了一些图表,又进行了简单的测算,并比较了子公司、业务单元和最优方法。显然,之前没有人这样做过。他做完上述工作后提出:乐高集团要缩减10亿丹麦克朗开支。

几周后,保罗讲述了他如何得出这一结论。1999年1月22日,星期五,《博森新闻杂志》上写道:

"'这并不是变戏法。'保罗说。他比较了乐高集团的28个子公司——计算了公司的影响力以及如果每个子公司都达到最佳收益结果又会是什么。"

保罗把计算结果写在纸上,后来向管理层和董事会成员作展示。当大家听到10亿丹麦克朗的数字时,全体陷入沉寂。没有人看到计算过程,也没有人准备其他选择,他们从震惊中缓过神来,问保罗如何得到10亿丹麦克朗这一结论?保罗回答道,数字末尾有这么多零看起来很好看。

这是一次不同往常的战役。管理层成员本应处于同一个战壕,但情况恰好相反。保罗所在的管理层几乎所有成员都犹豫不决。托斯登·拉斯穆森离开后，没有人能脱颖而出成为新的接班人。保罗首次跟大家开完会后也向克伊尔德说，与会者没有活力，也不积极。他们中没有人足够强硬、干练。他们也知道权力在不断转移，但不觉得有什么问题。他们都觉得自己和克伊尔德关系密切，在发生意外之事时，也全然不紧张。"是的，这位新任财务总监说要缩减10亿丹麦克朗。如果事情更加严重，如果有坏事发生在我身上，我可以像往常一样，跟克伊尔德私下谈一谈，事情就解决了。"他们想。

保罗的话语简单生动，通俗易懂。当他向克伊尔德和其他领导者解释为什么乐高需要"冲击疗法"时，形容道：乐高集团的情形就像温水煮青蛙，死到临头也无动于衷；掉进热锅里的青蛙却能迅速意识到危险。最后，他又提出了自己的计算结果，公司要展开一次历史性的大缩减，一次大变动，没有谁能逃过去。这场改革被称为"瘦身计划"。

克伊尔德欣慰地看到保罗打开了局面。在过去很多年，乐高集团都没有发生真正的改变，如今能感觉到一些变化正蓄势待发。看来，保罗具有的行动力正是克伊尔德所期望的。

也许，克伊尔德也希望保罗某一天能成为乐高集团的领头人。他自病重以来就一直在想：应该怎样、在什么时机找到合适的人接替自己的工作。保罗会不会就是这个"对"的人呢？后来，克伊尔德否认了这一点。但当时，他确实逐渐给保罗让出了更大的空间。在董事会和员工会议中，克伊尔德都让保罗主持发言。当他们和员工开会时，克伊尔德也会站在保罗身后一步左右的位置。这样大家就知道，保罗有克伊尔德在背后支持。克伊尔德也曾称保罗为"我的喇叭"。

媒体曝光乐高危机

1998 年，克伊尔德在内刊《积木》上发表了不同寻常的圣诞问候，基调是在温情友好中掺杂着些许沮丧。他提到惨淡的营业额和逐渐下滑的零售业绩。谈及在丹麦员工内部作的民意调查时，他说：

"整体图景是公司运作不佳：日常事务太过繁杂，缺乏管理，领导没有身处前线。这与引进'罗盘式管理'的意愿背道而驰。1998 年年底的此刻，我要说，我们过去几年进行的变革没有得到大家——至少我本人——所期望的效果。我们务必要开始新的努力，一方面确保达到 1999 年的既定目标；另一方面，到 1999 年年底，力争让业务系统更加简化、高效。"

克伊尔德的说法很快被大家关注。员工们交头接耳，内心不安。很快，媒体也意识到，乐高集团的发展似乎遇到了严重阻碍。新年伊始，《博森新闻杂志》记者埃格尔·艾维特（Eigil Evert）对此表现出浓厚兴趣。乐高领导层得知后，信息部门总监彼得·安倍克·麦森与杂志社达成协议：克伊尔德与保罗会接受埃格尔的采访，允许对方独家报道乐高的"瘦身计划"。对外发布相关信息时，乐高也会传达给内部员工，保证他们在《博森新闻杂志》刊登文章前知情。

一揽子计划是：公司内部发行新刊《新瘦身计划》(Fitness Nyt)，创刊号将于《博森新闻杂志》发布新闻的前一天——即1999年1月21日，星期四——发行。这样，乐高集团的领导层可以作好充分准备来传达这一讯息：制作细致的图表、翻译成多国语言、创建专门的网站，使世界各地的员工能在同一时间便捷地获取这一新闻。

公司与媒体的合作计划得很周详，但中途还是出了差错。《星期一早周报》(Ugebrevet Mandag Morgen)抢先了一步。1999年1月15日，彼得·安倍克·麦森意外收到一篇该周报的预发文章，详述了乐高集团的艰难处境。

该周报也揭露了乐高正在滑向巨大的财务赤字，待官方发布消息时会裁减10%的员工。该周报欢迎乐高对报道作出评价。克伊尔德和彼得为了遵守和《博森新闻杂志》的协议，选择"不作评价"。

1999年1月18日，星期一，《星期一早周报》成为揭露乐高集团危机的第一家媒体：

"《周报》发现，乐高在1998年出现了1亿丹麦克朗的严重赤字，10%的冗员将被裁减，丹麦总部约有4000名员工受到影响，主要在销售部、市场部和财务部。"在报纸的分析文章中，披露了如下关键信息：

- 乐高集团的人员规模太过庞大，在全球玩具市场中行不通。虽然多年来营收停滞，领导层还是没有简化组织机构和管理层。
- 1996年启动的"罗盘式管理"旨在加强执行力与自动自发的精神，但并未引起全员共鸣，最后告以失败。
- 多年来，乐高集团没有充分认识到：全球玩具市场的增长几乎全部发生在电子玩具领域。
- 乐高集团没有制定战略联盟，也没有购买微软产品以吸收技术知识——竞争对手们却在这么干。
- 近年来，乐高集团投入研发的力度不够，难以企及美泰公司。

四天后，即1999年1月22日，星期五，《博森新闻杂志》上刊登了专题报道。根据协议，报道是由乐高集团与记者合作完成的。它发出了安定人心的信号，回应了乐高集团出现危机并将大力裁员的消息。克伊尔德与保罗在采访中称，一切尽在掌控之中。报道的整体基调很积极。

这次报道传达的信息与克伊尔德在1998年11月接受《贝林时报》采访时所述的如出一辙：乐高集团面临着诸多挑战，但没有出现危机。领导层启动了多项活动。克伊尔德还提到了乐高乐园：1999年3月，在美国开设一个乐园；同年8月，将在德国或日本修建一座新乐园；在英国刚落成的乐园运营良好。克伊尔德还说，在新业务领域，"乐高媒体"取得了良好的开端，乐高集团开发了新产品 LEGO Znap，启动了为女孩设计的 LEGO Scala，"乐高头脑风暴"系列也取得巨大成功，此外还签署了"星球大战"系列的开发协议。

从传播角度来看，同《博森新闻杂志》合作对乐高集团十分有利，这也是公司影响报道的经典案例，但或多或少让人有些反感。这篇报道最后用引言作结尾：

"很少有人能比亨里克·格尔鲁普（Henrik Gjørup）更适合评判乐高过去几年的变革与成果。亨里克是丹麦最大的玩具连锁店 BR 的总裁兼合伙人，他与世界最大的玩具连锁店'美国玩具反斗城'紧密合作。

"亨里克·格尔鲁普说：'乐高集团就像一艘沉重缓慢的远洋渡轮，很难掌舵。克伊尔德是一位平和、富有耐心的人，他或许发现了公司的行政事务太过繁杂，需要从警钟鸣响的地方解决问题。乐高品牌是如此强大，产品质量无可挑剔。我相信乐高可以实现愿景，也坚信 5—10 年后，乐高集团会比现在更强大，但积木所占的销售比重将降低。乐高乐园会带来无限的可能性，乐高品牌孕育出的诸多衍生品，如大家看到的儿童服饰、包、手表等，就像迪士尼一样，都会让乐高集团大获成功'。"

亨里克的话很有趣。他是经营玩具连锁店的知名人士，在 1999 年居然同乐高集团的领导层一样对公司持有错误的观点。显然，当时的时代精神就是如此，大家相信品牌可以在全新的领域创造收益，却丧失了对传统塑料积木的信心。

尽管危机重重，依旧雄心勃勃

保罗·普罗曼是"瘦身计划"的主导力量，事实上克伊尔德本人也在推动。其间，乐高集团信息部门创办了一份特刊——《新瘦身计划》。1999年1月21日，星期四，在创刊号中，克伊尔德说公司目标是每年营业额上涨10亿丹麦克朗，这需要公司缩减职位数量，即进行裁员：

"乐高集团不应只专注于通过创造性游戏推动儿童发展，我们也要成为聪明的商人。"他说。

乐高集团面临着重重危机，克伊尔德却坚守着宏伟目标。他想对公司的开支进行大幅缩减，让收益增长打破纪录。次日，他在《博森新闻杂志》中说，乐高集团的营业额在未来6年里要增长100%—150%，结果被批判道：

"这是一个惊人的挑战，在美国和玩具业缺乏先例。我不否定这个目标，但不愿意为它买单。"思恩·麦克高文说。他是纽约华尔街杰拉德·克劳尔·马迪森公司（Gerard Klauer Mattison）的玩具产业高级评论家。

"这一目标要求公司在未来6年里每年营业额上升20%，在同等规模的公司中闻所未闻。全球最大的两家玩具公司——美泰和孩之宝（Hasbro），目标是每年增长10%，实际上也只能达到7%—8%。"

克伊尔德回应道："我知道这个目标听起来太宏大，但我们认为这完全可以实现。"

克伊尔德和乐高向来持有乐观态度。公司正处于历史性的大缩减和裁员困境中，他们的思维却停留在多年的高增长、无外部威胁和对公司顾客（孩子们）充满信心上。乐高是一家无比自信的公司，完全没有用批判态度来审视自身的商业模式。

保罗·普罗曼提出"瘦身战略"后，决定采用自己曾在B&O公司取得成功的方法来实施。他挑选出一些富有才华的中层管理者，将他们组成一队，在公司外部工作，不受打扰地进行思考。他的构想是，想从他们那里获得灵感来打破固有的文化，其间要摒弃其他管理者的影响。保罗在挑选人员时没有选择高层管理成员，其他总监也不知道这一任务的内容与进程。

保罗明确告知这个工作组的成员：他们有40天时间，务必要遵守日程安排。如果他们不能完成任务或想在中途放弃，只要告诉保罗就好，他会再找新成员来替换。工作组的任务是从零开始构思，在一张白纸上想出新的乐高应该是什么样的，并且作好计划准备付诸实施。

保罗说："你们不要期望我们中途叫停这一计划，就算要解雇邻居的儿子也没关系。"

最初，这项计划在工作组中秘密进行。奇怪的是，保罗当时为什么要这么做，至今也不清楚，1999年的乐高集团并非一家信息透明的公司。当时，员工们只知道1月28日，星期四，《新瘦身计划》第二期中传递了"隐秘"的信息：

"上周三启动了'缩减计划',工作组成员有7位,他们就乐高在欧洲范围内'瘦身'的可能方向制定系统战略。如果他们的建议被管理层会议通过,就会被采用。在欧洲范围内的缩减完成后,该战略将在亚洲、美国、'新业务领域'(如乐高乐园)和比隆总部展开。暑假前,上述所有运作彻底完成。"

工作组成员包括:彼得·戴姆(Peter Dalm),乐高集团德国地区总裁;马克·利吾斯登(Mark Livingstone),伦敦乐高媒体总监;保罗·休(Poul Schou),美国市场总监;以及四位来自比隆总部的领导者,托本·百勒格·索恩森、里昂·博霍姆·麦森(Leo Bøgeholm Madsen)、罗伯特·埃利斯(Robert Ellis)和延森·凯斯托普·拉森(Jens Kastrup Larsen)。

接下来的四五周,工作组紧锣密鼓地开展工作,先是去西日德兰半岛柯百克(Kibæk)附近的斯凯里尔屋办公,后来由于当地的网络出现故障,又转移到瓦埃勒(Vejle)的蒙克贝尔格酒店(Hotel Munkebjerg)工作。

一切进展顺利。工作组找到了10亿丹麦克朗的缩减方向,组织机构在缩减后将变得更简单,新产品开发也尽量贴近客户需求。

1999年4月15日,星期四,《新瘦身计划》第七期,呈现出一个神情沮丧却严肃坚决的克伊尔德形象。公司要裁减1000多名员工,仅丹麦总部就要解雇400名。不久后,1998年惨不忍睹的财务报表出炉,比克伊尔德的最坏打算更糟糕。乐高集团的首次赤字高达税后 1.94 亿丹麦克朗！

1999 年 5 月 12 日，星期三，克伊尔德在《日德兰邮报》的报道中说：

"我感觉，我一直都在努力掌舵。但当大家看到结果，就会意识到：我与员工之间出现了问题。某个环节出错了……我们致力于解决这里或那里的问题，也缩减了一部分开支，但没有着眼于公司整体。现在的情况就是如此。我必须说，我们取得的成果太小了。"

同一天，《政治报》上刊登了相关文章，标题为："乐高集团遭遇史上最差业绩"。

保罗拯救乐高

对克伊尔德来说，"瘦身进程"是一次充满伤痛的经历。多年来，他一直避免出现这种状况。他尝试过"罗盘式管理"与"加速罗盘式管理"，曾邀请瑞士 IMD 商学院的教授与麦肯锡公司的专业顾问来比隆总部，但只起到微小的帮助。

乐高集团在过去，包括克伊尔德父亲在世时都缩减过开支，但并未进行"瘦身"——这意味着动摇了公司的命脉，也需要定期大力裁员，对当地社会来说更是一场巨大的灾难。克伊尔德和家人每天都会在大街上遇到员工，他的母亲伊迪丝·诺格·克里斯蒂安森在城中也很活跃。

克伊尔德还是把"瘦身计划"看作有效的解决办法。他尝试过所有温和的手段，但并不奏效，只有"瘦身"是最佳选择。他尽力确保裁员方式得体，还设立了"发展室"，给被解雇员工的职业生涯提供建议。

事实证明，"瘦身"并未让公司运营像克伊尔德期望的那般好转。工作组提出的建议大多数被采纳实施，随后新的工作组成立起来，又提出了新的选择。但新工作组提出的建议都没有被采纳。这些建议在一定领域节约了开支，但开展"瘦身"又增加了新的开支。

工作组中，德国地区总裁彼得·戴姆对比隆总部的批评较为强烈，他建议乐高集团在产品开发时要更多地关注客户需求。这条建议极富逻辑，最终的实施结果却是公司分别在美国旧金山和意大利米兰建立了新的分部。

"瘦身计划"主要着眼于官僚机构与公司开支改革，大方向正确，和"罗盘式管理"尝试改变企业文化一脉相通，但缺乏必要的深度。它没有在核心业务与新目标，即在2005年成为全世界有孩子的家庭中最强大的品牌之间建立起桥梁。克伊尔德在"瘦身计划"实施前后的言辞中，也没有对员工提出实现这一目标的具体建议。

个中原因是什么呢？乐高要远比保罗·普罗曼迄今工作过的公司更为复杂。他习惯了将这些"工具"从一个公司复制到另一个公司，比如削减开支、简化组织机构等措施；但在乐高集团，这一任务开展起来更具挑战性。结果证明，在改革之后，乐高集团组织机构的复杂程度要比1999年更甚。

对于保罗·普罗曼来说，"瘦身计划"让他在领导层站稳了脚跟。他进入公司半年后便成为克伊尔德最亲近的员工。当工作组住在斯凯里尔屋和蒙克贝尔格酒店时，除了克伊尔德和保罗以及尼尔斯·克里斯蒂安·延森偶尔随行之外，所有领导层成员都不允许去造访。

保罗主持了这项任务，其余领导层成员都蒙在鼓里。当被要求进行数额惊人的开支缩减时，克里斯蒂安·麦格、克伊尔德·米勒·彼得森和尼尔斯·克里斯蒂安等人与克伊尔德之间的关系发生了微妙的变化。1998年秋季，他们希望可以像往常一样跟克伊尔德私下交谈，以改变保罗的缩减计划，但这种想法在当时看来幼稚极了。

乐高集团存在着职位空缺，即权力的空缺。保罗·普罗曼用惊人的速度填补了托斯登·拉斯穆森离开后空下的位子。他到来后，克伊尔德·米勒第一个选择放弃——他于1999年2月1日，星期一，离开乐高集团。

在大家看来，"瘦身计划"成功了。保罗在极短的时间内扭转了乐高集团的局势。1998年，各大媒体大幅报道了乐高集团的灾难性赤字，此刻态度又有了很大转变，因为1999年春乐高集团大力推行的"星球大战"项目吸引了所有媒体和公司管理者的目光。

早在一年前，即1998年春，乐高集团便与美国电影制片人乔治·卢卡斯（George Lucas）达成协议。这是一个全新的合作，乐高集团将按照《星球大战》大电影中的场景制作乐高小人和其他产品。

对接卢卡斯影业，这是乐高集团美国负责人兼市场部门总监彼得·埃尔（Peter Eiø）在管理层会议中提出的主意。乐高集团的领导层起初持怀疑态度并反对这么做，担忧双方的合作将严重地打破乐高集团的传统。从奥勒·科尔克·克里斯蒂安森的时代起，乐高集团一直以独立运营、不寻求合作伙伴为荣。乐高集团希望自己创造产品，这一理念深深地烙印在企业文化中，尤其是在古德弗莱德领导的时期，乐高严格恪守该理念。现在，乐高集团要与卢卡斯影业合作开发一款产品，那么产品就不单属于乐高自己了，这样的合作又会有何种结果呢？

《星球大战》讲述了一个人们使用武器、花费毕生精力对抗生死的故事，这与乐高集团的价值理念完全相反。在乐高，暴力是被禁止的，大家认为父母们不希望孩子接触那种世界。乐高的品牌可以容纳这种合作吗，顾客会有消极反馈吗？乐高尤其担心，德国孩子的母亲会有何种反应，便在德国作了用户调查，结果显示大家能够平和地接受。多次讨论后，克伊尔德批准了这一提议。1998年4月30日，星期四，乐高集团与卢卡斯影业正式签署协议。

"星球大战"系列产品的销售状况超出所有人的预期。1999年5月16日，星期天，《政治报》报道说，"星球大战"模型套盒在美国被抢购一空；到了夏天，乐高总部的人们几乎不敢相信自己的眼睛："星球大战"系列在极短的时间内成为销量最高的产品——1998年的严重亏损和"瘦身计划"大力裁员带来的阴霾很快被抛诸九霄云外。

1999年，克伊尔德在内刊《乐高生活》中欢呼道，本年度收获了意外的惊喜："……在5年的惨淡经营后，我们终于迎来了转折。"

他承诺将终止裁员。在这一时期，乐高乐园总负责人麦斯·卢德表示已作出决定——继在丹麦、美国和英国建成乐高乐园后，第 4 个乐园将在德国启动。

大家情绪高涨，看来乐高已经走出危机。在短短一年时间里，保罗·普罗曼就采取了强硬却必要的缩减开支政策，让公司蒙羞的史上首次财务赤字已经变成了盈余。克伊尔德欣慰地说，聘请保罗·普罗曼是个正确的决定。

丹麦商业界见证了乐高集团让人惊诧的快速逆转。

保罗·普罗曼施行"大清洗"

- 1999年10月—2001年9月

　　保罗·普罗曼在乐高集团的地位逐渐提升，也掌握了越来越多的权力，克伊尔德逐渐退居幕后，越来越少地参与日常事务。

　　乐高集团雄心勃勃地开启了另一项宏伟计划——在全世界建立自己的零售店，与玩具零售商竞争。克伊尔德说，乐高品牌应更多地将卖点定位于品牌体验，而非产品本身，这让大家怀疑乐高是不是不重视积木了。

　　"星球大战"系列产品的大卖再一次让公司乐观起来，但危机再次降临，媒体也对乐高采取了批判态度。

　　一位年轻的员工——约恩·维格·克努斯托普，被聘入乐高集团。

首战告捷

1999年10月15日，星期五，保罗·普罗曼得到晋升。在公司内部的"管理团队和运营团队的变更"公示中，克伊尔德任命保罗·普罗曼为公司的首席运营官（COO），保罗将负责全公司的运营。大家认为保罗必将成为乐高集团的下一个指挥官，如今，官方头衔和实际权力都验证了大家的猜想。

几个月以来，保罗·普罗曼一直试探性地询问克伊尔德，自己能否得到这个梦寐以求的头衔。克伊尔德起初有些反对，但后来保罗已成为得力的左膀右臂，为何不能将他正式提拔至这一职位呢？最终，克伊尔德妥协了。保罗不仅在公司里站稳了脚跟，还在短期内创造了远远超出大家想象的良好业绩，令人称赞。

在这份公示中，还提到其他人的任命情况：托本·百勒格·索恩森进入管理团队，负责新业务拓展；克里斯蒂安·麦格成为品牌总负责人；尼尔斯·克里斯蒂安·延森退休了。

还有一条很重要的信息：为了良好地把控品牌工作，公司成立了一个新的"乐高品牌董事会"，三位终身成员包括克伊尔德·科尔克·克里斯蒂安森、克里斯蒂安·麦格和托本·百勒格·索恩森。这三位都坚信公司的诸多潜力并为之深深着迷。乐高集团战胜了危机后，就可以继续致力于所有人都喜爱的事业：开发新产品和新业务。

媒体报道中也呈现出一派祥和景象。显然，乐高集团已经摆脱了危机，保罗·普罗曼的晋升被称作"一次历史性的飞跃"。克伊尔德从此不再掌管公司的日常事务。1999年10月22日，星期五，

《日德兰邮报》声称，保罗·普罗曼是"瘦身计划"背后的总设计师："这一计划圆满完成，乐高集团的盈利状况十分可观，业绩上升了 8 亿丹麦克朗。"

保罗这位新任指挥官很快进入了角色，成为公司强硬的管理者。1999 年 11 月，他在内刊中写道："员工们抱怨工作压力太大，原因是管理者'不愿意承担责任，更倾向于置身事外'。"

首次失误

乐高集团重拾乐观态度，很快体现在经营层面上。在新的管理团队制订 2000 年的预算时，再次将关注点投向发展而非减少开支。新任管理层成员都很强硬，都非常看重发展，尤其是克伊尔德、克里斯蒂安·麦格和托本·百勒格·索恩森。如今，乐高集团已经战胜了危机，大家如释重负，也决定为新项目设立资金池。最终结果是：为新项目划拨 3 亿丹麦克朗的"维生素资金池"。公司又开始膨胀。一次，一次，又一次。

1999—2000 年冬天，乐高集团内部形势一片大好。克伊尔德在圣诞问候中将 1999 年称为"划时代的一年"；在年度账单中，公司整体营业额上涨 28%，约 10.71 亿丹麦克朗。这一精彩业绩让大家怀疑 1998 年的巨额赤字简直不像真的。

2000 年第一周，大家开始了紧锣密鼓的工作。他们也想出更巧妙的办法来强化公司品牌，新业务也开始开展。后来，人们描述当时的气氛如同吃自助餐一样欢愉。

到管理层召开本年度的第一次会议时，3亿丹麦克朗的"维生素资金池"已经告罄了。公司的新业务各不相同，下一个耗资巨大的乐高乐园正在规划中，并将在德国建成。在纽约，乐高将成立网络部门；在伦敦，会建成新的媒体部门。同期，克伊尔德还推动着一直想实现的目标：在世界各地开设一系列乐高零售店，销售乐高产品——这一构想被称为"品牌零售"。

2000年2月，克伊尔德在内刊中再次强调：乐高品牌在2005年要成为全世界有孩子的家庭最受欢迎的玩具品牌。为了阐述得更加细致，他介绍乐高产品已经传承了四代：

第一代是20世纪50年代的早期产品，专注于单纯的拼搭体验；第二代于20世纪60年代早期进入市场，增加了车轮、小型引擎和齿轮等动力装置；第三代诞生于20世纪70年代末，以"乐高小人仔"为基础，设置了主题，引入了角色，为产品开辟了诸多可能性，也带动了公司历史上最长时期的销售增长；如今，乐高进入第四代，产品为通过娱乐培养智力与态度——克伊尔德认为，也许他脑海中浮现的便是乐高"头脑风暴"。此外，他还写下了宏大的战略目标，即乐高品牌要高于玩具，要通过终身学习与人类发展紧密联系起来。这一目标应该如何实现呢，他这样解释：

"我们应该更多地关注向消费者销售品牌体验而不是产品本身。乐高不仅是一件产品，更要成为人与人之间、人与网络之间对话的桥梁。它不仅以俱乐部、乐园、零售店和网络的形式呈现，还要成为故事，通过产品来创造体验。"

这是克伊尔德的全新构想。乐高的许多领导者和员工都热衷于探索新业务——乐高乐园、零售店、儿童服饰、手表、图书、电影和游戏，让公司的品牌更加响亮。若说有人一直坚信积木颗粒永远是乐高品牌的核心业务，那么此人非克伊尔德莫属。他上面的言论却容易引起大家的误解。他现在也对积木失去信心了吗？答案毋庸置疑是否定的。但他也明白，一个企业只专注于一个关键词是行不通的。

2000年2月23日，星期三，克伊尔德在《日德兰邮报》中说，"星球大战"系列产品的销售状况十分可观，乐高在1999年可以庆祝两次圣诞。2000年6月17日，星期六，他为全体1.2万名乐高员工举办了"千禧年聚会"。显然，他实现了自己在1994年病休后回到公司的目标：重拾在乐高集团工作的乐趣。

保罗与克伊尔德更加亲密

2000年春，乐高集团管理层成员发现，克伊尔德与保罗的关系开始发生变化。"瘦身计划"已经结束，保罗得到了晋升，他像一股清风，不仅成功地缩减了开支，还对公司其他领域产生了直接影响。如今，保罗在乐高拥有了更高的地位。

管理层开会时，大家能看到：每当克伊尔德发言，他会先看看保罗这位得力左右手和他意见是否一致。这种情形在"瘦身计划"实施期间也时有发生，现在表露得更明显。克伊尔德逐渐淡出了公司事务，有时甚至不来开会，这也使得保罗·普罗曼的影响力越来越大。

保罗发现，乐高集团的情况与他工作过的其他公司都不一样。

在乐高集团，数字不那么重要，比如说，对克伊尔德而言，多100万丹麦克朗预算并非一件大事，他更关注乐高集团整体项目的实施。如果保罗能帮助克伊尔德实现理想，那么他在公司的影响力会更大。从2000年起，保罗的焦点逐渐偏离了公司的财务管理，这实际上是他被聘入乐高集团的初衷。他开始将更多时间花在克伊尔德和其他高管一直追求的事业上——发展乐高品牌。此外，保罗还将B&O公司的财务总监斯蒂·托夫特格（Stig Toftgaard）聘入乐高，使自己有更多时间考虑财务管理、关键数据和子公司标杆管理之外的事务。

当克伊尔德在公司时，保罗·普罗曼尽可能地多与他相处；保罗也争取与克伊尔德一起乘坐公司的飞机，这样就可以共度更多时光。一般情况下，这时都没有其他管理层成员在场。

一个精明的财务总监取得巨大成功，逐渐在公司日常事务中扩大影响力，然后开始掌控公司战略。这种情况曾经发生，2000年春天则在乐高上演。当保罗意识到他需要得到克伊尔德的支持时，开始向对方靠拢，这种紧密关系也导致了严重后果：当保罗太过亲近克伊尔德后，管理层其他成员鲜有机会再和克伊尔德谈话。克伊尔德则成全了这件事的发生。

有一次，保罗跟另外一位过从甚密的管理者提到，他从B&O获得了一种痛苦但值得学习的经验，当时，上司安德斯·克努森将他隔离在董事会之外，这样一来董事会也与其他部门隔离开来了。保罗知道，他在乐高的影响力与他和克伊尔德的紧密联系密不可分。他也知道，如果能把其他管理层人员和克伊尔德隔离开来，自己的影响力会更大。

乐高集团重陷危机

2000年的开局几个月，乐高集团上下完全沉浸在快乐之中。然而，好景不长。当年初夏，公司就露出新问题的苗头。当时，保罗·普罗曼正在与管理层成员及家属们在欧洲南部度假。他们想在地中海上缓慢地航行一周，休息放松，增进了解，但这次旅途并不愉快。乐高的高管们在阳光下航行时，从比隆总部传来了坏消息：销售状况不佳，形势非常严峻。

2000年6月，克伊尔德在公司内刊中平静地说：年初，市场不景气，但也没有必要裁员。两个月后，内刊文章称：2000年上半年，乐高玩具的全球销售状况堪忧。在媒体报道中，记者们也开始指出乐高再一次走上了发展歧途。

为了对负面报道作出回应，克伊尔德和保罗史无前例地一同接受了采访。2000年9月25日，星期一，报道占据了《博森新闻杂志》的五个版面，配有克伊尔德和保罗的大幅照片——他们面带微笑，头发轻扬，背后是星球大战的空间船舰。

从后来发生的事情来看，这次采访很有趣：克伊尔德和保罗显然知道，公司正面临着严峻的挑战，他们也很清楚为什么会出现问题。他们首次公开讨论了这一话题——孩子们越发痴迷电脑游戏，玩具领域的潮流变化飞快，生产计划变得越来越难。他俩谈到企业文化积重难返，在乐高集团，人们早已习惯了高速、稳定地增长。他们也承认，1999年"星球大战"系列产品取得了爆炸式的成功，到了2000年却销售乏力，卢卡斯影业没有推出新影片，乐高大力推出的"足球"系列也以失败告终。

面对严峻挑战，克伊尔德和保罗仍然坚守着要将乐高品牌打造为 2005 年全世界有孩子的家庭中最受欢迎的玩具品牌这一总目标。记者比尔格特·埃尔哈森（Birgitte Erhardtsen）对此表示怀疑，她提出质疑，二位却没有给出如何实现目标的明确答复。在采访末尾，她写道，"他们承诺的目标颇似一个'诅咒'"。

如果员工们读到这篇采访，他们当时一定会问：既然"瘦身计划"已经完成并取得了巨大成功，管理层也表明乐高正在朝着正确的方向发展，为什么还会产生新的危机呢？危机来得如此之快，如此难以控制？大家从报道中找不到答案。

保罗掌权，其他高管离开乐高集团

接下来的几个月，意外频发：公司数据开始出错，产品销量锐减。管理层一片茫然，但一定要采取应对措施。

保罗·普罗曼给克伊尔德·科尔克·克里斯蒂安森施压。他说，发生这些情形，必须让管理层透明化。保罗是首席运营官，负责公司运营；其他高管还是会直接与克伊尔德交谈。在"瘦身计划"实施过程中，大家虽然越发难以接近克伊尔德，但遇到难事时还是会尝试着跟往常一样找他交谈，这也加重了保罗·普罗曼担任首席运营官的难度。

克伊尔德在糟糕的数据面前无比沮丧。他多么希望已经度过了 1998 年的危机，他声称 1999 年是里程碑式的一年，他再次表明

2005年的目标一定会实现。可现在看来一切都错了。这完全是一场误会。如果之前认为保罗会成为公司的接班人，现在，克伊尔德一定有些怀疑，但他选择了退让。

2000年11月17日，星期五，管理层成员收到了一封克伊尔德和保罗发来的邮件，有些惴惴不安。邮件中写道：

"众所周知，自上次管理层会议后，我们就想把乐高集团的经营拉回正轨。为此，专门设立了一个工作组。现在，我们已经收到了工作组的建议，也与董事会主席展开了讨论。我们和董事会主席都认为公司的业绩与预算目标相差太远，但让乐高集团回到正轨又不利于实现2005年的目标，需要董事会跟大家一起探讨，达成一致。我们决定将原定于周一、周二的执行团队会议推迟，你们准备好在星期三下午两点半与董事会和我们开会。"

周三下午，管理层成员走入会议室。董事会主席麦斯·欧里森主持会议。除了克伊尔德和保罗，管理层成员通常见不到麦斯。现在，麦斯对大家说，乐高应该有一个新的组织结构。管理层的名称将从执行团队变为执行办公室，除克伊尔德之外，所有人要先向保罗报告。

这个消息让管理层成员备感沮丧。2000年秋，他们与克伊尔德之间越发疏远。在比隆总部，保罗令人望而生畏。他开除了很多人，包括员工和管理者。一年内，大约90位中层管理者中的60位从公司消失了。

保罗·普罗曼希望改变乐高集团的企业文化，但措施太过激进。转变企业文化是过去很长一段时间里需要做的事，但保罗的快刀斩乱麻意味着公司丢掉了有价值的知识和技能。他聘请了新的领导者进入公司，包括外国人士，比如意大利品牌专家弗朗西斯科·奇科莱拉。他们都有强大的专业素养，但没人真正理解乐高的精髓。

保罗与其他高管的关系也不断恶化。他与大家讲话时态度很强硬，有时脸色很难看。他虽然天生气质温和，但员工们都开始害怕他。他表面上很友好，笑容满面，但他经常会突然解雇中层管理者，内心对大家持排斥态度。

克伊尔德让保罗领导管理层的其他成员。大家可以预见，自己再也不能跟克伊尔德直接交流了。公司的业绩惨淡，大家猜测，公司接下来一定会紧抓预算和缩减开支。会议中，克伊尔德看起来心情很糟糕。大多数与会者和他共事多年，这一次他们觉得：克伊尔德认输了。

麦斯·欧里森离开了会议。克伊尔德沉默地坐着。保罗说："你们听我的。"

耶斯·波纳斯登，乐高集团生产部门主管在会议当天离开乐高集团；保罗·埃斯特·拉斯穆森（Poul Ernst Rasmussen），另一位管理层成员，在没有新工作的情况下辞职；克里斯蒂安·麦格，于一个月后离开；彼得·埃尔，前乐高集团美国高管，退休离职；托本·百勒格·索恩森，多次尝试与克伊尔德交流，但最终放弃，并让猎头为他寻觅新工作，几个月后，即 2001 年 3 月，他成为 B&O

公司在荷兰斯特鲁尔（Struer）的主管。

2000—2001 年，克伊尔德很沮丧，他看到公司再次被打回原点——出现了新的赤字。管理层分崩离析。保罗·普罗曼开始掌权，但并没有激发出大家对未来的信念。原本规划发展积木以外的新业务来增加收益，结局也很惨淡。2000 年 12 月，克伊尔德在内刊中沉重地说，乐高应该回归核心业务，即为孩子创造充满无限可能性的玩具，他叫停了手表、出版公司和其他生活方式类产品等业务。

不到一年前，克伊尔德却持有完全相反的观点。2000 年 2 月，他在内刊中提出，乐高要更注重销售品牌体验而不是产品。显然，如今他放弃了这一构想，回归满载他毕生信念的积木。

媒体批判乐高

近些年来，乐高的业绩起起伏伏，媒体整体上持友好态度。2001 年 3 月 1 日，星期四，克伊尔德与保罗在比隆召开记者会，公开 2000 年的财务报表，媒体的友好态度戛然而止。

克伊尔德首次公开回答了乐高集团会不会出售公司这一问题。2001 年 3 月 2 日，星期五，在《政治报》的报道中，他答道："我认为不会，但我们的确无法承受多年来财务赤字带来的损失。"他跳过了另一个被提出的问题：保罗·普罗曼是否会被解雇。

记者会中，大家颇为惊讶：显然，乐高集团管理层知道问题所在却没有去解决。克伊尔德在会中宣布，乐高集团从现在起要回归核心业务即乐高积木，其他业务将被叫停。与此同时，他再一次坚定了目标：乐高品牌要在2005年成为全世界有孩子的家庭中最受欢迎的品牌。

他的这两项说法让大家疑窦丛生：目标怎么实现？如果乐高品牌回归积木颗粒业务，又如何能够同时扩大品牌影响力，让它成为全世界有孩子的家庭中最受欢迎的品牌呢？半年前，克伊尔德和保罗在《博森新闻杂志》的报道中没有作出明确回应，现在还是没有答案。

媒体的态度比以前强硬很多。2001年3月26日，星期一，记者莫登·索恩森（Morten Sørensen）在《博森新闻杂志》上发表了一篇长幅批判报道，证实保罗·普罗曼并没有扭转乐高集团的重要经营层面。保罗与公司的许多管理层人员矛盾重重，还误导了世界各地的高管，使他们认为预算非常乐观，并使乐高集团退出了德国市场中重要的零售商店。

这篇报道长达6页，第一次透露对乐高集团内部人士匿名采访获得的消息。这出乎人们意料：乐高集团是一家员工忠诚度极高的公司，现在释放出了糟糕的信号。

几周后，《博森新闻杂志》宣布，乐高落选丹麦大型企业形象榜单。在多次位居首位后，乐高跌到了46名，克伊尔德不愿作出任何回应。在文章的显要位置，还报道了克伊尔德在驯马方面的成绩，以及在奥胡斯（Århus）举办的"盛装舞步世界杯"中，他与丹麦贝尼迪克公主（Benedikte）及西班牙国王的妹妹同乘一车。

美国媒体给予乐高集团最严厉的批判，称其市场规模遭遇重创。丹麦报纸也持批判态度，哪怕本地市场对乐高来说几乎微不足道。2001年8月31日，星期五，《快公司》杂志上刊登了一篇文章，揭露了乐高集团存在的主要问题，直指对公司来说至关重要的企业价值：

"很少有全球化公司能像乐高集团那般，员工深刻理解公司的价值观，生产出让人惊叹的产品，对顾客充满尊敬。但吸引孩子的事物变化太快，乐高集团的核心价值——启迪并发展创新与玩乐已经无法促进公司发展了。看看现在孩子和家长们买些什么就不难得知：乐高集团正纠结于该不该做品牌衍生品甚至品牌体验，这也有悖于公司70年的发展历史。"

克伊尔德和保罗·普罗曼选择低调应对。在众多批判文章的结尾处，都简短地写了一句话：他们不想作出回应。2001年8月15日，星期三，《政治报》的报道中，二人却接受了采访：保罗否定了媒体的批判；克伊尔德再次回应，乐高集团的业务发展太广，脱离了核心业务，现在要作出调整：

"这是我们的核心，永远的核心——承载着天才、永恒创意的积木颗粒，以此开发儿童的想象力。乐高品牌致力于促进孩子的创新性与学习能力。我们很清楚这一点，但忘记了如何清晰地表述给孩子和家长。"

乐高聘入新员工

在公司饱受批评的几周内,乐高集团聘入了一位新人才,约恩·维格·克努斯托普。他申请了一个下属职位,将从事业务发展工作,接受了保罗·普罗曼的面试。

他是谁呢?

约恩·维格·克努斯托普,31岁。他外表随意,穿着牛仔裤,会带着生病的孩子来上班。乐高集团的企业文化比大多数大公司都要开明,约恩还是显得别样。之前在麦肯锡公司工作时,他就与众不同。有一次,一位同事告诉他,他是麦肯锡公司第一个留着络腮胡子的顾问,按照这个逻辑,他是第一个休产假的顾问也完全合理了。

约恩在奥胡斯大学学习经济管理,后来赴英国攻读硕士,又在美国波士顿麻省理工学院得到博士学位。他天赋异禀,在后来的工作中,其才智与乐高集团实现了良好的匹配。约恩的母亲是一位教育工作者,他从母亲那里继承了创新精神,也深受父亲的逻辑思维与数学洞悉力的影响。后来接受采访时,约恩多次表达很庆幸从父母那里同时学到了系统分类与开拓创新,这两点帮助他更好地理解了乐高的宗旨。

他刚开始上学时,难以跟上课程进度,但高中时成绩突飞猛进。他在高中毕业考试中名列前茅,并因优秀的沟通能力脱颖而出。他能够在理解的基础上将杂乱无章的事物表达出来并让别人听懂。他在做讲师时,可以让奥胡斯大学的礼堂里座无虚席,就算旁边的周五酒吧刚开业也不会夺走听众。他的演讲很精彩，听过他讲课的经济专业学生称他为"金指针"。当时，他正就职于巴黎的麦肯锡公司。

约恩晋升为麦肯锡公司的项目总监时，他也进入了猎头的视线。某天，一位名叫乌里克·欧勒多夫（Ulrik Ollendorf）的猎头打电话给他，他当时恰好不想留在顾问行业，听到乐高集团有职位，就给予了肯定答复。

依照错误战略全速前进

- 2001年9月—2003年3月

　　约恩·维格·克努斯托普入职比隆乐高集团总部，他的首个大项目是着手准备在世界各地建立乐高专卖店。他认为公司很难通过零售商店实现盈利，克伊尔德和保罗·普罗曼却对此事充满热情。

　　"哈利·波特"系列产品的销售再次打破纪录，也让管理层恢复了乐观态度。乐高集团最著名的"得宝"系列（DUPLO）被忽视，很快造成了灾难性后果。

　　管理层的年轻成员在尤尔斯明讷的度假别墅相聚，大家一起喝啤酒增进了解。管理层对2002年的业绩抱有巨大期望，但在哥本哈根凤凰酒店（Hotel Phoenix）开会时期望破灭。

约恩在乐高的首项任务

2001年9月3日，星期一，约恩入职乐高集团。这是一个压力重重的公司，他却没有感受到多少压力。乐高经历了低迷时期，2000年的惨淡业绩也让克伊尔德和保罗遭到媒体的质疑，但公司内整体氛围还不错。约恩感受到乐高集团及其发展历史几乎让所有员工引以为傲。2001年9月11日，美国发生的悲剧在比隆造成了短暂的不安，不久后，一部振奋人心的新电影让乐高集团的管理层充满期望——它讲述了一个英国小男孩的故事，小男孩名叫哈利·波特（Harry Potter）。

对约恩来说，在乐高集团工作似是一场剧变。在麦肯锡公司时，他已经习惯了夜以继日地努力工作，特别是在工作日，加班很常见；但在比隆，他惊讶地发现：大家下午五点就下班回家了，员工们回家后就不会再工作了。约恩住在奥胡斯，每周末回家，他在公司附近的斯凡恩酒店（Hotel Svanen）租了一个房间，以便晚上继续工作。

约恩与上司相处融洽。显然，他对自己在乐高集团经历的一些事情颇感吃惊。他有些乱了阵脚，但也很快察觉到公司在运营管控和内部报告制订方面都做得不错。他在麦肯锡工作期间，曾与许多大公司共事，知道其他公司也致力于做好这些。他将其看作一种潜能，乐高集团还有诸多发展良机。

约恩最先跟同事亨里克·保罗森谈了谈。亨里克从2000年起开始从事市场拓展与技术发展工作，他主要负责针对8岁以上儿童的产品和 15 亿丹麦克朗的销售额目标。他也参与了新产品"乐高生化战士"（Bionicle）销售平台的创建。

二人年龄相当，都有在麦肯锡工作的背景，但并未在麦肯锡共事过，一是因为亨里克当时在纽约办公室，二是他工作的时间比约恩早。但二人对乐高集团的看法如出一辙。

他们一致认为：乐高集团的管理形式比较专制。虽然管理层庞大，但实权都掌控在保罗·普罗曼手中。保罗就像过滤器一样，直接影响了克伊尔德对公司事务的了解。这跟他们在麦肯锡学到的一家运营良好的公司应有的情况恰恰相反。担任咨询顾问时，他们受过训练，既要按照工序思考，也要充分理解最终决策应该按照哪种顺序准备、决断和实施。他们的结论是：保罗在这方面做得并不好，很快发现这也是乐高高管们的普遍问题，并非保罗一个人的弱项。

约恩进入公司后的第一个任务是要为乐高集团在南欧和俄罗斯制订新战略，很快又得到一项大任务——品牌零售（Brand Retail），这是未来几年乐高将执行的最大、难度最高的项目之一。

这个雄心勃勃的项目是为了解决乐高与大型零售商之间的问题。过去几年，业界出现了一种联合，在美国尤其显著，如沃尔玛（Wal-Mart）、玩具反斗城和塔吉特（Target）这些大型连锁店越来越强大。这也意味着他们会对供应商和美泰、孩之宝和乐高等玩具生产商在价格方面施加压力。

乐高集团的管理层对这一威胁感到紧张。乐高这样的高品质产品在价格竞争中处于劣势，走出困境的可行办法是在世界各地建立自己的零售商店，将玩具直接卖给孩子和家长，不受中间环节的干扰。

这主意听起来不错。克伊尔德将其看作发展乐高品牌的途径和实现公司远大目标的重要一步；保罗也满怀热忱，他曾在 B&O 公司成功做过类似的项目，让公司在许多国家都开设了专卖店。

2001 年 11 月 7 日，星期三，约恩和上司迈克尔·祖纳（Michael Zøhner）完成了计划，标题是"建设一项可持续、可实现盈利的乐高集团品牌零售业务"。这项备忘录没有给出结论，而是拿出计划任大家讨论。显然，在世界各地开设零售店是一个浩大的工程，存在诸多风险。它也许不像每三年修建一个乐高乐园一样大动干戈，但几乎属于同种类型。约恩和迈克尔在备忘录中写道："乐高集团将面临严峻的挑战。第一，需要投入巨额资金；第二，可能会与零售商决裂，他们会将新商店看作竞争对手；第三，对于乐高这种一半销量集中在圣诞季的季节性公司，这种商店很难实现盈利。"此外，备忘录中还标注着：乐高集团内部没有人对零售有着充分了解。

公司中的许多管理者和员工反对该项目。乐高集团德国总监麦斯·尼伯在董事会会议上听到这一项目时说："哦，不，将这件事告诉我们的顾客并不是一件有趣的事。"

董事会成员们注意到，约恩找到了品牌零售店的现实例子。如手表生产商斯沃琪（Swatch）和丹麦鞋履生产商爱步（Ecco）。他们靠开商店增加的营业额只有 10%—20%。这清楚地表明：乐高集团不应期望摆脱零售商。负责日常事务的年轻管理者们并不看好乐高开设零售店，但约恩至少将他们的意见写进了备忘录中。

约恩被邀请参加董事会，为项目规划作展示。曾担任宜家首席执行官的瑞典人安德森·莫伯格问他这个项目能否实现盈利时，约恩回答说："不能。"

这次会议在德国金茨堡（Günzburg）召开。回程的飞机上，保罗对年轻的约恩说："你很有胆识。"在这次会议上，克伊尔德首次见到约恩。会后，在2002年2月，他对麦斯说："留意一下这位年轻人。"

尽管这个新项目的盈利性难以预见，董事会还是决定将项目推行下去。他们想借此推广公司品牌并期望带来一定的经济效益。草案正式通过，这一雄心勃勃的计划是，2003年在北欧和中欧开设20多家零售店。

保罗·普罗曼的骄傲时刻

在10月刊的《乐高生活》中，员工们首次看到公司为风靡全球的"哈利·波特"所作出的巨大努力。杂志首页刊登了乐高集团将于2001年10月发行一系列新产品，将有11种不同的盒装产品。孩子们可以在魔法世界里游戏，还可以用积木搭建霍格沃茨魔法学校。1999年，电影制片商华纳兄弟与乐高集团联系，建议他们生产《蝙蝠侠》系列产品。充满暴力的蝙蝠侠世界与乐高集团的价值观并不匹配，最终合作没有达成。后来，乐高得知华纳兄弟拥有前两部《哈利·波特》电影的版权，立即与之取得联系。

大家对"哈利·波特"系列产品抱有很高期望，乐高集团也很快证实自己的眼光没错。这一系列产品的销量打破了纪录，甚至战胜了"星球大战"系列创下的纪录。

"我们从未体验过，有一系列产品能以这种节奏售出。我们正在努力提升产量，以保证接下来几个月能满足需求。"全球供应链主管托米·古伦德·杰斯普森在公司内刊中说。

惊人业绩带来巨大喜悦的同时，也发出了一个异常信号：乐高集团存在着一个严重问题——最受欢迎的产品生产总是供不应求，"哈利·波特"系列产品如此，"生化战士"和"工程师鲍勃"系列（Byggemand Bob）也是如此。起先大家并不担忧，但后来证明，这是供应链多年来没有得到管理层应有关注的首个征兆。

此外，昂贵的乐高乐园也运营不利。第5个新乐园停止修建，它本来预计于2001年5月在德国开业；位于丹麦的3个乐园和英国的乐园开始出现亏损，这完全出乎预期。要知道，仅德国的乐高乐园就投资了12亿丹麦克朗！

然而，乐高集团内外的人们一派欢愉，认为公司业务取得了稳健发展。造成这一危险误解的原因是，"哈利·波特"系列创造了公司的大部分收益。这与两年前"星球大战"系列为公司赢得巨大收益的情形一样。显然，乐高集团采到了金矿，这永远都是一件美好的事，但这种收益其实极不稳定。

乐高集团开始对好莱坞产生了依赖。

媒体争相报道此事。2002年4月19日，星期五，《博森映像》（Børsen Image）用8页篇幅作了关于"治疗有效"的报道：新的管理层带领乐高集团取得了杰出成就。其实，这是继2001年管理层大变动以来，媒体首次将克伊尔德和保罗以外的面孔呈现出来。

最高管理者只有克伊尔德和保罗两个人，其余为保罗在2002年夏设立的"全球管理团队"，成员包括：财务总监斯蒂·托夫特格，主管北美和南美业务的安德鲁·布莱克（Andrew Black），主管北欧和东欧业务的索恩·托普·劳森，主管中欧业务的麦斯·尼伯，主管南欧业务的拉斯·里斯格（Lars Risager），负责网络销售的布莱德·杰斯图斯（Brad Justus），负责品牌及大龄儿童产品业务的亨里克·保罗森，负责市场运营及低龄儿童产品的弗朗西斯科·奇科莱拉，主管电脑游戏、电视和图书的马克·利吾斯登，负责生产及后勤的托米·古伦德·杰斯普森以及负责乐高乐园业务的麦斯·卢德。文中还提到主管人事的克里斯蒂安·艾弗森和彼得·凯斯托普（Peter Kjelstrup）。当时，年轻的约恩还没有进入管理层，也没有出现在照片中。

2002年5月，《博森新闻杂志》在特刊中使用了保罗·普罗曼的巨幅肖像，旁边是他对自己担任领导者的评价：

> "我不是一个强大的分析家，但我目光长远。更形象地说，我设立了三座山峰作为攀登的目标。我的眼中始终是它们，没有人能让我跌入谷底。我知道，途中会有无数的山丘，也有无尽的森林。要把注意力集中在那些较为重要的事上，其他问题也会迎刃而解，这一点非常重要。更何况，还有其他人可以处理好其他事情。"

在乐高内部,有人对此作出匿名评价。其中一个人说道:

"在公司发展过程中,保罗曾是克伊尔德最需要的人。但在如此短时间内将权力和控制力集中在一个人身上是十分危险的。他掌控了一切——所有与他意见不统一的都会被踢出局。"

"得宝"系列遭遇灾难

乐高集团的业绩显著,克伊尔德和保罗却知道:公司的迅猛发展也会带来新的挑战。他们为公司设立的目标太高了。如果乐高品牌要在2005年成为有孩子的家庭中最受欢迎的玩具品牌,那么就一定要有一次超越其他玩具公司的展示。

为达到目标,乐高集团展开了一系列新业务:新乐高乐园、新品牌零售店、书籍、儿童服饰、手表和游戏等。公司聘用了新员工,不断地开发新产品、新业务。这一系列行动耗费了巨大的精力。乐高品牌活动在世界各地举行,但各活动之间没有必然关联。照此发展下去,后果不堪设想,甚至伤害到公司的企业文化和企业认同。要避免这种后果,就要对产品进行简化,品牌建设要制造焦点,让迷惑的顾客清楚地认识到乐高究竟是什么。

为此,2000年,管理层启动了一个专注并复兴品牌的大项目。2001年12月该项目竣工,它包括一份长达27页的备忘录,标题是"乐高品牌基金会&未来品牌战略"。

2002年2月，弗朗西斯科·奇科莱拉在内刊中展示减弱"得宝"品牌宣传力度的想法。很快证明，这一决定给公司带来了巨大灾难。2000年，弗朗西斯科加入乐高集团担任品牌专家，他是发展公司品牌的推动性力量。这一任命也意味着乐高集团管理层对核心业务，即传统塑料积木的关注度在减弱。（乐高集团供图）

备忘录中写道：

"我们虽已成为有孩子的家庭中最好的玩具品牌之一，但还是和积木颗粒紧密联系在一起。积木颗粒是我们生产的核心产品，但乐高不应该与产品形式牢牢捆绑。一旦乐高产品和积木颗粒成为同义词，就会限制提供新的乐高品牌体验。"

看看后来发生的事，我们很容易认识到，这个观点有多危险。最有价值的积木颗粒——即大家如今所说的"基础业务"——成了"局限"。这一观点的形成有理有据，工作组也是为了帮助乐高实现宏伟的战略目标，提出的解决办法听起来也合情合理。

这份备忘录还建议乐高品牌独立存在，对其他子公司降低关注度。如今，所有的战略都是为了使乐高集团实现2005年的目标，这种做法也是可取的，有助于乐高品牌在消费者心目中的形象更加简单、直观。他们为此制定了四条通道——起初，分别被命名为："乐高第一"（LEGO First）、"乐高原创"（LEGO Original）、"乐高世界"（LEGO World）和"乐高未来"（LEGO Next）——消费者可以通过它们来找到心仪的乐高产品。

这一构想很美妙，让乐高的价值和产品更加清晰，有助于消费者更容易地找到心仪的产品。具体落实时，乐高集团将原先合作的40家广告公司缩减为一家，即位于伦敦的扬·罗比凯广告公司（Young & Rubicam）。

问题在于该构想在实施过程中变得异常极端。当人们认为多年来为公司创造利润的积木成了一个问题,这实际上打破了公司的历史和传统。当时,克伊尔德和保罗一心想强化乐高品牌,所以构想很快被实施。事情经过大体如此。

2002年2月,比隆总部的员工惊讶地在内刊首页上读到:著名的"得宝"品牌将会消失。许多年来,为1—4岁儿童设计的"得宝"系列是乐高集团最有名的子品牌之一,这些积木产品备受欢迎,为乐高集团赚取了稳定的收益。近年来,"得宝"系列一直贯穿着乐高集团的发展,这一强大品牌也是克伊尔德1978年3月讲话后创造的现代乐高集团的产物。而如今,"得宝"品牌要被取消了。

意大利人弗朗西斯科·奇科莱拉通报了这一消息。这位国际品牌专家身穿黑大衣、白衬衫,打着领带,系着袖口,一丝不苟地出现在内刊首页的照片上。他是在2000年8月从米兰分部进入乐高集团的,现在也没有乐高员工的做派。之前,弗朗西斯科也在B&O公司工作过,故而认识保罗。如今,他得到了高级副总裁的头衔,领导着450名员工,负责乐高品牌在全球的发展。

新品牌策略的构想是创立四条新通道。如今,第一条通道"乐高第一"开始实施,这项工作被称为"探索"。乐高集团尽全力按照文件中的新品牌战略前进。

几周后,2002年2月21日,星期四,弗朗西斯科在《市场营销》(*Markedsføring*)杂志中说,如果乐高集团真想成为品牌领导型企业,一定要采取必要的措施。要想达成2005年的目标,就得结束"得宝"这一子品牌。

"子品牌只能成为消费者和母品牌之间的过滤器。"弗朗西斯科说。

亨里克·保罗森、麦斯·尼伯和索恩·托普·劳森等多位年轻管理者提出抗议，他们同意取消一些产品和品牌以利于公司健康发展，但取消"得宝"显然超出了想象，怎么能作出这样的决定呢？

原因很明显，从聘用弗朗西斯科一事和工作组的文件中可以看出，最高领导者最基本的要求就是强化公司的总品牌。在这种情况下，积木不再是工作的焦点，反而成为强化品牌的障碍。这些通道将成为一种简单、易懂的统一入口，带领消费者走进乐高世界。逻辑没有错，但这一构想无论听起来多么明智，年轻管理者们还是认为取消"得宝"品牌太疯狂。他们花费大量时间与客户和消费者解释，害怕没人能够理解为什么要这样做。

近些年，在追求实现宏伟目标的过程中，乐高集团管理层中一直矛盾重重。此刻，矛盾爆发了。年轻的管理者们开始发声。有一次，麦斯·尼伯因为太过气愤，眼睛血管都破裂了。

麦斯·尼伯等人在管理层中人微言轻。"得宝"在取得多年成功后也有些倦怠，需要革新，为何不试试弗朗西斯科的想法呢？做这件事的意图并不是停止生产"得宝"积木，而是用一个全新的、更能吸引孩子和家长的品牌来取代它。"乐高城市组"和"乐高机械组"（LEGO Technic）这些传统产品的销量并不可观，年轻的管理者们纵然反对，也拿不出令人信服的理由，更无法提供其他可行的办法。

弗朗西斯科想在儿童发展方面与家长们建立沟通，这一想法恰好符合克伊尔德对乐高的期望。

2002年2月，弗朗西斯科在内刊中说："玩乐和学习是乐高价值理念的基石，将它如实传达给家长是我们最重要的工作。家长们应该知道，乐高可以帮孩子们更好地发展。"这是一段令克伊尔德感到悦耳的曲子，似乎实现了他多年来的梦想。

两个月后，2002年4月19日，星期五，克伊尔德接受《博森新闻杂志》采访时说了类似的话："如今，乐高为家长们提供了促进孩子发展的良方，而不仅是可供挑选的盒装积木。"

弗朗西斯科在内刊中介绍道，"探索"应由4个娱乐世界组成：

- 探索自我（Explore being me）：发现我是谁，我应该怎么做。
- 探索共生（Explore together）：学会与他人分享和学会融入。
- 探索想象（Explore imagination）：表达个性与创新力。
- 探索逻辑（Explore logic）：理解事物的相互关联。

很快，大家发现事情并没有如期发展。顾客不理解这一"探索"理念，更糟糕的是，他们以为"得宝"系列不见了。乐高集团管理层用慧眼作出的正确选择出了问题，在实施中行不通。乐高集团想变成可以与家长探讨儿童发展和能力培养的公司，但没有成功。

结果不尽如人意，但在2002年5月的内刊中，大家依旧情绪高涨。首页通报了在德国建成了精彩的乐高乐园；保罗·普罗曼在第一季度的内部信中写道，2002年取得了良好的开端：

> "第一季度的优良成果和目前的销售额表明，2002年的业绩比2001年的更好，这是一个绝妙的开端。"

尤尔斯明讷的度假别墅

2002年春，比隆总部内外250位领导者召开年度市场会议时，乐高乐园的总负责人麦斯·卢德有一个打破常规的提议，他建议年轻管理者们一起喝啤酒畅谈。麦斯·卢德与麦斯·尼伯和索恩·托普·劳森很熟悉。他们大概同时入职乐高集团，也在瓦埃勒的酒吧里一同喝过酒。卢德说，他们三个人想拉着同样喜欢热闹的亨里克·保罗森一起喝啤酒。亨里克和他们年龄相仿，来自吉夫斯库（Givskud），算得上老乡。

最终，他们在麦斯·卢德父母位于尤尔斯明讷的度假别墅里聚会，成功举行了一次活动。之后，他们又一同出游过多次。保罗创立的工作组里有来自丹麦国内外的管理者，为了让公司具有国际化视野，这样做理所应当。但年轻的丹麦管理者觉得，他们缺少共识。

起先，他们并没有反对保罗和全球管理团队，但2002年夏天悄然发生了变化。在"探索"实施阶段，年轻管理者们与弗朗西斯科的隔阂越来越大。他们感到在保罗开放包容和微笑礼貌的背后，隐藏着不为人知的强硬甚至残忍的意图。他们也渐渐明白为什么之前的领导者，比如克里斯蒂安·麦格和托本·百勒格·索恩森等人很难与保罗相处。克伊尔德也越来越少露面，公司里看不到他的影子。最终，年轻管理者们开始在尤尔斯明讷的度假别墅里排遣内心的沮丧。

每次的活动安排都一样：麦斯·尼伯负责饮品，麦斯·卢德负责从附近的宾馆订食物，活动的高潮是足球提问，大多数问题都难以回答。比如，凯文·基冈（Kevin Keegan）进入利物浦之前在哪里踢球？英格兰足球超级联赛所有的球场名称是什么？

约恩·维格·克努斯托普没有参与他们前几次的别墅聚会，之后参加了几次。他并非全球管理团队的成员，在公司内部也不高调显眼，但担当顾问要职使他从2002年就有了很大的影响力。当时，约恩表现出了超常的战略规划能力和极高的抽象化水平，大家都愿意听他的意见。

"一切都在朝正确的方向发展"

约恩·维格·克努斯托普忙于在世界各地开设新品牌零售店业务。他在乐高集团工作一年了，对公司有了更深的认识。他对乐高集团的第一印象是积极的，但现在很清楚：真相并非第一眼看到的那样。

首先，管理层的工作运行状况不太好。克伊尔德已经退出了，管理层成员鲜少见到他；保罗的势力越来越强大，达到了前所未有的程度。供应链也做得不好，连数据都不透明。

保罗告诉约恩，乐高集团在德国占有 30% 的市场份额。他让约恩去考察如何能让乐高集团在其他地区也取得同等佳绩。约恩回来后告诉他：乐高集团在德国的市场份额是 10%。

约恩还注意到，乐高发展史上注重销售，但对资金流动性缺乏管理。公司里没有人知道生产不同产品的成本是多少，公司管理层存在很多严重的问题。约恩还是继续忙碌着宏伟的品牌零售店项目，他现在是一名下属员工，没有人询问他的意见。

2002 年秋，克伊尔德前所未有地看清楚了乐高集团的处境。公司整体呈现出一幅欣欣向荣的景象，但他对保罗的看法发生了变化。他发现，员工们有一段时间没有赞扬他的得力助手了，大家好像都很惧怕他。渐渐地，克伊尔德对保罗心生疑窦，但他没有表现出来。

他找不到其他候选人来管理日常事务，也不想再找一个新人再次带领对方适应公司的独特文化。他想给保罗一些提醒，但这又违背了他的天性。保罗的脾气是看到黄灯就会认为是红灯，这一点也让克伊尔德有些害怕。

保罗选择忽视问题的存在。2002 年 9 月，他在内刊中再次解释了坏消息产生的原因：美国的销售出现了问题，主要归咎于美元的汇率波动；德国销售出现了问题，是因为德国经济下行压力太大；"项目"没有达到大家的预期，是因为特定产品的发行延迟了；德国 5 月 17 日开业的新乐园运营状况也不够好，但保罗的结论仍是："一切都在朝正确的方向发展"。

尽管问题层出不穷，2002 年秋季的整体气氛还是乐观的。2002 年 10 月，乐高集团传出喜讯，公司位于德国科隆和英国伦敦的两家品牌零售店开业。到 2003 年，预计会有 20 多家这样的店面开设于北欧与南欧。这将耗费巨大的财力和人力，但克伊尔德和保罗坚决要求推进实施。

当时的条件很薄弱。在董事会中，大家就开店项目能否实现盈利进行了多次激烈的讨论，但如今它要成为现实了。2002 年 10 月，员工们在内刊中读到了德国第一家新商店开业的报道，消息振奋人心，克伊尔德也乐观地说："很荣幸参加科隆商店的开业典礼，这是我们在全世界设立的第一家新型商店。"

乐高集团拼尽全力想要实现强化品牌的宏伟目标。在内刊中，员工们可以看到，开发四条通道这一充满争议性的工作也按计划进行着。首先，"得宝"品牌被取消了；现在，"乐高系统"（LEGO System）和"乐高机械组"（LEGO Technic）这两个通过多年努力建立的强大品牌又要被叫停。

2002 年 12 月凤凰酒店的危机会议

管理层在年终几个月很期待结果，坚信 2002 年取得了不错的业绩。这一年的状况比 2001 年好很多，税前盈利可达 5.32 亿丹麦克朗。

国际管理团队的成员很清楚，目前的情况并不是该有的样子，乐高集团是朝着杰出的业绩努力的。公司的盈利应该比预期多 1 亿丹麦克朗甚至更多，因为又有一部新的《哈利·波特》上映了，霍格沃茨魔法学校的乐高模型看上去也能打破之前所有的销售纪录。

管理层计划于 2002 年 12 月 10—12 日，即星期二到星期四，在凤凰酒店举办为期两天的研讨会作为年度收尾。他们还计划去丹麦皇家剧院参观，庆祝出色的业绩。管理层都憧憬着新年的到来。

计划没有成功施行。会议召开前不久，大家收到消息说年终的销售状况比预想的还要糟糕。最终的账务显示：营业额为税前6.26亿丹麦克朗。情况比上一年好一些，但远远没有达到管理层的期望。乐高集团还无法完全掌控自己的数据，最高领导层到12月才开始发现实际情况跟预估的相差甚远，这中间一定出现了严重问题。

大家在比隆召开了一场小型研讨会，为凤凰酒店的会议作准备。在研讨会中有一个小环节："乐高认真玩"（LEGO Serious Play），它是由管理层与来自IMD商学院的约翰·卢斯和巴特·维克多教授一同开发的一种工具。参与者要通过搭建积木来表达自己对公司情况的看法。在每个集体里都有人积极发言，以搭建作品为出发点来讲述观点；有的人还尝试讲得更幽默些，这也是传统的乐高思维。

这次研讨会并未取得成功。大家激烈地讨论了品牌零售店项目，保罗认为乐高集团开设商店是正确的决定，但索恩·托普·劳森等许多人否定了他的观点，他们更希望乐高与客户保持良好的关系。克伊尔德不喜欢这种争论。对他来说，建立品牌零售店并不是与乐高集团的客户竞争，而是强化公司品牌。当乐高集团管理层到达凤凰酒店时，他们的心情糟透了。

克伊尔德参加了会议，他几个月前就有的不安情绪在会议中越发强烈。他发现一半以上的与会者不能很好地沟通，全程被挫败的气氛笼罩着。会议期间保罗又带来了一个令大家吃惊的消息：他的第二个孩子很快就要出生了。他可能会突然离席，他离开后将安排约恩·维格·克努斯托普来主持会议。当然，这是个好消息，但还是带来了一些躁动：首先，保罗突然离开，对会议开展是不利的；其次，为什么将由约恩来主持会议呢？他只是一名普通员工，不是吗？好在保罗的妻子是在几周后生产的。

这年圣诞节的销售情况也不尽如人意，比大家预期的更差，不仅收益减少，乐高集团在世界各地的仓库还有很多积货。零售商们对这家无法掌控供应链的公司深感失望。更糟糕的是，在新的一年里，好莱坞既不会推出新的《星球大战》，也没有新的《哈利·波特》。

公司内部问题重重，保罗仍选择在2003年1月休产假。他休假回来后，公司的销售状况更加糟糕。再推行一次缩减支出的改革势在必行。一个小型工作组被派往纽约，下榻在凯悦酒店（Hotel Hyatt）。

这个工作组的成员为：弗朗西斯科、亨里克、约恩、莫登·尤尔·威廉曼和其他两名员工，外加两个外国高管——负责北美和南美市场的安德鲁·布莱克和负责网络销售的布莱德·杰斯图斯。这次纽约之旅大家出现了明显的分歧，弗朗西斯科和亨里克之间冲突尤甚。矛盾愈演愈烈，根本分歧在于：焦点到底应该放在品牌还是客户身上。

中间发生了许多插曲，他们还是成功制订了缩减开支的计划，2003年得到了国际管理团队的认可。结果很直观：亨里克将三种产品合并，撤销了伦敦的乐高媒体部（LEGO Media）和纽约的网络事业部（LEGO Direct）。

纽约之行还获得了另一项成果。所有人都认为，直到2002年12月，公司内部无人知道销售状况如何，这难以让人接受。因此，乐高需要一位财务总监，一位真正的首席财务官，而不是仅仅依赖已被调去乐高美国的斯蒂·托夫特格。克伊尔德联系了他在IMD商学院认识的亿康先达顾问公司（Egon Zehnder）的猎头丹·麦勒德（Dan Mailand），交给对方三个任务。丹·麦勒德要找到一位新的首席财务官，一位新的供应链总监和一位新的首席秘书或称公司事务部主管。

克伊尔德指定约恩同猎头保持联系，这让约恩很惊讶，他感受到克伊尔德对自己的重视。这位年仅34岁的年轻人进步非常快。2003年3月，他被提升为副总监兼公司事务部主管。当时，负责美国事务的安德鲁·布莱克被解雇，斯蒂·托夫特格被调去了美国，约恩便接替了这份工作。约恩开始担任至关重要且权力重大的"首席财务官"一职，虽然没有官方头衔，但实际上如此。他的职位变成了高级副总裁，要参加董事会会议。他得到了飞跃式的晋升。

当时，保罗·普罗曼怎么想呢？2002年，保罗曾多次与克伊尔德谈论他在乐高集团的未来。他新结了婚，53岁了。他并非只在乐高集团上班，同时也会花时间打理私人投资和股份。克伊尔德也会猜想，保罗会在自己的职位上继续工作多久呢？2002年，他俩多次谈论过这个问题，最后的结论是保罗·普罗曼在乐高集团工作到2005年。其实，他是想拿到所谓的在职奖金。

现在，乐高走进了2003年，在这一年的前几个月，保罗就知道，公司业务存在着一些问题，最该担心的是销售状况不佳。但他看起来没有丝毫压力，也没有不安。保罗仍然认为，很多问题会自行解决，他认为最重要的任务是推动新品牌零售店的开设。

这是一项宏大且要求极高的任务，如果成功，它会给乐高搭建起一个强大的平台，既可以大力强化公司品牌，又能解决与大型零售商客户的矛盾。当时，保罗在管理层中将其称为"一块高地"。他将其强调了一遍又一遍，但这到底意味着什么，"高地"又应该怎样踏上呢？保罗对此无从解释。

简而言之，2003年初，乐高集团管理层迷失了方向。约恩建议管理层应该一起审视一下公司的处境，他也提出了哪些人应该负责这项工作。

保罗觉得这是一个好主意。他很尊重约恩的建议，因为对方在短短一年半的时间对乐高集团有了非比寻常的深刻认识，并擅长从大局出发思考问题。接下来，约恩开始制定将永远改变乐高集团的方案。

濒临绝境

- 2003年3月—2004年1月

    约恩·维格·克努斯托普制作了一份带有批判性的分析报告，让董事会成员首次认识到乐高集团面临着非常严峻的情况。

    2003年6月，在一次董事会会议中，多位成员对保罗·普罗曼提出严厉批评。保罗责无旁贷，克伊尔德没有为其辩护。

    公司危机重重，董事会主席麦斯·欧里森却依然不紧不慢。

    杰斯普·欧文森被任命为财务总监，工作几周后，他发现乐高完全不是自己之前了解的样子。

    克伊尔德和麦斯决定解雇保罗·普罗曼，并让约恩和杰斯普制订一份应对危机的计划。

约恩震惊董事会

2003年春，约恩·维格·克努斯托普在作综合分析时有了一个惊人的发现。当时他来乐高集团已经一年半，目睹了公司的财务管理漏洞百出。保罗·普罗曼和斯蒂·托夫特格虽然做了一些工作，但直至2002年的最后几周，管理层才发现公司的销售状况惨淡，这无疑是一个严重的警告信号。约恩逐步开始掌管公司的日常事务。他有财务管理的教育背景，在公司担任了许多职务，也做了大大小小的多项分析，现在开始综观全局。

约恩得到同事莫登·尤尔·威廉曼的帮助，对方曾是PA咨询公司的顾问。这两位年轻人从公司的资本结构与增长不均衡这一假设入手。众所周知，如果一家运营良好的公司增长太快，就有可能导致流动资金不足。其实，KIRKBI的本德·彼得森之前就作过分析，也表达了顾虑，害怕同样的事在乐高发生。保罗·普罗曼觉得很不可思议，还告诉约恩这完全是一派胡言。约恩回答说，这完全不是胡言乱语。

如今，两位年轻人用新视角来审视乐高集团的财务历史。他们不仅关注了乐高集团最近几年的盈利与赤字变化，还着重分析了目前达到了哪些价值创造目标，他们想探究资本投入和收益是否合理。结果显示：乐高集团大力推进投资项目，尤其是昂贵的乐高乐园，所花的代价远超想象。如果克伊尔德当时选择投资国债，收益将远比现在还要多。更粗略地讲：自1993年起，乐高集团的价值创造就处于停滞状态。

约恩在麦肯锡公司学习到，顾问应该帮助客户公司与其董事会建立起紧密联系。他不断向保罗·普罗曼和其他领导者报告工作进展，并讲述了 2003 年 4 月乐高在米兰举办全球管理团队每月例会期间发生的事。从机场到市中心的途中，约恩向保罗·普罗曼展示了一份临时备忘录——销售状况持续滑坡，还发生了许多令人沮丧甚至惊悚的事情，保罗却依然情绪高涨。当时，约恩的妻子怀孕了，保罗还对他表示了热烈祝贺。

约恩通过不断地分析数据后逐渐得出结论：乐高集团正处于危急关头，公司内部却是一片愉悦气氛。这种局面根深蒂固，很难打破。2003 年 3 月 23 日，星期日，克伊尔德在《政治报》中谈论了 20 世纪 90 年代遭遇的问题，并为目前乐高集团运营良好感到欣喜。

"显然，处在我和家族的位置上，可以按自己的想法去说和做。但如果只说自己想要事情怎么发展，周围的人却不同意，那也不行。如今正是要放手的时候。不过，我对乐高集团的发展基础和发展方向已不再迷惑。"

在 2003 年 5 月刊的《乐高生活》中，保罗·普罗曼写了当年度第一封季度内部信（上一封是在 2002 年 12 月）。他表明，要想完成预算是一个挑战，但依然充满信心地结尾道：

"说了这些，我还要补充：我自认为，我们已经跨越了最艰难的时刻，可以期待未来几个月的发展。"

事实上，乐高集团在 2003 年春季已经陷入危机。这也是约恩在写作备忘录中得出的结论，他用的措辞是，乐高集团正处于"十万火急"中。他非常渴望向管理层公开这些事，在引言中引用了美国管理奇才杰克·韦尔奇的一句话："对管理者而言，最重要的准则是看清世界真实的面貌，不是看它过去怎么样，也绝非你认为它怎么样。"

这个备忘录的标题是"乐高集团战略"，日期为 2003 年 6 月 25 日，中心思想节选如下：

经营综述

乐高集团正处于十万火急中，年度业绩每况愈下，远远达不到预期。公司需要在组织运营方面作出改变，加快决策速度，建立更大的财务弹性。

第一章 全球管理团队对公司情况的分析

数字化市场方兴未艾，乐高集团所在的传统市场变得萧条。这意味着市场竞争变得越发激烈，加之儿童的兴趣变化更快，使情况更加复杂。比如，市场上涌现出"口袋妖怪"（Pokémon）、"战斗陀螺"（Beyblade）、"星球大战"和"哈利·波特"系列产品等。在零售商中，出现了折扣连锁店，它们会占有一定的市场份额，尤其是在重要的美国市场。

乐高集团已经生产了 79 年的高质量产品。公司认为这些产品"不仅是"玩具。比如，乐高集团的玩具向各年龄段的孩子们传达了在玩乐中学习的理念。"寓教于乐"是一个最基础的概念，儿童是我们的角色模型，他们在玩乐中自然而然地学习。

最近，我们的品牌价值被定义为"创造力、想象力、学习、乐趣和质量"。在20世纪90年代，大家对积木的信任减弱，不仅顾客，连乐高集团也对积木颗粒的价值产生疑问。公司着手开拓新业务领域，现在许多已经被叫停，但部分仍在运营，比如在短期内造成大量亏损的乐高乐园。近几年，积木市场逐渐复苏，但乐高集团不被视作一个具有创造性的公司，而是一个缓慢发展、让人疑惑的参与者。

乐高集团的发展速度，比它自身掌控的资源和资本允许的范围要快，出现了"不能实现盈利"的增长和资金流动性问题。

2003年，乐高集团面临着诸多选择。新的品牌战略正在完善中；品牌零售店已于1月启动，计划在年终前开设16家商店。执行办公室做了多项工作，筹备公司2003年及未来几年的发展花销近5000万丹麦克朗。

然而，整体情况令人沮丧——大家制订完2003年度预算后，对销售的预期又下降了。零售店的仓库里堆满了货，新产品的销售也不及预估，"探索"的销量也减少了。拼搭类玩具的市场在衰退，其他公司的衰退却没有乐高集团的这么严重。

第二章　全球管理团队对现存挑战的认识

从产品推动逐步转化为品牌推动是一个总方向，当前乐高集团强化品牌，让人不免发问：在这条路上能走多久？从销售和竞争态势看，仅有强大的品牌不一定能取得成功。不是强大的品牌没有价值，而是顾客不会将产品和品牌联系在一起。

这不是说品牌战略错误，但无论在区域（当地）还是全球层面，都没有达到预期的效果。在一个强大的战略中，品牌战略奏效是一项重要元素。

更重要的是，乐高集团要与零售商建立起良好的关系，使他们愿意协助建立乐高品牌。此外，乐高集团还要面对三个"两难困境"：新的和现存的玩具材料，先进和简单的玩乐理念以及热门电影和永恒经典产品。

公司战略的其他4个重要挑战：

- 高效的供应链。
- 乐高集团参与竞争的底线。例如，美高积木（Mega Bloks）、摩比世界（Playmobil）和跳跳蛙（LeapFrog），这些竞争者的增长已给乐高集团造成了的损失。乐高集团要决定打败哪些竞争者，让他们退出相关领域。
- 品牌零售店的调度工作。
- 乐高乐园。乐高现在有4个乐园，看不到它们未来有增加盈利的趋势。如果乐高无法使得乐园和业务协同，那么就应放弃这些乐园。

在组织机构方面，乐高集团也面临诸多挑战。组织机构要做得更好。许多管理者和员工都拥有"乐高式智慧"——善于讨论，但不善于领导。公司需要更快的革新，鼓励更多人持股，推进民主化进程；公司还需要财务弹性。我们更需要一种赢者文化。

第三章　公司的战略指导方针

乐高集团要积极应对市场和组织机构方面的挑战，这至关重要。对市场方面的挑战，有如下4条战略指导方针：

- 乐高集团应该成为其细分市场和产品理念的创新领导者。
- 供应链应该更加高效，根据不同产品进行调整，降低复杂程度。
- 全球市场差异化显著，在各个市场上的努力方向应该更多从其差别着手。
- 乐高集团应继续通过乐园、新品牌零售店和网络等充分把握机会，与消费者直接互动，前提是各项业务在财务上可持续发展。

对组织机构方面的挑战，有两条战略指导方针：

- 组织机构要更具创新性并能更快地作出决策。
- 公司应增强盈利能力，大幅缩减开支；2004—2008年，营业额每年至少应增长5%。

第四章　战略进程的下一步

在董事会讨论备忘录后，管理层应为下一次董事会会议（将于 2003 年 9 月 23 日举行）制作出详细的汇报材料，作为 2003 年秋季战略工作的基础。管理层将每年确定 5 个战略主题。比如，公司的创意发展和进攻法国的摩比世界等，据此处理日常事务。在 2003 年 11 月汇报 2004 年的预算时，也应向董事会汇报这些主题。

约恩制定完备忘录后，很快有了回应。董事会主席麦斯·欧里森读后无比惊讶，让约恩来到位于哥本哈根步行街（Strøget）的 KIRKBI 办公室开会。麦斯说他读了 3 遍备忘录，写的真是这个他已经当了 7 年董事会主席的公司吗？他问。是的，约恩回答。

乐高集团管理层对备忘录持不同看法。克伊尔德同意公司缺少专注，但认为还不到"十万火急"的地步。他觉得备忘录更像他在管理层会议中谈的所有问题的汇总，只是还没有采取解决措施，比如供应链问题等。他将备忘录看作对公司情况的有益探讨。

保罗·普罗曼认为备忘录批判得有些过火。他认为，乐高正处于将注意力从零售商转移到顾客的过程中，这只是一份尚需完善的文件，不希望它被转交给董事会，应该彻底完成后再拿去董事会会议上讨论。麦斯不同意他的观点，认为应马上将备忘录提交董事会。

亨里克·保罗森、麦斯·尼伯、索恩·托普·劳森和麦斯·卢德等年轻管理者看到备忘录时松了一口气。他们知道了约恩选择与他们站在同一阵营，也非常认同他引用杰克·韦尔奇的话："看清世界真实的面貌，不是看它过去怎么样，也绝非你认为它怎么样。"他们的担忧终于被写下来，到达了不容易见到的克伊尔德那里。这些度假别墅小组成员感到他们重新获得了能量。

这份备忘录是对2003年乐高状况的精确分析。它将问题整体呈现到大家眼前，麦斯和克伊尔德的反应表明，他们并不清楚公司的真实运营状况。保罗·普罗曼把其他管理者隔离在日常事务之外，自己又对局面失去了控制。

这份备忘录还有一项成果：约恩在公司内部崭露头角，很快成为乐高改革的中心人物。他也受邀参加下一次在麦斯·卢德父母的度假别墅里举办的聚会。

2003年6月25日，星期三，董事会会议

在董事会会议上讨论约恩的备忘录充满戏剧性。之前的董事会会议都很和谐，大家通常意见统一，具体到某件事时，一般也是克伊尔德作决策。那一天的会议却完全不同。

董事会成员阅读备忘录时，都和麦斯·欧里森一样无比惊讶。他们都意识到公司处于危机中。奇怪的是，在过去几年里，董事会成员看到了公司经营收益的大波动，但仍深受克伊尔德和保罗·普罗曼乐观心态的影响。简单来讲，这是董事会的失职。董事会成员没有挑战管理层，询问公司的战略是否正确。现在，董事会发现：他们所负责的公司已经站不稳脚跟了。

董事会有6位成员。除主席麦斯·欧里森和副主席克伊尔德·科尔克·克里斯蒂安森之外，还有来自威卢克斯公司（Velux）的拉斯·科恩·拉斯穆森，克伊尔德·科尔克·克里斯蒂安森的姐夫、医生莫根斯·约翰森（Mogens Johansen），他们自1982年就进入董事会了，此外还有两位年轻的瑞典人，来自阿特拉斯·科普柯集团（Atlas Copco）的古那·博朗克和宜家前首席执行官安德森·莫伯格。

董事会在讨论约恩的备忘录时，出现了乐高集团历史上的首次不和谐气氛。成员们清楚，他们一定要认真对待这份备忘录，对其制定者也充满信心。早在一年前，约恩为大家作品牌零售店项目展示时，已经给他们留下了深刻的印象。

安德森·莫伯格态度强硬，坚持要听保罗·普罗曼对备忘录的看法。保罗备受压力，也感觉到董事会中许多人都支持安德森。他为自己辩解：这不是管理层的错，并指出约恩简化了公司的行政管理系统，备忘录传达的也只是个人观点。约恩作为制定备忘录的人也参加了会议。当时，保罗在乐高依旧十分强势，年轻的约恩深深地陷在椅子里。

在讨论过程中，麦斯·欧里森说，董事会应当记得这句古话，"不能杀死坏消息的传播者"，便让约恩离开了会议。约恩很清楚，他与保罗的关系再也不能恢复从前了。也许，他会像许多前人一样被保罗炒掉。约恩绕着开会的楼走了一圈，稍稍平复了心绪，又给妻子万尼纱（Vanessa）打了一个电话，对她说，"我现在还算平静"。

事实证明，前一天晚上，一些董事会成员已经一起讨论过了，安德森·莫伯格并不是唯一持有批判态度的人。通常，董事会成员在会议召开前一天到达比隆，一起在酒店里吃晚餐。

晚餐像往常一样进行着，当克伊尔德·科尔克·克里斯蒂安森离开后，许多其他成员开始坐下来谈论。他们对保罗·普罗曼的耐心已经用完了，在读完约恩的备忘录后，需要时间来消化内心的沮丧。

当克伊尔德知道在董事会会议上对保罗·普罗曼的批判源于一次他缺席的讨论时，他感到很生气。董事会成员本应和他一起讨论，他觉得他们没有听从自己的意愿。

最让克伊尔德感到惋惜的是，在董事会会议中，安德森·莫伯格表现得最具攻击性。克伊尔德觉得安德森抢了他的角色，他很沮丧，一直把安德森看作保罗的接班人，现在这个愿望破灭了。安德森忽略了冷静和风度，置克伊尔德于不利地位，让他觉得一定要为保罗·普罗曼辩解。

麦斯·欧里森觉得情况棘手，他认定约恩的备忘录拉响了警钟，呈现了公司最基本的错误。他也能看出，保罗和克伊尔德都没有意识到备忘录中问题的严重性。当然，公司面临着诸多挑战，但肯定还没到约恩描述的"十万火急"的程度——这显然被夸大了。

麦斯不知道，克伊尔德和保罗已经对公司失去了直接了解，保罗还破坏了克伊尔德与其他管理层成员之间的交流。作为董事会主席，麦斯选择了一个谨慎的解决办法，没有快速作出决策：他让保罗继续制定备忘录，新一版本在此后的董事会会议中进行讨论。

除了引发震惊，约恩的备忘录没有产生其他明显效果。麦斯和克伊尔德在会后进行了多次交谈，但当克伊尔德说他没有保罗·普罗曼的候选接班人时，一切都归于平静。克伊尔德和麦斯·欧里森都不愿意发生人际冲突，他们二人也没有特别亲密；克伊尔德和维恩·霍尔克·安徒生、尼尔斯·雅克布森之间也是这样。会议中，克伊尔德为保罗·普罗曼辩护的瞬间让人感觉无比漫长。2003年6月后，安德森·莫伯格只参加了几次董事会会议，最终于2005年全体会议时离开了董事会。

员工们对发生的事情全然不知。乐高集团正面临着一个危急关头，但《乐高生活》的6月刊中还是报道了许多新产品和新活动的好消息。在首页，员工们能看到一张大幅照片，记录着英国温莎新乐高乐园接待的一次重要访问——克伊尔德正骄傲地向英国伊丽莎白女王展示白金汉宫模型。多年来，乐高一直希望温莎的乐园能够迎来皇室的访问。开业7年后，这个愿望实现了。

"得宝"系列大救援

董事会和管理层都知道乐高存在问题。入夏之后，员工们也开始担忧了。2003年最初几个月，放弃"得宝"品牌转向新的、更有优势的"探索"品牌的尝试以失败告终。这简直是一场灾难。这个新品牌本应将"得宝"系列的销售额从15亿提升至30亿丹麦克朗，最终却使销售额降到7亿丹麦克朗！

事实证明，顾客不理解"探索"的理念，误以为"得宝"系列从市场下架了。为了挽救这一困局，管理层决定将"DUPLO"（得宝）字样印在包装盒上。在 2003 年 8 月和 9 月刊的《乐高生活》中公开宣布，这么做被视为拯救"得宝"的终极办法。

站在更高的视角看，"探索"造成的灾难不仅说明公司发行了一个失败的新产品或新品牌，还体现出乐高管理层意见不一，劲儿没往一处使。

设立"探索"的理念是子品牌应该让位于乐高品牌。这是弗朗西斯科·奇科莱拉一年前在内刊中表达的哲学，得到了保罗·普罗曼的大力支持，但和亨里克·保罗森、麦斯·尼伯与索恩·托普·劳森的意见相左。后三位几乎每天与顾客接触，深知比起创造更强大的品牌，乐高有更多现存挑战亟待解决。很明显，产品还没有足够好，当一个小孩坐在客厅地板上打开包装盒时，可能会有点儿小失望。麦斯·尼伯认为，比建立品牌更重要的是打赢眼下这场战役——征服孩子的心。

建立"通道"的理念是为了帮助顾客更好地理解乐高的众多产品。出现错误的原因是大家在实施过程中太过看重理论和理智了。弗朗西斯科·奇科莱拉忽略了玩乐自身的魔力，寄希望于同家长沟通，让乐高集团犯下一个玩具行业的典型错误——低估儿童对父母掏腰包时的影响力。如果玩具太贵，家长也许会说"不"，但最根本的还是孩子想要买什么。

乐高集团在与家长沟通时也没能采取正确的方法。家长们不理解"探索"的理念，还以为备受欢迎的"得宝"积木消失了。

拯救"得宝"系列在一系列公司改革之后实施；再过一年，当保罗·普罗曼和弗朗西斯科·奇科莱拉于年底离开乐高集团后，混乱局势才得以扭转。

新任管理层摒弃了"探索"理念，找回曾经受欢迎的"得宝"品牌，也推翻了用"通道"与顾客交流的方式——对方并不理解这一理念。当时，麦斯·尼伯担任创新与市场主管，他在2004年4月26日的内部公示中写道：

"我们会保留'通道'结构，但同用户交流时它将不扮演重要角色，'通道'将更多成为零售店的导向性工具。我们应该更加关注生产线，这也是用户能接触到我们的层面。"

麦斯·欧里森不紧不慢

2003年6月的董事会会议充满戏剧性，约恩制定了一份充满警示的备忘录，"探索"销量大跌，然而，董事会成员们依然度过了一个平静的夏天。下一次董事会会议将于9月23日（星期二）召开，不会讨论公司战略，也不会有约恩制定的备忘录的新版本——在11月的董事会会议中才会安排这些。

已然知道公司陷入危机，麦斯·欧里森为何不紧不慢呢？很难解释个中原因。他也许害怕冲突，也许认为情况还不甚严重。从在诺和诺德的工作背景来看，他在医药行业开发一个新产品需要花费几年时间，比起乐高这类公司，处理事情的时间维度更长、日常事务也更缓和。

也许，麦斯·欧里森在等克伊尔德采取行动。他们的关系并不亲近，这是公司所有者和董事会主席之间的常见状态。克伊尔德领导着公司的日常事务，担负着很大的责任；麦斯作为董事会主席早就发现他和克伊尔德都不具备强有力的领导力和作出强硬决策的能力，他早该招纳具备这些能力的人进入董事会。可现在为时过晚。

9月召开的董事会会议围绕着几个具体主题：比如，乐高集团在美国的销售状况和品牌零售店项目。开会前一天晚上，董事会成员像往常一样共进晚宴，其间谈论了一会儿对保罗·普罗曼的信心，但不了了之。会议唯一的结果是：麦斯·欧里森在会议结束后的9月25日（星期四）给克伊尔德写了一封信，没有提到公司的危机，也没有提到对战略的疑惑，只说了一些寻常事，比如建议董事会和管理层之间应该更加紧密地合作，应该为合作评估制订议事程序等。

然而，这个夏天发生了另一件对乐高集团影响深远的大事。在哥本哈根的凤凰酒店和纽约凯悦酒店的会议上，克伊尔德和保罗·普罗曼希望找到一位财务总监——也是约恩当时一直建议完善的职位——来自亿康先达公司的猎头很快与杰斯普·欧文森取得了联系。他正是5年前受邀来比隆总部讲述如何将诺和诺德的财务透明化的那位，后来，他被誉为丹麦商界最有才干的财务总监之一。

杰斯普·欧文森时年46岁，任职于丹麦银行。他慎重考虑了此事，与克伊尔德见了面，也与保罗·普罗曼交谈了多次。毫无疑问，这个任务对他来说很精彩。他们告诉他乐高集团的关键词是"扩张"，公司要建造更多乐园，在世界各地开设零售商店这一大项目也开始施行。杰斯普希望看到一些重要数据，实际拿到的却很少。

他问自1998年之后乐高的经营情况，克伊尔德和保罗·普罗曼说发生了许多事，但杰斯普无从看到。这是一个很大的挑战，杰斯普选择接受。

杰斯普从丹麦银行辞职，上司彼得·斯托普（Peter Straarup）却将辞职信放进了桌子抽屉里。杰斯普找他交涉时，斯托普回答说在丹麦银行，员工要么被解雇，要么退休，不能就这么辞职。最终，辞职请求还是被通过了。有消息称，当年彼得·斯托普从诺和诺德挖走杰斯普·欧文森时，麦斯·欧里森后悔极了。

随着时间的流逝，杰斯普有了许多发现。他最初的构想是自己会进入克伊尔德和保罗·普罗曼所处的管理层，事实却并非如此。他和其他比隆总部的高管一样，体会到保罗隔在克伊尔德和其他高管们之间的处境。杰斯普想直接和克伊尔德谈话，但只有等对方主动提出这种要求时才可以。

杰斯普本应于11月入职乐高，但此前他已经在为乐高集团工作了。2003年10月，乐高集团的管理层在瑞士开会，目标是削减2004年的预算。这项任务极为重要，公司未来的首席财务官当然要参与其中。

这场会议让初来乍到的杰斯普感到无比惊讶，可谓是震惊。乐高显然不是他心目中的那家公司。会议的氛围很差，数据惨不忍睹，职员们意见不一，许多与会者之间的关系也很紧张，尤其是亨里克·保罗森和弗朗西斯科·奇科莱拉二位。会议期间，与会者要做一项削减练习，即给对方的业务领域提供削减建议，这导致会议的氛围更差。晚饭期间，大家都避开坐在保罗·普罗曼旁边。克伊尔德没有参加会议。

几周后，杰斯普作出一个冷静的决定。他要从头开始分析，并住进了乐高乐园的酒店房间。其间，他和约恩有过多次谈话，很快发现他们在很多事情上"英雄所见略同"。杰斯普展开了彻底的分析，夜以继日地调查数据，发现整体情况比他担忧的还要糟糕。

杰斯普的工作进行了三周，结束时，他的心情十分低落。乐高完全不是克伊尔德和保罗想象或介绍的那样。杰斯普的发现和约恩在半年前发现的一样：过去十年，乐高品牌的价值创造都极差，在6月之后的几个月里，状况更差。

2003年11月，杰斯普·欧文森根据分析制定了备忘录，标题为"财务战略"（Financial Strategy）。它呈现了对乐高集团私募股权的看法，提到公司在过去十年创造的盈利太少了。乐高集团在处理日常事务时经常持有战略观点，不单从财务角度去审视问题。杰斯普认为，管理层以为品牌可以解决一切问题，反倒忽略了对公司经营的关注，并不清楚到底哪些领域在营利。最终结论认为：乐高需要对开支作出快速且巨大的调整。杰斯普在备忘录中反复提到了"合理精简"。

多年后，杰斯普在一次会议中回顾了乐高集团的发展历程，引用了一句温斯顿·丘吉尔（Winston Churchill）的话："不管战略多么美妙，时不时关注结果很重要。"

杰斯普制定的备忘录强化了约恩在6月发表的观点，使之更加丰满、更有厚度。约恩只是一名年轻又缺乏经验的管理者，现在来了一位著名的重量级财务总监和他持有相同的观点，保罗·普罗曼倍感压力。

公司内部员工对这场不断接近的灾难一无所知。2003年11月，大家在《乐高生活》上看到一张保罗·普罗曼的大幅照片和一个让人安心的标题："不再裁员"。文章指出截至11月，2003年的运营状况不良主要是受到外部因素的影响，比如，美国和亚洲的销售业绩不佳，其他公司生产相近产品造成激烈竞争以及缺少支持拳头产品的新电影等。最后的结果却是：257位员工被解雇。

2003年11月，约恩加入了最高管理层——全球管理团队。他曾制定了极具批判性的备忘录，在6月份的董事会会议中也未推进工作，但仍和保罗·普罗曼保持着良好的关系。约恩留着大胡子，穿着休闲随意，有时还抱着孩子，再加上不受外界影响的学术思维，让他着实和乐高的传统不太相符。但他很有价值，其他高管都欣然接受了对他的任命，并未把他看作竞争对手，反而期待他的影响力越来越大。"你是唯一一个能和克伊尔德说上话的人，也是唯一一个他愿意倾听的人。"一位高管对约恩说。

2003年11月24日，星期一，计划召开下一次董事会会议。会议前，管理层制定了一份新的备忘录——是约恩6月份备忘录的更新版本，标题仍是"乐高集团战略"。这份备忘录更加完善，整整30页。简单来讲，这是一份依据上一版备忘录制定的对外版本，传达的讯息也更加乐观。备忘录指出了如下5个最重要的挑战：

- 强化品牌应该通过更好的产品和市场创新来实现。
- 强化生产力，尤其是使供应链更加高效，同时要降低开支。

- 用户界面：即乐高直接与顾客接触的领域，比如乐高乐园和零售商店需要改善。这些活动应该与整体业务更好地联系起来，协同共进。
- 为提升价值创造，在作出所有决策时应该更多关注财务。
- 最重要的是：公司应该加强对决策的执行。

透过"后视镜"，可看出保罗·普罗曼反对将这份包含着"明显自我检讨"性质的备忘录呈给董事会。在备忘录中，约恩和杰斯普·欧文森清晰地展示了这10年公司的价值破坏情况，也批判了20世纪90年代创造新收益的失败尝试。备忘录也提到了2005年的目标和对建立新品牌零售商店的期望。有一个重要的细节：6月份备忘录中对乐园的批判不见了，乐园现在属于"进攻"的角色。

11月的董事会会议比充满戏剧性的6月会议平和了许多。备忘录通过了，但对保罗·普罗曼来说这不是一次圆满的会议。保罗不太擅长用英文演讲，便由约恩来展示备忘录——显然，2003年的预算完全无法实现。销量持续滑坡，也无从期待再诞生《星球大战》或《哈利·波特》之类的电影；"生化战士"系列的收入也在下跌；"探索"系列造成的灾难仍然记忆犹新；将于次年推出市场的新产品也没有那么博人眼球——董事会会议的氛围很差。

约恩和杰斯普制订危机计划

2003年11月24日，星期一，董事会会议正式通过了约恩制订的备忘录，大家认为保罗·普罗曼受到了新启发。如今，这个计划得到了董事会的支持，虽然过程漫长，但计划的内容很具体。计划能否解决公司的严重问题，大家可以自由讨论。但无论如何，计划得到了所有管理层成员的支持。

对保罗·普罗曼来说，他要再一次裁员，这将违背几周前他在《乐高生活》首页上给员工的承诺，这会影响他的威信。他如何解释呢？自从1998年入职以来，他已经换掉了除克伊尔德以外的所有管理层成员，目前管理方面的危机是他造成的吗？当然，他试图说明危机是由外部因素导致而非公司的责任。

管理层的其他高管没有注意到保罗·普罗曼倍感压力。他们也发现保罗对一些重要问题没有作出回答，但他并不像一个缺乏顾全大局观念的人。

在克伊尔德和麦斯·欧里森考量公司情况时，他们走上了歧途。在很长的时间里，乐高集团与大型零售商的关系不断恶化——尤其在美国。保罗一直对沃尔玛、玩具反斗城、塔吉特等零售商持怀疑态度，因为对方不断压低进货价格。他非常支持乐高开设商店，与顾客直接接触。

这种想法合乎逻辑，但对乐高来说，与大型连锁店保持良好关系依然必要——2003年，双方的关系几近冰点，加上乐高集团越来越难及时供货，使情况更加恶化。当乐高集团的管理层成员讨论公司的总品牌和价值时，大家忽视了供应链这一命脉。经营的引擎出现了危机。

多年后，供应链总监巴利·帕达讲述了一次于 2003 年 12 月 6—7 日召开的会议，与年收入可达 3000 亿丹麦克朗的美国大型玩具连锁商塔吉特公司协商供货事宜。2008 年 8 月 19 日，星期二，《日德兰邮报》报道了对巴利的采访：

> "塔吉特公司要求开会。我刚加入乐高集团不久，以美国供应链总监的身份参会。当时，首席执行官保罗·普罗曼也坐飞机从丹麦赶来。塔吉特公司的三四位负责人参加了会议。那次经历就像梦魇，简直会毁掉一个人对事业的信心。当年秋季，塔吉特公司为玩具销售高峰的圣诞季下订单，却只从乐高集团收到了 7% 的货。"

更糟糕的是，销售还在持续滑坡。2003 年 12 月 11 日，星期四，董事会收到了 11 月份的销售报告。次日，星期五，麦斯·欧里森坐火车去瓦埃勒，在那里同克伊尔德会合，然后驱车前往比隆，坐进克伊尔德在乐高乐园酒店的 K12 会议室中。

他们打电话给约恩和杰斯普·欧文森。二人从办公室开车赶往酒店的短暂途中，杰斯普对约恩说："你最好穿上外套。"在 K12 进行的会议很简短。克伊尔德和麦斯告诉他俩，已经决定让保罗·普罗曼离开乐高。起初这个决定是一个机密，因为要先找到一个有新计划的新管理者后才能开始实施。

"我们相信你们可以指引公司走向正确的方向。"克伊尔德说。约恩和杰斯普都没有太过吃惊，他们离开K12会议室时，得到了这项任务的截止期限——2004年1月3日，星期六。

接下来的几周就像一场光影游戏。约恩和杰斯普持续秘密地见面，合作完成了危机计划书，他们也为新管理层的组建提供了方向：除了解雇保罗·普罗曼之外，弗朗西斯科·奇科莱拉也应为"探索"改革造成的灾难和错误的理念负责。他俩工作期间很少谈及上司，只有一次，在保罗·普罗曼没有对问题作出回应时，杰斯普对约恩说："要记得，保罗·普罗曼从未领导过像乐高集团这样的大公司。"

保罗·普罗曼没有察觉到事情不对劲。12月18日，星期四，他给全球管理团队发去了圣诞问候，虽然公司问题重重，他的问候依然非常乐观：

> "2003年是无比艰难的一年，我相信，大家都需要在圣诞假期好好休息一下。接下来的第一季度，我们收到了2003年的业绩状况后，在公司内外应会引起骚动。但我们要坦然面对，要知道2004年会有一个'赢者计划'。我已经与克伊尔德讨论了其中的所有重要问题，预计会在圣诞假期完成这项计划，它将于1月5日，我们[1]再次开会时通过。"

---

[1] 具体指克伊尔德和保罗·普罗曼。——作者注

约恩和杰斯普在圣诞节期间进行了一系列决定性的工作。他们面临的最重要问题是：是否要制订一份真正意义上的战略计划。他们不确定这样一份计划书到底应该是怎样的，因此选择着眼短期策略，针对最明显的问题制订行动计划，之后再考虑较为长远的问题。当务之急是终止销量下滑，然后着手解决两个重要问题：与顾客和供应链之间的关系。最终，他们制订的计划书中的标题为：

- 乐高集团应树立明确的发展方向，改变业务运营模式。

  对产品系列作出调整，重新重视经典积木。继续从IP相关产品（如《星球大战》和《哈利·波特》等电影）中创造盈利，但不过分依赖它们。生产更加高效、灵活，即对产品销量的预估更有把握，关闭一些工厂。缩短开发产品的程序。公司的财务更加透明。公司创造新的企业文化。

- 提升竞争力，关注零售商的销售收入。

  解决多年来乐高集团与零售商之间的问题，促进良好的关系。

- 通过调整活动、支出和减少成本来降低风险。

  广泛关闭或出售阻碍公司发展的业务。排在首位的是耗资巨大的乐高乐园。公司在所有领域都应缩减开支。

约恩和杰斯普尝试将这一计划简化陈列在几张幻灯片上，发送给了克伊尔德和麦斯·欧里森。计划书于圣诞节和新年之间在克伊尔德的公寓里召开的一次会议中通过。

几年后的 2011 年 12 月 14 日，星期三，约恩在美国《商业周刊》（*Business Week*）报道中，就当时制订的计划说道：

"说实话，我当时并不知道应该采取什么样的战略。乐高集团采取了和其他公司相同的举动——拓展品牌，我不确定危机产生的原因是乐高集团太过强化品牌，还是这个战略本来就很难实施。我当时最先提到的是，不要讲战略，要讲可以解决债务问题的行动计划，这样才能掌控资产流动性。"

在这个关键时刻，克伊尔德为什么会选中约恩和杰斯普·欧文森呢？

选择杰斯普是一个轻易的决定。他新来公司，年龄 46 岁，也经历过类似的处境，尤其是参与过波罗的海公司（Baltica）于 20 世纪 90 年代初期进行的大整顿。在克伊尔德眼中，杰斯普兼备个人经验、专业素养和执行力。杰斯普对事物有着独立的看法，始终坚守初心，这对于冷静快速地作出决定极具价值。

让大家惊讶的是他选择了约恩。约恩是公司的新人，年仅 35 岁，在管理方面缺乏建树。但约恩很有天赋，他在 2003 年 6 月制定的备忘录中明确地呈现了公司真正需要什么。就算如此，克伊尔德为什么会选择他呢？

也许是克伊尔德看到了约恩兼具两种重要品质：一是非凡的分析能力，几乎无人能及；二是他理解了乐高独特的身份认同和价值。克伊尔德感觉到，首次有一位员工理解了他对乐高的愿景。

另一位候选人是亨里克·保罗森，他曾让克伊尔德举棋不定。亨里克比约恩大一岁，在乐高工作的时间更长，拥有多年管理经验。他有着几乎相同的背景，和约恩一样在麦肯锡公司工作过，有着强大的分析能力。为什么克伊尔德最终没有选择怀有远大抱负的亨里克呢？

也许是因为他认为亨里克的为人处世太过拘束，特别是在与乐高的关系上。作为管理者，亨里克让人难以接近。克伊尔德认为，对产品抱有热忱很重要，他更希望管理者们能袒露自己的情感。他选麦斯·卢德主管乐园，正因为麦斯对此非常热爱。克伊尔德也将亨里克对弗朗西斯科·奇科莱拉所持的怀疑态度以及在强化品牌目标中忽视产品本身这一失误归咎于缺乏情感投入。

这件事还没有最终敲定。克伊尔德选择了约恩和杰斯普来为公司制订危机计划，他自己将继续担任公司的官方首席执行官。

保罗·普罗曼哪里出错了？

2004年1月8日，星期四，保罗·普罗曼在召开记者招待会之前被解雇。这是一场伤痛的别离，他没有和全球管理团队的其他高管们告别。他自认为解雇是不合理的。公司确实面临着一些严重挑战，但他对于如何解决这些问题有着明确的想法，在2003年11月的备忘录中就提到过。

历史是由胜利者书写的，保罗·普罗曼在比隆没有留下任何被高度赞誉的事迹。解析他在乐高集团任职的5年，还是有许多事值得一提。

保罗·普罗曼被聘入乐高的目的是为了对公司施行清理。他做到了。他采取了"瘦身计划"，尽管还不足以解决问题，但这是一次有价值的练习。保罗也第一次对乐高集团固守了多年却从未改变的文化作出了变革。

对于业务运营，保罗有着明确的见解。他认为一家公司一定要以顾客为焦点。他入职第一年的大规模裁员带来了惊人的成效，起到了积极作用。他也不害怕矛盾。他很直接，语言表达非常形象，容易理解。他是一股新鲜的空气，这也正是乐高集团所需要的。

事实证明，保罗没有保住势头来开创新方向或新战略。他没有意识到应该为克伊尔德·科尔克·克里斯蒂安森的梦想——即"乐高品牌将在2005年成为全世界有孩子的家庭中最受欢迎的玩具品牌"这一目标打下经济基础。

保罗没有一直担任最初的财务总监一职，而是全身心地投入到实现克伊尔德的毕生愿景中。他像公司所有者一样热爱着公司品牌，却忽视了重要的任务，如创造财务透明度、降低生产复杂度、与大客户建立良好的关系等。他多次裁员，特别是解雇经验丰富的员工，使乐高集团丧失了宝贵的专项技术知识——它是人力资源总监皮尔·索恩森多年前所称的"有价值的缄默知识"。

保罗这样一位实干家在乐高集团竟然选择了这样一条道路。他本应对克伊尔德天马行空的想法持批判态度，或使之更具有可行性。

可以说担任乐高集团领导者一职对保罗来说太高了。他对业务有直觉理解，在 B&O、斯堪地亚和雅各布·霍尔姆父子公司取得了成功，在乐高却行不通——交给他的任务太重大了。

显然，将乐高集团这些年的滑坡都归咎于保罗也是错误的。他并非一个人在做事。在整个过程中，以麦斯·欧里森为首的董事会都参与了所有重大决定，克伊尔德本人也参与其中。后来，麦斯想将责任都推给保罗。2004 年 10 月 29 日，星期五，他在《贝林新闻杂志》（*Berlingske Nyhedsmagasin*）的报道中这样说：

"乐高集团面临困境，一个重要原因是周遭世界的变化比乐高执行管理层告知董事会的速度更快。董事会得知外界情况太慢了，这直接影响了我们在年初制定策略。"

没必要深入追究麦斯纵容事态发展下去的原因。作为董事会主席，他是失败的。那么，克伊尔德怎么看呢？他为何会让家族企业处于这种境地？答案可以在他独特的管理风格中找到，具体见本书的后记。

克伊尔德"回归"

• 2004年1月—2004年10月

  在新闻发布会上,克伊尔德表示,他将担起领导公司的职责;约恩和杰斯普二位新管理层成员也首次进入记者的视野。

  乐高集团应对危机的第一个举措是改善公司与重要零售商之间持续恶化的关系。

  约恩请拉斯·科灵担任导师来理解公司的价值认同。

  杰斯普发现资产流动性有问题,需要采取重大措施。

  克伊尔德准备在压力下卸任,将权力交给新的管理层。

  乐高乐园被出售。

2004年1月8日,星期四,新闻发布会

  2004年1月5日,星期一,克伊尔德·科尔克·克里斯蒂安森、麦斯·欧里森与媒体顾问杰斯·缪图(Jess Myrthu)见面。他们想

让这位经验丰富的主持人来主导这场艰难的新闻发布会，公布解雇保罗·普罗曼一事和2003年灾难般的运营结果。

当时，本该信息部总监彼得·凯斯托普来安排发布会，但情况有些敏感，他们不确定彼得的立场，他有可能和保罗关系密切。在那几年，杰斯·缪图是管理层召开艰难新闻发布会时的不二人选，不光要公布窘迫消息，还得掌控局面，这次也不例外。

1月8日，星期四，媒体收到了邀请。邀请函告知：乐高集团将派飞机在哥本哈根机场接上记者们，但没有透露任何公司里发生的大事件，只提到了对2003年度经营结果的预期。

当记者们到达比隆总部旁的"乐高之家"时，很快察觉到不同寻常的事件正在上演。保罗没有出现在大家的视线里，现场气氛异常凝重，一位记者说，他本以为克伊尔德会像上一次开新闻发布会时骑着电动车出现呢。

克伊尔德和麦斯·欧里森在预计的时间出现，带来的信息很明确：2003年是乐高集团史上业绩最差的一年，亏损额约为税前15亿丹麦克朗，开支比2002年降低四分之一。根据这种结果，保罗被解雇，克伊尔德担起领导全责。

这一次，记者眼中的克伊尔德简单直接，他不太明确公司状况到底如何，但没有试图遮掩。"父亲今天会很失望"，他这么说，可谓非常严厉的自我批评。他面部的表情却是轻松的，绝非沮丧或放弃。

媒体大肆报道了这一新闻。在商业记者眼中，这是一个好故事：丹麦全国最受欢迎、备受敬仰的公司出现了严重危机，首席执行官保罗·普罗曼被戏剧般地解雇,顶尖商业人士、董事会主席麦斯·欧里森身处微妙处境,克伊尔德·科尔克·克里斯蒂安森担起责任,再次站在家族企业经营的风口浪尖。

最重要的是,乐高集团开始重用两位不知名的年轻人,约恩·维格·克努斯托普和杰斯普·欧文森,他们被放到备受瞩目的位置。这条消息有多种不同的解读,在此后的几周内,记者们多次求证了消息的可靠性。

媒体对此进行了全面报道,角度多出于好奇和理解,而非猜疑和批判。接下来的几周内,报道的口吻其实都很友好。《贝林时报》刊登了一篇乐观的分析文章,标题是"乐高集团一定会回归";《日德兰邮报》刊登了一篇长文,名为"乐高集团应该施行适度紧缩政策"。文章清晰地揭露了乐高集团存在的问题和悲惨的业绩,批评了麦斯·欧里森,但对乐高集团还是充满热望。

媒体作出善意的报道或许是因为克伊尔德站在了风口浪尖——大家都不知道,他并不计划扮演执行者的角色,但当时信息传达的却是这个意思。《贝林时报》写道,"克伊尔德应该得出了结论,他是最理解乐高的那个人"。

几天后,2004年1月12日,星期一,《贝林新闻杂志》的报道涵盖了最基础的信息。文章没有聚焦于悲惨的业绩,而是强调了克伊尔德将要在这一关键时刻担起家族企业的重任:

> "克伊尔德56岁了,他孩童般的面容上写满了坚定的信念,他表现得温和又专注,他不开心,也没有不适,但

奇怪的是……没有伤感。他没有流露出任何情绪。1月8日，星期四，在场的人都不会忘记这一幕。"

在新闻发布会上，克伊尔德和麦斯想让大家注意到约恩和杰斯普，但媒体很快意识到，公司的未来掌控在一大群人手中。2004年1月19日，星期一，《贝林新闻杂志》在一大篇幅报道中介绍了新的管理集体，标题是"乐高营救团队"。

图中的管理层成员为：克伊尔德·科尔克·克里斯蒂安森，56岁，最高领导者；杰斯普·欧文森，46岁，首席财务官；约恩·维格·克努斯托普，35岁，公司事务部主管。旁边有一个图表，他们三个位列最上方。下方有7位新人：亚瑟·高桥（Arthur Yoshinami），47岁，亚太地区总监；索恩·托普·劳森，40岁，乐高集团美国总监；麦斯·尼伯，37岁，全球创新和市场总监；亨里克·保罗森，36岁，欧洲市场及乐高集团贸易总监；多米尼克·高尔文（Dominic Galvin），36岁，全球品牌零售店总监；托米·古伦德·杰斯普森，48岁，全球供应链总监；麦斯·卢德，40岁，乐高乐园及北欧区总监。

如果想要文章发出信号，表明乐高集团拥有一个强大的管理集体，那么这一愿望达成了。读者可以看到：克伊尔德面带微笑，有一群西装革履、头脑聪明的年轻人支持着，大家都坚定地看着镜头。

实际上，这个新的乐高集团管理层成员风格迥异。约恩、杰斯普、亨里克、麦斯·尼伯和索恩·托普·劳森等人都面临着人生最大的挑战，也懂得把握机会。在接下来数年里，这些人在现代乐高集团的创建中扮演了重要角色。

这个团队包含的一些人没有参与公司的"营救"。比如亚瑟·高桥、多米尼克·高尔文和托米·古伦德·杰斯普森,三位不久后就离开了乐高集团。麦斯·卢德扮演了特殊角色,负责乐高乐园事务,他性格外向、善于社交,但仍处于新领导层的外缘。

2004年初,大家对保罗的评价还是正面的。在一篇报道中,约恩被问及如何看待被解雇的首席执行官,他只有一处持批判性观点,即在评估保罗的用人能力时,他说能否让管理层任命真正有能力的人,让他们凝聚成一个团队,齐心协力地实现目标至关重要。他的批评也经过了包装:

"问题是,他是否有能力去评判他招纳的人。很可能,他发现团队中并非所有人都是最佳人选,但他想'我会给这个人指正'。保罗过去曾经取得过成功。他从一家公司跳槽到另一家公司。这意味着,他可能忘记了紧密地追随团队——他没有全身心投入。"

多亏克伊尔德乐观的语气和淡然的神情,才让员工们没有为保罗的离开而感到惊恐,而是松了一口气。现在,克伊尔德要回归乐高集团了。他对公司上下充满信心,还有资金池的支持。公司处于严峻的处境,许多人都怀疑约恩和杰斯普的能力。只要有克伊尔德走在最前面,事情就不会出错。

在这场戏剧化的大事件背后，有一个信息鲜为人知。乐高集团要"在2005年成为全世界有孩子的家庭中最受欢迎的品牌"这一宏伟目标不见了。这件事发生得悄无声息。"2005目标"更偏向于商业构想，可谓克伊尔德的毕生梦想，如今却消失了。自20世纪90年代中期以来，他和前管理层都无比期待"2005目标"的实现，但最终失败了。是的，乐高集团失去了专注。

乐高集团新管理层意识到危机严重

在新闻发布会上，克伊尔德表示将要回归公司经营，事实却并非如此。他只是名义上回归。麦斯·欧里森也是如此。年轻的约恩一度认为麦斯会给予大力支持，但在接下来的艰难决策中，对方没有任何贡献。这也自然，麦斯从未经历过乐高集团所处的危机。克伊尔德和麦斯已经在新闻发布会上扮演了他们的角色，至于接下来的经营行动要由其他人来完成。

营救乐高集团的挑战落在了年轻的管理层身上。他们要凭借自己的力量，还要在领导关系不明朗的特殊体制下展开工作。克伊尔德声称自己回归了，但没有充分参加管理层会议。他像保罗·普罗曼负责工作时一样，经常缺席，就算偶尔参会，也由约恩主持会议。

除了杰斯普·欧文森担任财务总监，其余高级管理人员都有着同样的头衔——高级副总裁。在公司职务等级中，他们是平行的。但在克伊尔德心目中，约恩扮演着特殊角色。在12月31日制订的内部计划书中明确写道："克伊尔德·科尔克·克里斯蒂安森为集团总负责人，日常事务交由约恩·维格·克努斯托普处理。"

这种职级结构并不清晰。亨里克·保罗森、索恩·托普·劳森、麦斯·尼伯等人被提拔的概率很相近，此前，约恩一直是他们的下级。他们对约恩的晋升感到惊诧。

新闻发布会间隙，他们被接连叫到克伊尔德的办公室，被告知解雇保罗的消息，约恩当时就坐在最高领导者的旁边。一开始，他们猜想，约恩坐在这里是因为他是一位参谋、一位顾问或一位秘书。很快他们就意识到，约恩是以全新的角色坐在那里。但当时没有人想到，约恩所在的位置就是公司的接班人。

公司很快有了新情况，也展现了管理层的新结构。乐高集团要对欧洲市场进行调整，需要派遣一名新总监到瑞士。克伊尔德最初想找一位当地的离职总监，杰斯普坚持派一位执行力强、能力高的总监去。

当时有两位候选人，产品总监或销售总监，但产品总监托米·古伦德·杰斯普森很快将被替换掉，所以这一人选就成了亨里克·保罗森。亨里克刚被任命了新职务，与克伊尔德和约恩进行人事谈话时，他说愿意接手这一项工作，条件是自己可以继续住在瓦埃勒——他们家刚刚在海边买了房子。

杰斯普敲了敲桌子，他给亨里克一天的时间作决定。亨里克很沮丧，但答应了。大家读懂了这具有象征性的一瞬：新的管理层不仅得到了职权，也在行使职权。最终，亨里克搬到了瑞士，他不仅开始负责欧洲业务，还开始打理亚洲业务，在很短的时间内，他换掉了10位市场主管中的8位。

克伊尔德"回归" 141

2004年1月，乐高集团的危机管理层在《贝林新闻杂志》作报道。坐在最前面的是克伊尔德·科尔克·克里斯蒂安森，后面一排从左至右为托米·古伦德·杰斯普森、杰斯普·欧文森、亚瑟·高桥、亨里克·保罗森、麦斯·尼伯、索恩·托普·劳森、多米尼克·高尔文和约恩·维格·克努斯托普。

克伊尔德坐在最前面，执行领导者却是约恩和杰斯普，但正式职务等级并不清晰。2004年春，公司内部充满抱负的年轻领导者们很疑惑，到底谁会成为公司的新任首席执行官？（乐高集团供图）

新的管理层既团结又充满干劲。那些在麦斯·卢德家的度假别墅里喝醉酒玩足球问答的夜晚，产生了极具价值的效应，大家对公司的问题有了共同的理解。

保罗的离开创造了积极的能量，新领导者们体验到了全新的工作氛围：只要话一出口，大家就开始一起讨论。他们面临了前所未有的挑战，情况很混乱，但时机很幸运。2004年春，他们还赶得上调整2005年的产品，也成功地对乐高集团经典产品"乐高城市组"和"乐高机械组"系列作出了调整。

这几周，新管理层作出了一项意义深远的决定：他们向员工完全公开了公司的处境。在过去许多年，乐高都是一个对内封闭消息的公司。不仅员工很难理解公司的处境，管理者因数据不透明也不掌握公司的情况。当出现问题时，没有人能真正发现，乐高集团内部总保持着"形势一片大好"的气氛。新管理层认为，要让大家理解接下来所作的残忍决定，员工们就应该知道事实。即使会引发不安，也要这样做。

新管理层很快采取了行动。员工们在保罗被解雇后的第一期《乐高生活》中看到这则信息。这份2月刊封面上的克伊尔德神情严肃，上方大标题写着"公司的独立性岌岌可危"。他在接受内刊采访时说：

"我们有很多目标，但实现途中一直没有听从市场。我们不善于倾听零售商和用户的声音。我们忘记了应该秉承永恒、绝妙的产品理念……"

在内刊中，新管理层成员也发表了言论。他们一致同意公司最大限度开放。比如，供应链总监托米·古伦德·杰斯普森说："我们应该对用户需求作出快速反应。现在还远没有做到……我们应该尽早捕捉从商店货架上传达的信号。"

财务总监杰斯普·欧文森说："公司业绩多年滑坡，原因是战略失误和缺乏商业头脑。我们必须做两件事：一是理解为什么会丢失竞争力；二是要认识到自己没有达到顾客的期望值。市场竞争空前激烈，我们却已变成一家太过自大的公司。……公司营业额本应达到110亿—120亿丹麦克朗，预计增长率为15%—20%，实际销售额却为90亿丹麦克朗左右，年度增长率为3%—5%。我们要面对现实作出调整。"

欧洲市场及乐高集团贸易总监亨里克·保罗森说："多数时候，我们以垄断的姿态进入市场。我们缺乏针对不同市场进行变通的灵活性，客户希望我们更加灵活。"

公司事务总监约恩·维格·克努斯托普说："我们要稳固核心业务，让整个组织具备竞争力。……我们要拼尽全力建设赢得客户的文化。"

全球创新和市场总监麦斯·尼伯说："只要是我在负责全球创新和市场，就会强化产品背景的故事性和价值传达。我们现在要生产用户可以理解并愿意购买的产品。"

这是乐高集团管理层的全新表态，是一次公开、直接的交流。从后来发生的情形看，这些认知和信息非常准确。在2004年春天，员工们很有安全感，因为克伊尔德"回归"了。在1月8日的新闻发布会中，克伊尔德表达了强烈的信心。

为什么克伊尔德在新闻发布会上如此轻松呢？也许他认为保罗离开已经解决了一部分问题，他想作出这个艰难决定已经很久了，终于松了一口气；或许他当时也不知道公司的处境有多么糟糕。

直到现在，他才慢慢意识到哪里出错了。他注意到保罗的大力裁员并没有标准，导致公司丧失了重要的能力。2004年2月2日，星期一，《博森新闻杂志》一位记者作了统计：自1997年，乐高集团管理层每70个人中被解雇和降级的数目高达67人。

美国的惨淡销售状况让克伊尔德真正意识到事态的严重性。2004年2月16—18日，星期一至星期三，新管理层在纽约凯悦酒店举行了会议。这是新管理层上任后第一次正式会议，地点定在纽约，方便管理者们参加美国的大型玩具展。除了克伊尔德，没有人有精力去参加展览，这些年轻的管理者们急需把问题彻底谈开。

克伊尔德看到，年轻的管理者们对公司状况感到震惊。克伊尔德在脱离日常事务后多次听到公司发生的事。特别是索恩·托普·劳森说，美国的多次裁员使得公司流失了许多重要人物，与大客户的关系也不断恶化。

大家严肃地讨论了乐高集团与零售商关系的破裂。保罗没能成功地解决这个两难困境，他认为：零售商既是客户，也是与乐高集团兴趣不符、不和谐的对立方。

在纽约会议的讨论中，大家认为：乐高集团应优先考虑零售商客户，而不是以儿童为主的消费者。克伊尔德打断了讨论，他认为这种想法是一种误解，应该兼顾两者，而不是选择其一。在这次讨论结束后，克伊尔德对约恩说，当他听到乐高集团已经和大客户逐渐疏远的消息时着实震惊了。

2004年2月17日，星期二，乐高集团管理层与卢卡斯影业的高管霍华德·罗夫曼共进晚餐，这位美国人是公司所有者、著名的乔治·卢卡斯的得力助手，自1998年开始"星球大战"的合作后，他一直与克伊尔德保持着密切关系。当他在晚餐中看着克伊尔德的眼睛，说"你失去了大客户"时，其余人看到克伊尔德脸上露出了让人难忘的神情。

宽恕

对新管理层而言，他们有一个艰巨的任务：要尽快修复与大客户的破裂关系，尤其是与美国大型连锁店沃尔玛、玩具反斗城和塔吉特的关系。这是个两难困境。

单单沃尔玛就控制力很强。这个连锁店的一大特征是给顾客提供低价商品，乐高集团却想通过高质量产品来强化品牌，与沃尔玛合作是个大挑战。

乐高集团从未找到走出这种困境的道路，也没有营造出信心昂扬且可持续的关系。过去几年，在保罗的领导下，双方的关系每况愈下。保罗几乎将零售商看作想要摧毁乐高集团品牌的敌人。他非常支持克伊尔德认为乐高集团应该在世界各地开设自营商店的想法。

在这场危及乐高集团生命的危机中，公司一定要采取某种方式和零售商建立好关系。当然，他们永远不会成为朋友，但可以互相理解。乐高集团应该帮助这些客户，为他们创造价值。

新管理层试图请求宽恕。亨里克·保罗森、索恩·托普·劳森和麦斯·尼伯完全改变了对待这些零售商客户的策略。现在，零售商也意识到自身的重要性，知道乐高集团希望为他们创造价值。乐高集团作好了倾听的准备。新领导们与最重要的客户坐下来，拿出一张空白的纸，一字一句地说："我们一度走上了迷途，对此表示抱歉，现在我们想听取你们的意见。"

2004年前几个月，亨里克·保罗森、麦斯·尼伯和索恩·托普·劳森拜访了各个大客户。零售商很直白，特别是与大型玩具经销商"玩具反斗城"的最高领导者约翰·巴伯见面时，场景非常戏剧化。约翰·巴伯说："好吧，已经11点55了，我们会给你们建议，也会提供帮助。"

年轻的领导者们解释，乐高集团的产品开发之前走上了迷途，现在对品牌有了全方位的思考，需要理解客户和消费者的需求。约翰·巴伯冷静地看着他们说："玩具反斗城对乐高集团的热情比乐高集团自身更甚。"

2004年2月，在纽伦堡会展（Nürnberg-messen）上，年轻的乐高集团领导者们挨家挨户地争取客户。他们每走进一间会议室向客户展示当年的业务，都会进行一场不同的谈话。他们努力使品牌重获生机。他们针对每一位客户制订了特殊的年度计划，给每位客户提供独家方案。他们更重视客户了，也紧急营救了"得宝"系列，这次是要认真作出改变。

在亨里克·保罗森的带领下，乐高集团的领导者们开始邀请客户来到比隆总部参观最核心的产品开发，也开始对客户进行划分。例如，只卖玩具的玩具反斗城这类大型连锁店与什么都卖的沃尔玛有很大差别；连锁店和市中心价格高昂、服务优良或家庭所有的专卖店也有差别；还有超市、亚马逊；等等。现在，管理层开始注意到这些客户的差异。

在比隆总部，管理层开始使用一种新工具——"报告轮"（Account Wheel）。其背后的想法是：当乐高集团要去拜访客户时，不仅是主管销售的人前往，而是整个团队一起去。这样一来，他们可以和客户聊任何话题，并能快速作出决定。这个新工具不仅高效，也向客户发出了信号：比隆有了一个全新的管理层。

这些新举措都是对先前管理层观点的变革。再后来，2004年11月30日，星期二，麦斯·尼伯在《市场营销》杂志中表达了乐高集团对客户的新看法：

"……应该生产真正具有竞争力的产品，乐高品牌正是孩子们坐在地板上玩耍时建立起来的。之前，我们有些理念认为：只要品牌足够强大，就能以任何价格卖给任何人。事实并非如此，我们要意识到自己犯了迷糊，玩具市场在很大程度上是产品导向型的。

"'让乐高品牌成为全世界有孩子的家庭中最受欢迎的品牌'这一愿景，让我们对产品的关注度产生了偏移，近几年，产品计划不够强大，品牌不能为销售额提供保障。"

然而，客户们选择暂时观望。大家都深知乐高集团出现了危机，尽管采取了多项行动，2004年的销售额还是下降了。竞争对手也知道乐高集团处于危机中，危机还似乎愈演愈烈。在2004年的纽伦堡会展上，美泰公司的德国市场总监赫尔曼·盖斯告诉麦斯·尼伯："现在，我们是德国玩具市场的冠军，你们再也夺不回第一的宝座了。"

克伊尔德和约恩在巴尔

2004年2月，约恩和杰斯普作好了将执行计划传达给员工的准备。计划的基本内容很明确，他们在2003年圣诞节前就提到过，但要落实细节还是有难度。

员工开始感到不安。所有人都知道严峻的考验将要到来，但没有人知道将会发生什么。在执行计划制订完之前，一份关于员工情绪的内部测试结果出炉。2004年3月3日，星期三，这一结果正式公布。在所有8000多名员工中，只有5884人给出了答案，其中仅三分之一表示他们相信新任管理层能够提供清晰的方向。这项测试是在解雇保罗前后进行的。

外界也对乐高集团持有怀疑态度。2004年3月，《贝林新闻杂志》报道说，多年来备受景仰的乐高企业排名已经从第3位跌落到了第75位！

在管理层完善执行计划时，克伊尔德和约恩首次产生了分歧，两人的意见严重不合。这件事发生在2004年3月，在瑞士巴尔（Baar）的KIRKBI办公室举办的一场会议中。执行计划完成了，当他们开始写新闻稿时，却发现无法确定对乐高集团的内在价值是否持有同样的看法。

众所周知，魔鬼存在于细节之中，这次亦如此。当乐高集团要告诉大家公司将专注于核心业务时，这里所说的"核心业务"到底是什么呢？约恩认为乐高集团身处玩具产业，核心业务就是"玩具"。克伊尔德认为核心业务是"游戏材料"。如果没有接受过商业培训，很难看出其中的差别，但这恰好讲述了关于公司自我认知的故事。

对克伊尔德来说，这是维系他生命的血液。从1978年开始，甚至更久远以前，他和家族就认为：乐高集团应该不仅仅提供玩具。奥勒·科尔克·克里斯蒂安森的表述"玩得快乐"已经传达了这一理念，乐高集团对儿童的看法与竞争对手大不相同。

20世纪八九十年代，克伊尔德采取了多项行动，以实现启迪和培养未来的建设者的使命。他很早就创立了"下一代论坛"（Next Generation Forum）和"寓教于乐小组"（Playful Learning Panel）圆桌会议。头脑极其敏锐的米切尔·瑞斯尼克也给公司提供了建议。

2002年，克伊尔德建立了"未来实验室"（Vision Lab），为开发新产品作研究。他还在英国创建了乐高学习机构（LEGO Learning Institute），聘请知名学者帮助发展乐高产品。乐高基金会的目标也是"协助乐高集团为儿童和儿童发展作出贡献""支持推动儿童发展和学习的研究"。

这些举措背后的理念与竞争对手完全不同，他们追求收益，对全世界儿童发展没有乐高集团这种考量。无论是否面临危机，克伊尔德的梦想毫未改变。乐高集团的核心业务一定要被称为"游戏材料",而不是"玩具"。

约恩则持有不同观点,他看待这些事务更加冷静。乐高集团深陷危机,在这种情况下,管理层一定要告诉外部世界——尤其是顾客和银行——与内部员工,乐高集团意识到事态的严重性。管理层已经握紧拳头,为营救千疮百孔的业务作好了准备。约恩想表明乐高集团在哪些方面应该取得成功。他没有那么高远的理想,而认为乐高集团应把产品卖给经销商,然后产品被摆放在玩具店里。因此,乐高集团的核心业务就是"玩具"。

2002年,加拿大的玩具美高积木复制了乐高®积木颗粒的模式,给乐高集团带来了巨大的打击。当时克伊尔德、保罗·普罗曼和弗朗西斯科·奇科莱拉没把美高看作竞争对手,这让员工一度很失望。竞争不可避免,美高已经抢占了乐高集团的市场份额,管理层却将精力花在品牌推广上,没有积极应战。

约恩想说明,他不在意竞争有无价值,冒不冒险,他想与他们作战,强调采取强硬的手段。他想证明,乐高集团的新管理层吸取了品牌构想太过宏大却没有好好打理业务的前车之鉴。

最后,乐高集团还是按照克伊尔德的想法做了。无论如何,他是公司的所有者,他不能——也不想在这件事上妥协。最终,新闻稿这样写道:

"'调整生产力和成本,增强竞争力,关注核心业务,游戏材料是执行计划的总标题。'乐高集团首席执行官克伊尔德·科尔克·克里斯蒂安森说。"

约恩失败了，克伊尔德也作出一些妥协。最终，他们将核心业务定为"游戏材料"，所处行业是"玩具"。约恩仍传达了他期望的信号。员工们读这份执行计划书时会发现，之前关于品牌的疯狂想法已经不见了。这也是乐高集团员工有史以来首次看到一份没有以"儿童"为中心的计划。现在要进行缩减，恢复理性，并将焦点投放到客户身上。

2004年3月，在巴尔会议的激烈讨论中，究竟谁说得对呢，克伊尔德还是约恩？他们说得都对。危机使得幻想破灭，从商业角度考量，乐高集团的潜能确实要高于"玩具"产品。

当时，约恩还没有深刻理解克伊尔德的想法，但他应该有所察觉。否则，克伊尔德看不到这一点是不会选择让约恩成为下一个总指挥的。在某次董事会会议中，谈及之前的任务宣言时，约恩直接对克伊尔德说："我们每个人都不要想着培养孩子。"

不久后，约恩却对这件事有了全新的看法。

杰斯普出售奥勒的故居

2004年3月15日，星期一，管理层公布了执行计划。要营救陷入危机的公司应做到：削减开支、关注核心业务和加快日常节奏。最重要的方面是：

从开发新产品到摆上货架的时间要压缩一半；要更多地关注零售商，更好地确保供货能力；重视经典产品，如"乐高得宝系列"和"乐高机械组"系列，赢回失去的市场份额；停止所有与核心业务无关的开发项目，或将其移交给合作伙伴，如电子游戏开发等，但乐高乐园被克伊尔德成功地列在削减范围之外。

2006年之前，要裁员500名，三分之一为丹麦境内员工。接下来几周，约170人将从乐高集团离职，其中丹麦境内约100人。

2004年4月1日，星期四，克伊尔德给员工写了一封内部信：

> "很简单，接下来的几个月内，我们会集中完成执行计划，不会投资新业务。"

这不是一个宏大壮观的战略计划，也没有"罗盘式管理"或"瘦身计划"等华丽的名字。这个计划一直没有正式命名，被口头称作"丹麦员工执行计划"和"全球员工执行计划"。乐高集团不能好高骛远，而应快速作出决策，实现盈利和增长。

削减开支是难点。这一次的做法比以往更广泛、更残酷。

执行计划里也包含一系列产生了巨大影响的其他举措。最重要的是改变对客户的关注度——"宽恕"——管理层立马想到了这一点。现在的举措都付诸日常实践。比如，他们对每一种产品都进行了计算，精确到每一盒，管理层第一次知道了生产某种产品的成本到底有多少。得到财务数据后，产品被分为三类：

- 实现盈利最高的是"星球大战""哈利·波特"和"生化危机"系列，应该扩大生产和销售。
- 实现盈利中等的是"乐高城市组"和"乐高机械组"

系列，应该开发新产品。有时盒内积木数量会增多，只用标准积木则可以降低复杂度。
- 实现盈利最差的有专为女孩设计的拼装饰品（Click-its），应停止生产该系列。

在重要产品的生产中，管理层引入一种"作战室"（War room）模型。这一理念来自巴利·帕达，他曾是公司供应链的负责人之一。他从美国学到了这一理念，当地管理层称之为"可视化工厂"。简单来说，即管理层每天早晨见面，每个人都要汇报现在的进展怎么样，比如销售状况等，然后用绿色和红色的笔把每项状况标注在一块黑板上。这使得一些敏感问题被公开，从而将要进行坦诚的讨论。

同期，约恩联系了印度裔管理咨询大师拉姆·查兰，他担任过杰克·韦尔奇的导师，著有一系列管理书籍，如《执行——如何完成任务的学问》等。约恩邀请拉姆·查兰来到比隆。2004年4月，他俩用一个周末的时间在乐高乐园酒店里谈论了拉姆·查兰著名的理论之一：即大家应该坐在一起交流，而不是互发邮件；大家应该真诚地向对方解释和汇报，共同了解公司的情况。

约恩告诉拉姆·查兰，乐高集团不知道公司生产了什么，卖了什么，数据完全不透明，经营不在掌控之内。拉姆·查兰的回答是，传统上是请麦肯锡公司的顾问来解决，但他们需要一年半的工作时间，在此期间乐高可能就支撑不住了。现在唯一的办法是一定要让沟通变得透明。

最后，约恩将巴利·帕达的"可视化工厂"理念引入了公司。

每天早上 7 点，大家在不同的"作战室"一起讨论本周的工厂生产和市场业绩。通过这种方式，管理层很快意识到在哪些方面可以实现盈利，在哪些方面不可以。

当约恩对员工谈论的话题不甚清楚时，他也会参加会议，这表明公司最高级别的领导者也愿意花时间参与，说明这件事尤为重要。渐渐地，员工习惯了这种新的工作方式。

2004 年春天，乐高集团经历了一段艰难时期。在经历了保罗·普罗曼事件的波折后，公司仍秉承着以共识为导向的企业文化。员工经历了一轮甚至几轮裁员，但公司开始实现盈利了，至少局面不再失控，这多亏了家族资金池 KIRKBI。

现在，情况有所改观。管理层谈论着乐高集团如何继续独立经营以渡过危机，作出了一些艰难的决定。当时，约恩和杰斯普·欧文森也参与其中。约恩多次敦促员工要考虑短期目标，杰斯普则做了他最擅长的事：削减开支。这对工资账户和其他开支造成了严重影响，公司使用的三架昂贵的飞机首先被叫停了。

对杰斯普来说，没有什么是神圣不可侵犯的。他将奥勒·科尔克·克里斯蒂安森在比隆的房子挂牌出售。这栋房子是极具象征性的地标。当消息传到克伊尔德的母亲伊迪丝的耳中时，她震惊了，说如果基金会不买下这栋房子，她就自己来买。

杰斯普没打算顾及任何人的情绪。他认为乐高集团的财务状况不佳，应该尽可能多地摆脱负荷。最后，一切都有了和平的结局：基金会买下了那栋房子，将其打造成乐高历史博物馆。

拉斯·科灵提出两个重要问题

　　2003 年 12 月，克伊尔德选择让约恩和杰斯普领导公司的高级管理层，实属一次大冒险。确实，约恩和杰斯普很有商业天赋，但他们的管理经验很少。约恩几乎是初学者，之前只管过几个员工，杰斯普也几乎从未管理过人事。

　　约恩的处境还很尴尬，他并不是公司的官方首席执行官。克伊尔德是，但对他来讲这仅是一个头衔。杰斯普担任财务总监，约恩不过是一个高级副总裁，同其他高管的层级一样。简而言之，约恩担任首席执行官这一角色的基础很薄弱。

　　董事会成员发现年轻的约恩底气不足，对想要完成的事情也没有明确目标。甚至可以说，约恩将董事会看作考官，在他作展示的时候非常依赖不计其数的图表和数据。董事会会议上，他还和往常一样，一直在做笔记。麦斯·欧里森告诉他，首席执行官不需要花时间做这些，他才把记录任务交给了别人。

　　最初，克伊尔德花了大量时间和约恩共处。他和约恩一起讨论公司的处境、讲述公司的历史和他自己的故事。他们一起旅行，有足够的时间了解彼此。

　　那段时期，克伊尔德让约恩参与了许多事务，介绍给他很多联系人。世界各地的人都对乐高集团充满信心，"粉丝"发给他们不计其数的简讯，祝愿他们渡过难关或给予帮助。这些人来自各个阶层：丹麦艺人萝德·海瑟（Lotte Heise）发来了她两个儿子的好点子；全球周一清晨学院（Monday Morning Global Institute）的创始人兼首席执行官埃里克·哈斯穆森（Erik Rasmussen）提供了自己的研究成果；拉尔夫·海克（Ralph Heck），前麦肯锡合伙人，表示愿意免费为乐高集团工作；波士顿咨询集团（Boston Consulting Group）也乐意提供免费咨询。

克伊尔德知道约恩需要的不仅是这类消息，他需要支持，但应该怎么做呢，又能从哪里获得支持呢？克伊尔德意识到他并不是这位年轻执行官的好导师。他自己的职业经历不能、也不应该给约恩提供忠告。对克伊尔德来说，用开放的态度对乐高集团的文化和未来进行独立思考几乎是不可能的事。

在这个重要关头，出现了一个意想不到的名字：拉斯·科灵。2004年1月12日，科灵在新闻发布会结束后就与克伊尔德取得联系，提出愿意提供帮助。

当时，拉斯·科灵56岁。他在奥迪康助听器公司与同事尼尔斯·雅各布森一起成功进行了一次著名的危机营救，声名远播。科灵在1998年离开奥迪康，从那以后，他就在董事会工作。他先前在基督教青年会（Young Men's Christian Association）遇到过古德弗莱德·科尔克·克里斯蒂安森。后来，他在不同场合与克伊尔德相见，分享基督教生活观。

克伊尔德收到科灵的来信后请他来到比隆。2004年2月，科灵在乐高集团待了整整一天，见到了约恩并愿意担任约恩的导师。

2004年4月，二人再次见面。接下来的几个月里，两人进行了频繁的交流。拉斯·科灵分享了他的经验，当首席执行官开始缩减公司规模之前，重要的是对公司的未来有一个想法，更确切地说，是对公司有明确的定位。在理想情况下，如果目标是缩小规模，使企业形成一个有助于未来增长的平台，就要求管理层对公司的核心业务有一定了解。

拉斯·科灵深知，他的任务不是告诉约恩在乐高集团应该怎么做，而是要成为其教练，这就要求他提出正确的问题。

拉斯·科灵决定用两个严肃、根本的问题来挑战约恩："乐高集团哪里出现了问题？""乐高集团为什么存在？"最初，约恩有些不耐烦，认为这些问题无关紧要。当他们持续交流后，约恩才意识到这些问题不仅使自己对乐高集团有了深刻的理解，对认识自身也有重要的帮助。

二人的谈话总围绕着这两个问题展开。科灵一次次考验年轻的约恩，有时会太严厉，以至于约恩在几年之后接受采访时说科灵"极其恼人"，但"绝对忠诚"并且"善于解决问题"。

找寻乐高集团哪里出错，可以帮助首席执行官理解自己的职责，意识到所有首席执行官都可能经历意想不到的麻烦，或者无法控制甚至毁掉一家公司的财务状况。这可能让首席执行官感到沮丧或无助，觉得没有负起责任。

随着交流次数的增多，约恩逐渐意识到：其实，责任最终都会归于领导者。因此，乐高集团危机产生的责任应该归咎于公司内部，而不是像保罗·普罗曼那样，在内刊中总用外部因素来作解释。创建一家能够适应环境的公司，是高级管理层的工作；不论公司处于顺境或逆境，都是高级管理层的责任。

至于乐高集团为什么存在，约恩从头至尾都是应拉斯·科灵的要求和他讨论这个问题。当公司身陷危机时，大家不清楚为何要把时间和精力花在这些哲学问题上。然而，这样做可以从更广阔的视角来看待乐高集团，使员工们明白：为生存而战，不仅仅是为了财务和收入，更是为了帮助全世界儿童这一高远、重要的理想。你的公司存在的特殊意义是什么？这是一个所有公司都应给出清楚答案的问题，但几乎所有公司都回答不出来。

约恩与拉斯·科灵就这一问题讨论过几次，大多数时候都是通过打电话或发邮件。科灵不断地给约恩施加压力。他问如果有一天乐高集团关闭，世界将会失去什么？他还敦促约恩为乐高集团写一篇虚构的讣告。约恩一步步地意识到，乐高集团背后的理念是激发孩子们的娱乐并帮助他们更好地学习。科灵发现年轻的约恩充满好奇心，虽未经雕琢、经验不足，但很真诚，是一个不寻常的管理者，而且他天生谦逊。

2004年春天，约恩和拉斯·科灵之外的其他人也进行了交谈，许多顾问都以自己的方式对他担任首席执行官这一角色给予了帮助。他也与拉姆·查兰取得联系，后来，对方帮助他构建起乐高集团的全球愿景。

早在2004年1月，约恩就与瑞士IMD商学院的泽维尔·吉尔伯特教授进行了交谈。他是"必赢之战"（Must Win Battles）概念的创造者之一，基本理念是公司的高层管理者应该共同确定必须达到的关键目标，无论付出何等代价。2004年9月，他们再次相见，吉尔伯特谈到首席执行官的一项重要责任是：不仅要领导下级，也要照顾上级。换句话说，就是董事会。要确保董事会消息灵通并随时准备支持首席执行官的建议。

为了重建乐高集团与零售商客户的关系，约恩与迈克·弗朗斯进行了交流。迈克是英国玩具经销商 ELC 儿童早教玩具公司的创始人，想帮助年轻的乐高集团领导者，让约恩了解玩具零售商的思路。

与克伊尔德、拉斯·科灵、拉姆·查兰、泽维尔·吉尔伯特和迈克·弗朗斯等人的对话，为约恩提供了自由思考的空间。他寻求灵感，终于，在这些富有实践经验的人身上，他找到了自己找寻的、他们经历过的与他所面对的相近挑战。

从这些谈话中，约恩理出了自己的思路。同时，他也和杰斯普·欧文森越走越近。有几次，当约恩告诉同事，他和某位谈话者探讨过一本书后，杰斯普都会买到这本书来通读。

2004 年春天，人们关注的焦点不是更多地认识自己和了解乐高集团。当时，最重要的是如何存活。约恩和克伊尔德、拉斯·科灵、拉姆·查兰、泽维尔·吉尔伯特和迈克·弗朗斯等人的讨论依然重要，哪怕没带来具体或直接的成果。这些对话，引导他和其他高层管理者制订出新的战略计划，即后来大家所知的"共同愿景"。

比隆：一个戏剧性的夏天

2004 年春天，为使公司远离致命的危机，大家积极奋战，采取了一系列措施，但问题并未解决。恰恰相反，销售仍继续下滑，乐高乐园更是个大麻烦。乐高正逐步失去活力——这正是约恩在 2003

年 6 月、杰斯普在同年 11 月制定的备忘录中描述的可怕景象。

当年 5 月，约恩休了假，整个夏天都在为杰斯普在春天制定的观察报告作改进工作。当他们深入数字中时，越发意识到：公司的流动资产不足，有必要采取更为严厉的措施。他们必须面对这样一个事实：一场大幅的成本紧缩即将来临。

乐高正在为了生存而斗争，这本身就足够残酷。如今，另一项痛苦的举措正在酝酿。很快要作出一些艰难决定，这再次引发人们对领导层特殊结构的关注，约恩和杰斯普担负着实际责任，却没有官方头衔。

员工们仍将焦点放在克伊尔德身上。2004 年 1 月，他在新闻发布会上明确表示将回归乐高，这为约恩和杰斯普提供了宝贵的支持，当时有人对这两位毫不知名的新领导人抱有疑虑。随着时间的推移，克伊尔德的做法产生了相反效果：他掩盖了他们的锋芒，也削弱了他们的效力。如果年轻的领导者要在员工队伍中树立权威，克伊尔德就得辞职。

到了 2004 年夏天，高管们都清楚：克伊尔德只是名义上的回归；员工们却没有意识到，以为是克伊尔德在作管理决策。约恩和杰斯普的影响力有限，早期作决策时难度较大。

克伊尔德的象征性存在给了员工基本的安全感，赢得了他们对于艰难决定的认可。但现在，乐高给予员工的不应该是安全感。相反，如果公司要生存下去，员工们就应该意识到这条船正在下沉，这至关重要。在这种情况下，克伊尔德作为"守护神"也引发了一些问题，而非解决方案。

有几个人一直敦促克伊尔德从这个角度考虑，其中一人是拉斯·科灵。2004年5月21日，他在一封信中指出：乐高集团急需一个更富活力的高级管理层，应由约恩和杰斯普担任实际领导者。

起初，克伊尔德猜想董事会将反对这么做。他还没准备好放弃首席执行官的角色，这意味着将结束他对毕生追求的家族事业的掌控，但他同意在约恩的肩膀上添一颗星星，提拔他，让他的特殊角色变成正式头衔，也让其他高管明确这一点。

当时，他想将约恩任命为首席运营官，拥有和保罗·普罗曼一样的头衔，明确成为公司的"二号人物"。约恩实际上已经是"二把手"了，但因为高级管理层除杰斯普之外，还有亨里克·保罗森、麦斯·尼伯、索恩·托普·劳森这些充满事业雄心的人，这一任命并非没有风险，不仅会让管理层感到沮丧，也会让董事会感到失望。他们对约恩的角色和他能否成为乐高未来首席执行官的候选人充满了疑虑。

克伊尔德决定在6月的一次研讨会上告诉高管们约恩晋职一事。6月8—10日，公司的60名主管在乐高乐园酒店举行了为期三天的会议。在研讨会上，约恩解释了乐高集团运作的新方法，重申了行动计划，特别是该计划的重点：零售是乐高集团最重要的任务之一；理解客户，以帮助客户取得成功。

研讨会结束后，大部分主管离开了。6月10日晚上，《乐高生活》2月刊介绍的八九名高管参加了在小餐厅（Le Petit）举办的晚宴。克伊尔德告诉其他高管，约恩将在今年夏末被任命为首席运营官。

其他人默默地收下了这个消息，也许很多人感到沮丧。那一刻，他们一定意识到，前同事约恩已经明显超越了他们，当那一天到来时，他已经准备好接替克伊尔德的工作了。

几天后，6月15日，一份发给乐高集团员工的内部公告中包含了一条惨淡的信息：销售滞后，难以达到预算目标，竞争变得越发激烈，行动计划将更加严格地施行，所有改善经营状况的行动都将立即开始。同样重要的是：该公告由约恩签署，这是一个小而明确的信号，表明他在公司管理层中获得了新角色。

然而，克伊尔德依然占据着举足轻重的地位。他虽然没有参与行政决策过程，但在公司内部仍发挥着至关重要的作用。他在无形中对员工产生了巨大的影响。他对这场危机负有部分责任，但仍德高望重，并且花了很多时间和年轻的主管们单独交谈，以帮助他们适应新环境。

约恩和杰斯普这一次解雇了几名高管，其中包括亚太地区总监亚瑟·高桥。克伊尔德协助新领导层处理了这些敏感问题，他还确保那些年轻、雄心勃勃的高管们没有一个人是因为比他们更年轻的约恩脱颖而出、超越他们而满怀沮丧地离开乐高集团。

后来，克伊尔德去瑞士与亨里克·保罗森见面。他们一起讨论了亨里克担任公司最高职位候选人一事。克伊尔德在这个问题上的态度令对方沮丧，但他还是设法将保罗森留在公司。

2004年8月18日，星期三，乐高集团公布了年中财务报告，内容极其简洁，只说明行动方案正在按计划进行，预计2004年的增长为零。事情已经按计划进行了，乐高集团依旧处于危机中，但情况得到了控制。

简短报道背后的真实情况却完全不同。行动计划进行得不错，但由于销售滞后，所以还远远不够。高层管理者的压力不断增长，领导层缺乏决断力的讨论再次出现。但这又该如何处理呢？

显然，在这些充满戏剧性的时日里，很难了解到乐高集团内部究竟发生了什么。在撰写本章内容时，可参考的资料十分有限。

杰斯普·欧文森作出了决定性的一击，推动了整件事的进程。他和克伊尔德谈话，解释说危机还在恶化，公司还要进行裁员，关闭工厂，甚至出售乐高乐园。克伊尔德应该任命约恩为新任首席执行官，防止新领导层无法胜任工作；这么任命，克伊尔德也可以将自己保护起来，万一情况不利，更有理由解雇约恩和杰斯普。

杰斯普的直言不讳让克伊尔德措手不及，但他很冷静，对这个想法作出了积极回应。他比以往任何时候都更相信约恩有潜力接替他的工作，只不过现在对这一时机已经来临感到惊讶。他很犹豫，知道董事会里的其他人可能不支持让约恩接替他的这一想法。

当时，约恩并没有意识到克伊尔德想让他接任首席执行官。1月份，克伊尔德公开宣布他将担起"全部领导责任"；同年6月，他任命约恩为首席运营官。

约恩不知道克伊尔德早就希望他成为继任者，但董事会的其他成员持怀疑态度。事实上，克伊尔德在6月公布要提拔约恩时，就没有得到董事会的支持。

董事会的气氛很糟糕，他们没有像约恩和杰斯普那般感到危机带来的紧迫局势，依然抱着观望态度。董事会对这场危机也担有责任，但麦斯·欧里森等领导成员并不打算下台。在 2004 年的董事会议程上，这件事也没有被提及。董事会成员希望留下来帮助乐高集团走出危机，但他们对给予领导层最大空间来采取必要措施仍犹豫不决。董事会对约恩和杰斯普持怀疑态度，很可能是因为两人对董事会成员的批评毫不遮掩。这二人好似忽视了董事会的责任，让董事会没法在管理危机方面发挥积极作用。

杰斯普·欧文森不耐烦地发了一封电子邮件，发泄他对麦斯·欧里森的不满。这是一封典型的"欧文森式"邮件。又长又冲动，写得很匆忙，没有大写字母，但直击要害。邮件清晰地传达了两条信息：其一，自己此生从未见过这么多商业废物；其二，董事会应尽快任命约恩为首席执行官。顺便一提，如果有人想取而代之的话，杰斯普自己对这份工作完全不在乎。

麦斯·欧里森立即约杰斯普到他位于霍尔特（Holte）的家中见面。杰斯普也告诉了约恩这封邮件的事。起初，约恩很惊讶，但他也有些开心，因为再不需要担心杰斯普也想得到这个职位了。

麦斯·欧里森对约恩有些怀疑。他很年轻，才 35 岁，将成为一家拥有 8 万名员工的公司的首席执行官？他的管理经验十分匮乏，这家公司也恰好处于挣扎求存的关键时刻。更合乎逻辑的选择是从外部引进重量级人物，来自世界各地的潜在候选人将排起长队。他更大的担忧是，约恩和杰斯普组成的团队缺乏商业经验。

在 8 月 20 日的会议中，欧里森、克伊尔德、约恩和杰斯普在一起讨论了高层管理新结构的各种模型。他们最终将认真考虑三种模式：其一是维持现状；其二是欧里森希望的寻找富有商业经验的人加入领导集体，这意味着将有四个人管理这家公司。克伊尔德、约恩和杰斯普担心，这个解决方案会让公司其他高管发挥不出影响力。在危机期间，价值链中的每一个环节都需要呈现给高级管理层，危机也阻碍了董事会花费时间在外部寻觅候选人。这三人建议了第三种更为积极有效的领导结构模式：危机期间，将任命临时首席执行官，他会得到更多权力；在危机结束后，将正式任命一个长期首席执行官。不言而喻，这位"临时首席执行官"正是约恩。这并非一个长期解决方案，提此建议的三人也在慎重考虑。他们知道董事会没准备好支持约恩为候选人，希望以此来打消顾虑。约恩担任首席运营官，是为了让职位更正式、更有施展力度。麦斯·欧里森妥协了，接受了三位对于临时首席执行官的提议。

杰斯普·欧文森不断地给麦斯·欧里森施加压力。他认为，乐高集团应在当下进行重组，需要长远的战略领导。任命临时首席执行官的时间过短，压力太大，对长期规划非常不利。"我将负责短期调整，"杰斯普说，"约恩是负责长期战略的合适人选。"

8月21日，拉斯·科灵再次发邮件给克伊尔德，重述了5月邮件中的建议，希望他能意识到麦斯·欧里森从未遇到过这样的危急情况，克伊尔德应在危机消失前放下继续当首席执行官的执念。

不知是什么原因让事情如此演化。无论如何，人们都认为约恩应该被任命为首席执行官，长期的而不是临时职位，这逐渐变成共识。在杰斯普的努力下，麦斯·欧里森被说服了。随后，欧里森要求约恩与克伊尔德进行一场艰难的对话，告诉对方自己应该被立即任命为首席执行官，而且是长期任命。通常情况下，这该由董事会主席负责，欧里森却选择不插手。约恩必须自己为自己争取了。

2004年8月末的一天，约恩参加在捷克共和国克拉德诺（Kladno）的一家工厂举行的会议。在布拉格机场，他给克伊尔德打了电话。当时，克伊尔德和妻子卡米拉（Camilla）正在雅典奥运会的现场，他们坐在没有空调的闷热空间里汗流浃背。这一定是两人之间的一次尴尬对话，他们都不喜欢冲突，现在谈论的却是几乎不能更敏感的事情。克伊尔德当然希望约恩成为接班人，但明白董事会和麦斯·欧里森仍然存疑。他很惊讶事情突然没有了障碍，顺利推动了。他们的对话大致如此：

克伊尔德："你是说我应该辞职？"

约恩："是的。"

克伊尔德："你将会接过首席执行官的头衔？"

约恩："是的。"

谈话结束时，他转向一直旁听的卡米拉。她惊讶地问："约恩刚刚把你炒了吗？"

2004年8月31日，在哥本哈根召开的一场特殊会议中，董事会批准了约恩·维格·克努斯托普成为乐高集团的新领导者。

没有"神圣不可侵犯"的业务，乐高乐园也不例外

9月27—29日，董事会的下一次会议在美国康涅狄格州恩菲尔德（Enfield）的工厂里举行，为期3天。约恩得到了首席执行官的正式任命，他感谢了董事会的支持。约恩表示，他可能不是最有资

格担任这一职务的人，但希望董事会支持他；他同时也提醒董事会要担起随时准备更换领导者的责任。他这样说，是迫使董事会承担起责任：他们对约恩不满，但也没找到其他候选人。现在，他们别无选择，只能任命这位年轻领导者。董事会成员沉默地听着约恩发言，杰斯普·欧文森沉浸在愉悦中。

在恩菲尔德召开的董事会会议是乐高集团历史上最伤痛的会议。杰斯普列出了大量数字。销售额虽然下降，但由于大量裁员节省了开支，公司仍处于盈亏平衡。到目前为止，一切还不错。问题是债务太过沉重，流动资金不足对乐高集团构成了巨大威胁，杰斯普的解决办法是削减约 3 亿美元。

董事会开始了对乐高乐园问题的最初讨论。没错，约恩已在 2003 年 6 月的备忘录中提出这个问题，大家从未探讨过。杰斯普尤其确信，如果乐高集团想要生存，这些乐园必须被卖掉。这么行动的核心要素是：公司必须降低运营费用。保留这些乐园不仅需要进一步投入资金，还需要高级管理人员花费大量时间和精力。在这场生死攸关的危机营救中，公司应采取正确的行动。

董事会成员都表示同意，除了克伊尔德本人。他承认这些数字很可怕，但要作出最终决定对他来说很困难，乐园是他的生命之血，但他别无选择。他同意后，董事会决定，将乐园挂牌出售。

两个月之后，乐高集团才把"可怕的数字"公之于众。从 8 月的讨论到 9 月的恩菲尔德会议，再到 2004 年 10 月 21 日举行的新闻发布会，为何要花这么长时间呢？原因是那年秋天，乐高集团内部出现了一场严重恐慌。

一切始于杰斯普找到他在丹麦银行的前同事,却被拒绝提供帮助。这对比隆总部的高级管理层来说是一个沉重打击,不仅仅在融资方面。克伊尔德在丹麦银行董事会任职数年,他意识到形势的严重性,但遭到拒绝仍属意外,令他大失所望。

杰斯普多次尝试说服银行,乐高集团有一个强有力的战略来应对危机,却没有成功。在与银行高管彼得·斯托普和雅各布·布鲁格(Jakob Brogaard)的一次会议上,他得到了最终拒绝。杰斯普提出另一种解决方案,即将几家银行联合起来进行融资,这样在开新闻发布会之前,公司就已经有了资本支持。

克伊尔德以个人名义从KIRKBI获得了1.6亿美元贷款注入乐高集团,并向杰斯普强调,这是他能给出的最后一笔贷款。几个月后,2005年2月21日,诺底亚银行(Nordea)董事会批准给乐高集团提供4亿美元贷款。

2004年秋天,克伊尔德经历了这场危机中最黑暗的时刻,他担心一切都要毁于一旦。也许,乐高集团的商业模式已经过时了,国际玩具市场也开始疲软。他被迫辞去首席执行官一职,这本身就是一个严重打击。

如今,他心爱的乐高乐园即将被挂牌出售,他对乐高集团怀有的梦想可能要破灭了,他绝望透顶。

至暗时刻

- 2004 年 10 月—2005 年 12 月

约恩·维格·克努斯托普被正式任命为首席执行官，这在年轻高管们之间引发了严重冲突。

在瑞士举行的一次会议上，经杰斯普·欧文森的敦促，高级管理层决定让员工们知晓实情，让他们意识到形势的严重性。

约恩见到了贝恩咨询公司的克里斯·祖克，克伊尔德再次受到启发，应从企业认同感中定位核心业务。

美国摩根士丹利公司建议克伊尔德出售乐高集团，克伊尔德很震惊，拒绝了这个提议，却不能阻止自己心爱的乐园被出售给黑石集团（Blackstone）旗下的默林娱乐集团。

35岁的首席执行官

10月21日的新闻发布会气氛要比1月份的更加凝重。人们不再乐观，也不再相信"措施温和"，更没人再提"克伊尔德回归"这类话。克伊尔德离开了。据报道，在开完新闻发布会的次日，他离开了在乐高集团总部的办公室，搬去小镇边缘的新住处。

克伊尔德和麦斯·欧里森传达了三个让人恐慌的消息：一是财务恶化，不是零增长，而是预计亏损超过3亿美元；二是克伊尔德辞去公司领导人的职务，不过将继续担任董事会副主席，约恩将新任首席执行官，任命立即生效；三是乐高乐园可能会被出售。

眼下，媒体报道比以前负面了许多。一些记者误解了财务报表，以为3亿多美元的赤字意味着行动计划没有发挥作用，但实际上，业务已经有了轻微的盈余，但这一数字被大幅减记所掩盖。

总之，乐高集团正处于一场深度危机中，大家都清楚这一点。10月29日出版的《贝林新闻杂志》中，丹麦工业界领导者、格兰富管理集团（Grundfos）董事会主席尼尔斯·多·延森（Niels Due Jensen）提议，麦斯·欧里森须承担后果："他承认董事会犯了错误，应该辞职。"

这一时期，约恩也学到了很多，他与员工和记者们都进行了交流。首席执行官与人沟通时信息必须准确，在危机期间尤为如此。他们既不能说太少也不能说太多，还要确保言辞不被深度解析，以免造成不必要的麻烦。

2004年10月23日，约恩在《贝林时报》中写道："丹麦最大的公司通常都有继任者,这是客观事实,但在乐高集团不是这样。"

10月26日,在一份内部公告中,约恩告诉大家将进一步削减1.6亿美元以上的预算。员工们颇感吃惊。几天后,约恩发布了新公告试图安抚大家。

然而,过几天又出了问题。11月1日的《贝林时报》报道,约恩说乐高集团将把生产地转移到亚洲,这引发了更大的焦虑。

实际上,约恩是在努力做到公开透明,为下一步要不要搬迁的讨论作好准备。他原意是邀请大家一起讨论,但上了《贝林时报》的头版新闻后却变成比隆总部将要停产。

后来,当约恩与一位媒体顾问交谈时,了解到自己应该把记者视为对手,而不是交流对象。顾问告诫他:"你和记者交谈时作了过多解释。"过了一段时间,约恩将一句老话铭记于心:"说真话,但要懂得适时闭口。"

2004年11月17日,在一份内部备忘录中公布了一项结果:有1381名员工参加了公司内部网站投票,其中531名员工(38%的参与者)对"你相信行动计划会奏效吗?"的答案是"不"或"不知道"。

猎头延斯·霍洛维茨(Jens Horowitz)在接受《博森新闻杂志》的采访时说:

> "如果我们向乐高董事会推荐一个资质相当的候选人,一定不会被考虑。乐高集团选择新任首席执行官,主要考量所有者是否信任对方。这在家族企业中司空见惯——信

任比客观标准更有话语权。"

也许乐高集团内外的人都持相似观点。无论如何，约恩至少让人们意识到乐高集团的危机。这是有史以来第一次。

杰斯普为乐高集团设定议程

约恩和杰斯普·欧文森被提拔上来担当重要职位，让其他高层管理者很不安。他们觉得自己好像被降职了，还担心曾服务于保罗·普罗曼会在克伊尔德心目中留下不好的印象。

约恩和杰斯普削减了高管的人数。一些人自愿离开，另一些人被解雇。高管中还有负责全球供应链的拉斯·奥特马克（Lars Altemark），负责全球创新兼市场的麦斯·尼伯，负责欧洲市场及乐高集团贸易的亨里克·保罗森，负责乐高集团美国、澳大利亚、新西兰及品牌零售店的索恩·托普·劳森，加上负责乐高乐园的麦斯·卢德。他们被非正式地称为"LC-LT乐高集团领导团队"。

危机迫使高管们不断削减成本，但收效不大，还引发了一系列冲突，令人精疲力竭。他们为争夺资源而战，互相施压。

2004年末至2005年初，爆发了许多冲突。年长、经验丰富的杰斯普·欧文森对亨里克·保罗森施压并认为麦斯·尼伯和索恩·托普·劳森没有担起自身的责任。他们三个则认为杰斯普是财务出身，不了解市场情况，也缺乏与客户建立信任的经验。

前任全球品牌零售店总监多米尼克·高尔文在与其他高管发生

激烈冲突后离开了。他调查了乐高集团与零售商的关系，证实乐高集团的表现非常傲慢，这伤及公司市场部门的人员的感受，比如索恩·托普·劳森。

简而言之，乐高集团内部存在着诸多冲突。杰斯普·欧文森认为，年轻的高管们从未经历过这类危机，他们一直处在安全网中，习惯了背后不缺资金。大家虽然承受着巨大的工作压力，需要快速决策，也习惯了长时间工作。但在目前的危机中，他们工作的时间比以往任何时候都长，比约恩和亨里克在麦肯锡公司工作时更甚。

同期，约恩和杰斯普也清楚地意识到，像乐高这种公司不可能由两个人来领导。公司过于复杂，有必要让亨里克·保罗森、麦斯·尼伯和索恩·托普·劳森这些高管们加入，此外还需要一个更大的领导集体。这个被称为"60强"的集体会产生更广泛的影响，但应该如何实现呢？

2015年1月9—12日，"60强"在瑞士苏黎世举行了会议。第一天，高级领导层召开了会议；随后，其他10名管理者也抵达了。

会议的目的是为2005年余下的时间拟订计划。瑞士IMD商学院教授泽维尔·吉尔伯特担任主持人。早在1991年，他就开始担任乐高集团教授，对乐高集团有充分了解。他也是约恩的导师，工作职责是确保新领导集体对整体形势有客观的认知。事实证明，这是一项艰巨的任务。为了振奋大家的情绪，会议中包含了游戏和角色扮演。虽然深陷危机，他们还是开始展望未来，思考解决方案。这是典型的乐高集团思维。

会议中间，约恩和杰斯普聊了起来。杰斯普习惯从悲观角度看问题，他担心乐高的旧精神又回来了，即一味相信产品和品牌并以此增强信心和乐观精神。但这会削弱作出痛苦决定的决心，中层管理者是否真正理解了形势的严峻性呢？

高级管理层即乐高集团的领导团队成员进行了一场计划外的危机会议，然后作出了影响深远的决定。他们选择相信杰斯普·欧文森的直觉，这比约恩的想法更悲观。他们回到会议室，有意识地在"60强"中营造了一种消极氛围。

这并不容易。他们有意制造出不安全感甚至恐慌，批判了执行营救乐高集团任务的高管们。他们坚持这样做，想不惜一切代价避免员工们误解乐高集团已经走出了危机。此前，在公司内反复发生过这种事，最近一次是在2004年1月。现在，一定要避免员工们盲目乐观，甚至要打破他们的自信心。

在接下来的几个月里，约恩没完没了地重述乐高集团的不利境况。2005年3月20日，星期日，他在《政治报》的报道中说：

"我领导的公司陷入了重度危机。我们被惯坏了。我经常使用'危机'这个词，想让每个人看清我们的处境。你也可以说，我们拿枪指着他们的头，只有这样，他们才能迸发出创造力，想出好点子来使公司前进。"

麦斯·欧里森也发出了同样的信号。他在4月27日的《贝林时报》中说：

"我相信乐高品牌会一直存在。唯一的问题是，谁会拥有它？"

约恩在《乐高生活》3月刊上说：

"我们的竞争力和市场地位提高了，加上大幅削减预算和减记，已经完成了一年前制订的行动计划的三分之二。首先，我们对销售下滑作出应对；其次，更加关注零售商利润、送货服务和产品范围，提升了竞争力……最容易的事情都做了。然而，削减开支容易，与被忽视的客户重建关系也不困难，现在该处理最棘手的问题了……我想提醒大家，行动计划的第三步是：为乐高集团建立一个明确的方向，改变商业运营模式。"

约恩提到以下6项工程：

- 必须确保产品可以实现盈利。
- 必须提高产品开发速度。
- 必须提高供应链的生产效率。
- 必须使财务更透明。
- 必须从商业角度考虑问题，即作出商业上合理的决定，而不仅仅因为它们可以强化乐高品牌。
- 必须更快地作出决定，更好地执行决定。

2005年初，乐高集团发布了2004年的财务报表，境况并未改观。当年亏损是税前12.37亿丹麦克朗，大约2亿美元，乐高集团处于崩溃的边缘。

乐高集团为何存在？

2004年春夏两季，约恩与克伊尔德、拉斯·科灵、拉姆·查兰、泽维尔·吉尔伯特、迈克·弗朗斯和杰斯普·欧文森等人交谈，汲取了很多灵感。他一直苦苦思索的最重要问题依然是：乐高集团为何存在？

2004年秋天，约恩在从波士顿到阿姆斯特丹的夜间航班上与坐在旁边的人交谈，发现他正是长期任职贝恩咨询公司的克里斯·祖克。

祖克撰写了一本畅销书《回归核心：持续增长的战略》(*Profit From the Core: Growth Strategy in an Era of Turbulence*)，他分析了数千家贝恩咨询的客户企业，得出结论：了解并不断强化核心业务的公司往往最成功。因此，一家公司应该谨慎启动核心业务之外的任何新业务，这会冒着忽视核心业务的风险，分散管理资源和财务资源。简而言之，祖克的这一观察听起来正像是对乐高集团兴衰的精确分析。

约恩好奇地问祖克："一家公司开发核心业务之外新业务的频率应该有多大？""每五年一次。"祖克答道。约恩说，乐高集团的领导者一定是误读了祖克的书，每年进行了五次开发。

与祖克的对话让约恩深受启发。这个美国人认为一家公司应该专注于核心业务，这与约恩对乐高集团的看法不谋而合。这既是对乐高集团出现问题的阐释，也支撑了他和杰斯普一年来一直坚持的行动计划。

行动计划与其说是一项战略计划，更像是应对危机的紧急行动方案。它指导乐高集团将未来的焦点集中在核心业务上。约恩好奇心大发，他想更深入地了解这个领域，意识到这或将帮助他进一步理清乐高集团存在的原因。几个月后，他聘请了祖克的同事、来自贝恩咨询丹麦分部的顾问尼尔斯·佩尔·尼尔森，对方将进一步分析乐高集团面临的形势。

尼尔斯有两项主要任务：一是研究乐高集团的核心业务到底由什么构成；二是当高层管理者要为未来选择发展道路时，提供一些思路。乐高集团还能够独立经营下去吗，还是必须寻求外部合作方甚至买家？哪种想法更符合现实、更明智呢？

交给尼尔斯第二个任务的原因是：即使乐高集团成功地回归核心业务，仍不确定能否真正地解决问题。如果公司所处的传统拼搭类玩具市场停滞不前，就算管理层在核心业务上努力，也可能毫无希望。

核心业务也许经营不善，也许支撑不了公司的发展规模，也许被证明已经过时了？纵观历史，过去出现过许多公司因核心业务过时而不得不放弃的例子。19世纪的马车制造商、20世纪70年代的打字机公司都有过此种经历。如今，很难给乐高集团危机的结果下定论，2004年和2005年，比隆总部前景未卜。

贝恩咨询公司首先认为乐高集团是一家塑料制品制造商。比隆总部的领导者颇为惊讶，这听起来有些奇怪甚至粗俗。顾问在观察后得出结论：乐高集团的精髓正是它制造的塑料积木，这些同品牌联动的乐高®积木颗粒已经有二三十年的历史了。

这个消息令约恩惊讶，对分析乐高核心业务构成也很有价值。他意识到乐高生存的根基不像人们所认为的那样落伍和碎片化，而是一种几乎没有任何竞争对手可在质量上相匹敌的先进产品。

贝恩咨询公司的观察还不够，这仅是为定位核心业务作出的首次尝试。但它有一个优点：非常契合实际。乐高集团是一家塑料产品制造商！这是一个简单的观点，与近年来想将品牌提升到至高位置的思路完全不同。很长一段时间里，人们认为品牌比积木更重要；现在，一切都回归了实际。

与尼尔斯和贝恩公司顾问讨论时，约恩用历史眼光对乐高集团有了更深入的理解。他意识到与古德弗莱德·科尔克·克里斯蒂安森对核心业务的重要性持相同看法。几年后，约恩找到了古德弗莱德在1992年制定的备忘录，其间多次谈及并倡导专注。古德弗莱德想说的也许就是乐高集团应该把重点放在核心业务上！他毕生都被这个问题吸引，深入而非泛泛思考，坚持自己的想法，从不为新业务埋单。

虽然生活的时代不同，古德弗莱德和克里斯·祖克的想法却一致：一家公司能掌控核心业务至关重要，一家公司必须坚持耕耘核心业务并从中学习、改进和突破。公司领导者认为核心业务枯燥乏味是不对的；相反，一定要明白：所有的乐趣、创新和产品开发潜力都与核心业务息息相关。祖克称其为"重复",约恩完全赞同这个观点。

2006年5月28日,约恩写了一篇文章,后来发布在博客中。他描述了一种奇怪的现象:当滚石或丹麦TV2等摇滚乐队演奏音乐会时,观众更喜欢听到他们的经典老歌而不是新曲子。他把这个现象和乐高集团的环境作了比对——乐高集团也应该在创新的同时全力坚守核心业务:

"让我感到惊讶的是,孩子们很喜欢重复地做一件事。这些小生命好奇心旺盛,处于探索学习期。看到他们那么乐意一次又一次地做同样的事,或看几遍同一部电影,我感到无比惊诧。……显然,孩子们重复一段体验时,仍保有与第一次体验时同样的好奇心与探索精神。现在,他们只是在相同的体验中寻找新的层面或元素。……出色的乐高模型也是如此:许多年前,它是一个完全新奇的想法,现在同以前差不多,但它仍然很棒。我们不应该害怕重复。我说的不是没有头脑、没完没了地重复,而是在一个美妙的主题和想法所产生的巨大变化中进行重复。公司最初的成功也是建立在重复的基础上。"

与克里斯·祖克和其他人交流使约恩明白:如果管理层没有意识到核心业务的潜力,就会错失良机。在这种情况下,公司将突破自身能力盲目扩张到没有战略优势的新领域,让经营变得脆弱。

2004—2005年冬天,约恩明白了到底是什么使得乐高独一无二。他提出了以下 4 项元素：

- 品牌
- 积木
- 拼搭体系
- 社区

拼搭体系是指通过搭建积木建立的创造性系统，社区是指乐高集团与各年龄阶段"粉丝"们的特殊联系。如此一来，约恩找到了拉斯·科灵在 2004 年春天向他提出的第一个重要问题的答案：乐高®为什么是独一无二的？

2005 年前几个月，约恩有了初步理解，后来他发现具体实施起来是一项艰巨挑战。比如，他要向员工说明自己已经找到了乐高的核心业务，现有业务中相当一部分并非"核心"。所有员工都认为自己的工作很重要，如果首席执行官要求进行明白无误的沟通，大家就得实话实说。事实证明，公司的核心业务很小，或许太小了，无法支撑起丰厚的利润。

但总体上，约恩清楚地认识到：他制定战略的出发点是核心业务的构成。他和杰斯普在 2003 年圣诞节期间制订的临时行动计划要被拓展成一项战略计划，这一时刻已经到来。

几年后，约恩读了托马斯·S. 艾略特（T.S. Eliot）的一首诗，惊讶于作者用寥寥数笔就表达了他对乐高集团的认知。从那以后，当他想要总结这一认知时，就会引用这首诗：

"我们不应放弃探索；
在所有探索的尽头，
我们会回到起点，
重新认识这个地方。"

摩根士丹利公司想出售乐高集团

对克伊尔德来说，2004年秋天和2005年1月都恐慌不安。他陷入了一生中最严重的危机：家族事业风雨飘摇，长期以来忠诚的员工，包括邻居、市民、同学都开始担心失去工作。最糟糕的是：公司的灾难性债务使得出售乐高乐园势在必行。为了防止危机演变成一场全面灾难，乐高集团必须出售一部分业务，乐园不得不被剥离。

质疑乐高集团能否生存下去的文章见诸报端。几名董事会成员建议克伊尔德考虑把乐高集团整体出售。如果事实已经证明乐高集团没法走出危机，那么价值会逐渐下跌，克伊尔德最好现在就卖出，不然以后价格只会更低。

美国投资银行摩根士丹利想接盘乐高集团。2004年11月30日，银行通过KIRKBI的本德·彼得森与克伊尔德召开了一次会议。会议地点在格林斯特的乌托夫特，那里有KIRKBI名下的森林别墅，常被克伊尔德用于举办严肃的会议。

会议于下午4点30分开始，与会者只有克伊尔德、本德·彼得森和摩根士丹利银行的三名高管。三位客人准备了一份详尽的分析报告。他们详细地研究了玩具市场、关键的绩效指标及乐高的处境，得出了悲观的结论：玩具行业缺乏增长潜力，乐高集团将无法创造出一种持久且盈利的商业模式。因此，他们建议克伊尔德出售公司。他们想负责安排这次出售，价格约为17亿美元。

克伊尔德完全被激怒了。他原本意识到三位客人会说什么，但没想到他们准备得这么好。他认为他们的具体提议是一种冒犯。他告诉他们，他不同意他们的分析，不同意他们对玩具行业和乐高集团的看法。他相信家族企业的生命力，他相信乐高集团可以扭转局面。

克伊尔德永远不会怀疑乐高集团能否独立生存下去，在公司的至暗时刻也不会。他在孤独地坚守。他回答——"不"。这是公司历史上一个决定命运的瞬间。如果说他在这场危机中度过了最辉煌的时刻，无疑是在乌托夫特的那个晚上。

出售公司的威胁又经历了好几次。两家美国玩具公司，美泰和孩之宝纷纷派出试探者，他们每次的分析都表明乐高集团的价值会越来越低，意即公司所有者应该尽快出售公司。每一次，克伊尔德都说"不"。

克伊尔德放弃乐高乐园

克伊尔德坚持说不卖乐高集团，是因为尽管身陷危机，他仍有回旋的余地。卖掉乐高乐园则是另一回事。杰斯普分析得很清楚：如果克伊尔德希望乐高集团独立生存下去，代价是出售乐高乐园。

否则，它们会毁了乐高集团。

克伊尔德很难接受出售乐高乐园。它们是他维系生命的血液，对他来说意味着一切。它们象征着他所创造的不仅仅是玩具这一梦想。

他对乐园的感情很深。1968 年，乐园首次在比隆开张，从那一刻起，他和家人就爱上了它。他的母亲伊迪丝非常喜欢乐园，每当她觉得乐园的花选错了颜色，就会联系负责乐园事务的麦斯·卢德。克伊尔德主动提出要在德国、英国和美国建造乐高乐园，还与父亲古德弗莱德产生了分歧，父亲觉得这项投资风险太大。克伊尔德建立了这些乐园，现在将它们出售——作为家族的儿子，作为独立的个人，作为公司的领导者，他都算是失败的。

管理层谈到需要尽快作出这个不可避免的决定。有一次，他们看到克伊尔德眼中闪过泪光。为了阻止这笔交易，他承受着来自母亲、雇员和当地社区的巨大压力。家人严厉地指责他在外国建造乐园，而结果是连比隆的乐园都得被卖掉。

如今，在乐高集团还能听到克伊尔德如何在人生的巨大危机中说服控股公司 KIRKBI 接受乐高乐园一事。这家投资公司有能力做到这一点，这样一来，他心爱的乐园就会留在家族中。当讨论这一问题时，他发现拥有 KIRKBI 一半股权的另一个家族分支并不感兴趣。他的姐姐古黑尔德和姐夫——多年来担任乐高集团董事会成员的莫根斯·约翰森有其他投资兴趣。他们不准备冒险去拯救乐高乐园，他们对乐园的情感远不及克伊尔德那般深厚。

这沉重地打击了克伊尔德。他没有足够的资源去拯救乐园。后来，他否认了这件事，声称：从未与 KIRKBI 的董事会讨论过购买乐园一事。

大多数高管是在高管层电话会议上得知这一消息的。麦斯·欧里森用了一个让与会者惊讶的表达，听起来大概是："不主动寻求出售乐园，但它们会被卖掉。"后来，人们猜测他这么说是因为克伊尔德需要时间去接受这个事实，董事会主席也想让他放心：乐园不会被随随便便卖给任何人。

2005 年 2 月，克伊尔德接受了这一提议。他在瑞士度假时给杰斯普·欧文森写了一封长信，说考虑出售乐园。他信上只说"考虑"，但走到了这一步，进展就很快了。杰斯普和麦斯·卢德选择委托摩根士丹利银行代理出售并准备了一份销售演示。克伊尔德希望有一个实业买家，结果发现最热切的追求者是默林集团，它属于黑石集团旗下，当时正积极地寻找"景点"。

约恩和杰斯普希望将乐园一揽子出售以减轻债务压力。克伊尔德不同意。他同意出售乐园，但想保留心爱的品牌。这让黑石集团感到意外。当这家投资公司了解到这位所有者已经尽力作出了妥协，他们就让步了。最终协议是乐高集团和黑石集团将共同拥有默林集团，乐高集团占 30%，黑石占 70%。默林获得了使用乐高®品牌的许可，作价是 4.65 亿美元。更重要的是，协议要求默林集团开发建造新的乐园。

出售乐园的消息使比隆总部一派悲痛。这场灾难产生了一个有价值的结果：乐高集团员工不再怀疑公司经营的窘境。克伊尔德都愿意迈出这一步，管理层再说乐高集团面临威胁时就不会是假的了。

约恩开始在内部博客上发文，方便员工及时了解他的想法。2005年7月14日，他写了一篇文章，说这笔交易令他释怀。他用多种方式称这是一个里程碑。当天，他出现在电视上，发表售卖乐园的意见。

对约恩来说，这是一个决定性的时刻。在和杰斯普起草了应对危机计划一年半之后，他作为丹麦全国最大公司之一的首席执行官，首次感到了安心。

他只有36岁，但危机使他成熟了。他不再觉得公司的高管总是对他提出挑战，他已经证明了自己可以作出重要决定。人人都很清楚，他和杰斯普已经得到了所有者的明确授权。

"共同愿景"

- 2005年3月—12月

　　董事会和高管们对未来心存疑虑。约恩还是开始制定新战略——"共同愿景"。

　　杰斯普·欧文森担忧公司的生存机会。在美国旅行期间，约恩认识了一些成年乐高"粉丝"，他意识到积木玩具有潜力成为富有创造性的游戏材料，便和其他管理者一起制定了一份备忘录，后来成为战略计划——"共同愿景"。

　　董事会的气氛很糟糕。在一份备忘录中，他们对克伊尔德和年轻领导层几乎要丧失信心了，董事会主席麦斯·欧里森却没有把备忘录拿出来与董事会成员讨论。

"你可以随时关闭"

　　2005年3月15日，约恩和杰斯普在位于埃伯尔措夫特

（Ebeltoft）的摩尔斯克罗恩酒店（Molskroen）和其他高管们一起开会进行简短的研讨，尝试展望未来。

眼下的形势十分紧急。董事会不相信新领导人的能力，尤其是缺乏经验的首席执行官——他反复告诉媒体，公司正处于一场严重的危机中，努力破坏员工们的信心；董事会还对2004年全年持续下降的销售额感到震惊。但几乎没有人知道乐高集团何时能摸索出一条可行之道，让公司继续生存下去。

此外，拼搭类玩具的市场停滞不前，竞争异常激烈。董事会成员的情绪很低落，尤其是克伊尔德。一个月前，他给杰斯普·欧文森发了邮件，同意出售乐高乐园，这是他一生中最痛苦的决定。

2005年初，克伊尔德拜访了老同事托本·百勒格·索恩森，他正担任B&O公司的首席执行官。索恩森几乎认不出克伊尔德了，他看起来很绝望。克伊尔德问对方愿不愿意加入乐高集团董事会。

约恩和杰斯普决定召开一场会议。他们感觉到董事会成员的沮丧和怀疑，需要向董事会汇报，让他们相信乐高集团可以独立地生存下去。在5月份提交给董事会报告之前，年轻的高管们分别于3月15日、4月6日、4月18日和4月26日举行了四次会议。他们逐步开始关注乐高集团未来的潜力。

在这四次会议中，他们回顾了前一年半发生的许多事，讨论了一些关键问题：乐高集团是否应该选择出售、联盟或合作呢？如果与美泰公司建立合作，乐高集团可以发展得更好吗？乐高集团会一直作为独立公司运营吗？

约恩希望乐高集团独立运营，他有两个最有力的论点：一是乐高乐园已经被出售；二是公司的债务正在减少；杰斯普对未来心存疑虑，2005年春天，他大部分的时间和精力都用于出售乐高乐园。董事会成员古那·博朗克明确表示，此次出售至关重要，要求两名高管分头行动，各司其职。因此，约恩成了制定新战略的主要推动力。

2005年5月2日，在董事会会议上，两位高管汇报了最新动态。为了展开讨论，约恩和贝恩咨询公司的顾问们透彻地研究了各项选择，展示了87张令人沮丧的幻灯片，重要信息如下：

- 乐高集团的利润和股东价值下跌了10年。一年前，管理层启动了一项保护所有者利益的行动计划，但尚不足以创造价值。
- 乐高集团在传统玩具业务领域进行竞争；"拼搭类玩具"并非一个站得住脚的商业定义。集团的核心是乐高品牌"社区"。在相近业务中，除了"生化战士"和"头脑风暴"系列直接面向消费者，没有其他产品能加强核心业务。
- 核心业务战略地位薄弱，目前还无法巩固。乐高集团没法打价格战。公司实力太弱，无法参与价格竞争。
- 为促使核心业务可持续发展，乐高集团要大力改进，站稳脚跟后再转向更高阶定位来创造价值。
- 乐高集团有四个主要战略选择。由于缺乏能力、组织文化和存在潜在风险，所有核心业务都将面临巨大的挑战。此外，外部合作力度也不够。
- 乐高集团的股东们要作出决定：尝试一种重新定位与转型（高风险、高挑战）的独立运营模式，或者寻找合作伙伴。如要建立合作伙伴关系，应在未来12个月内达成。

董事会的一名成员问：是否有其他可能性？杰斯普回答说："你可以随时关闭（公司）。"

约恩和杰斯普常在完全无望的情况下说这话，他们需要一点冷幽默："你可以随时关闭。"

董事会会议记录的结论是："核心业务已经腐烂变质了。"会议仍按照两位高管期待的样子结束了。董事会同意高级管理层的意见，认为乐高集团仍将是一家独立运营的企业。在2005年9月召开的下次董事会会议上，要提出一个实际计划。

下一个计划已经有名字了。高管们一直与贝恩咨询公司的顾问们合作。他们想召集公司里的"每个人"——指创始家族、董事会、高管、员工、粉丝和客户来解决同一个问题。约恩跟大家谈起共同愿景，这也成了该计划的官方名称。

"共同愿景"之名源于约恩在摩尔斯克罗恩酒店所作的展示。参会者都展示幻灯片，杰斯普却拿着一张纸，上面写着一个标题：共同愿景，其余都是数字。大家被这个完全由数字组成的"愿景"逗乐了，从那一刻起，未来的计划就有了名字。

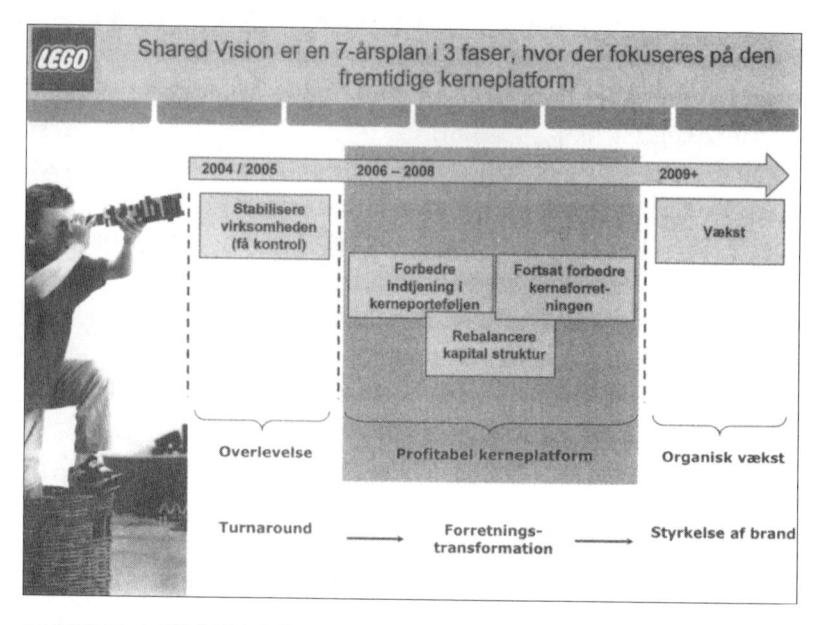

"共同愿景"在媒体报道中很快有了新名字——"克努斯托普疗法"。它一开始并非一份战略计划，只是约恩和杰斯普在 2003 年圣诞节前后秘密制订的危机计划。直至 2005 年秋，董事会还在怀疑：乐高集团到底能存活多久？2005 年夏，乐高集团内部的挫败感达到了顶峰。到 2005 年 9 月，董事会成员开始变得乐观起来。约恩的战略计划得到了批准，命名为"共同愿景"，为期 7 年。

两种意见发生冲突

2005年5月董事会会议后的几个月里，一项计划逐渐成形。最初，高管们齐聚在旧金山与卢卡斯影业代表会面。贝恩咨询公司的两名顾问西蒙·亨德森（Simon Henderson）和尼尔斯·佩尔·尼尔森也参与其中。

约恩在制订新计划时与几个人进行了交流。克伊尔德最先跟约恩沟通，说服这位年轻的首席执行官相信玩具积木的商业可能性。

在公司内部，约恩主要跟亨里克·保罗森、索恩·托普·劳森讨论了销售事宜，跟麦斯·尼伯探讨了产品开发，跟拉斯·奥特马克讨论了供应链。他还组建了一个小型的战略发展团队，由莎拉·福克斯领导。莎拉曾在麦肯锡工作，后来离开了乐高集团，进入贝恩资本（Bain Capital）——贝恩咨询公司的姊妹企业。

约恩也与四位导师：拉斯·科灵、迈克·弗朗斯、泽维尔·吉尔伯特和拉姆·查兰进行了沟通，跟重要客户进行了交谈。此外，他还与设计师、产品开发负责人和供应链团队举办了多次内部研讨会。杰斯普很少出席会议，他的全副精力被出售乐高乐园占据。事后看来，这也许促进了共同愿景尽快制定出来。有迹象表明，约恩和杰斯普对乐高集团的方向选择持有不同观点。

约恩努力寻找公司的独特之处，他心中逐渐擦亮了乐观的火花，带领公司前进的决心越来越坚定。杰斯普不认为乐高集团可以独立地生存下来，也不认为核心业务有坚实的基础。他认为进攻策略有风险，他看到了出售乐园的艰难。后来，他也参与了要不要以最高价格出售乐高集团这项讨论。杰斯普很可能对克伊尔德和董事会丧失了信心，他们在整个20世纪90年代都未能履行自身的职责。

2005年春天，约恩和杰斯普的观点分歧影响了两人的关系。杰斯普的功劳是他从上到下激发了乐高集团的斗志。他向管理层发出挑战，要求他们采取实际行动。如果没有他施加压力，乐高集团是否有能力渡过这场危机值得商榷。

除了杰斯普的现实主义，还需要有"能够做到"的信念。托本·百勒格·索恩森担任乐高集团的董事会成员后，2005年5月首次参加会议时说："你们必须相信'能够做到'。"这是索恩森的经典话语。他是一个散发着特殊气质的人，偶尔会冒着巨大风险行事，但也能激发团队的热情。

春天，管理层又发生了几次激烈的冲突，尤其是在杰斯普和其他高管之间。杰斯普坦率地说并不关心产品，一切都是为了实现盈利。在一个几乎人人都热爱公司产品的企业文化里，这是最根本的冒犯。

杰斯普有时做得更过火。在高管们讨论核心业务时，他会轻蔑地说："你怎么能把它叫作核心业务呢？"他对亨里克·保罗森、索恩·托普·劳森、麦斯·尼伯这些负责销售和产品开发且受到危机严重影响的人很苛责。美国新部门的负责人托普·劳森尤其不好过，他有着和托本·百勒格·索恩森一样的火热气质，同杰斯普的悲观论调产生了摩擦。

约恩和杰斯普曾就盲目乐观或对公司缺乏信心有过争吵。但他们在"共同愿景"中找到了共同点。杰斯普仍不放心，但他看到随着工作进展公司逐步走向了正轨。

无论如何，杰斯普让管理层有了更加清晰的视野，对"共同愿景"的辩论颇具价值。有时候，乐高集团员工会谈论起正在进行的艰难的削减工作，认为这与公司精神和价值相违背。他们也自问，约恩是否真的认同正在发生的事。所有事情都表明必须作出决定，但每当要作出艰难决定时，一般都会由杰斯普来促成。

约恩开始理解乐高集团的核心业务

2005年夏天，克伊尔德和约恩经历了一些对他们来说都至关重要的事。克伊尔德邀请约恩去华盛顿参加一个"积木节"。几百个成年乐高粉丝聚集在一起，分享对乐高玩具的热爱，展示自己的新模型。之前，约恩就听说过此类活动，但从未参加。回到比隆后，他和成人粉丝专家托莫德·埃斯克森谈论起这些人，激发了他的好奇心。

让约恩大开眼界的"积木节"在8月13—14日的周末举行，他在这里见到的成年人表现出一种对积木自发的、永恒的热情，而比隆的高管们却几乎对积木丧失了信心。那些人对积木的情感令约恩很震撼，也让他重新去认识积木的潜力。也许，时间并未抛弃这些旧积木，它毕竟激发了数百人的激情，让他们不惜长途跋涉来分享乐高模型。

克伊尔德对此完全没有新鲜感，他尽力让约恩明白：他从未怀疑自己在过去几年里难以诉说的情感，即他深信积木蕴含着一种永恒且绝妙的产品理念。

从"积木节"回家后,二人在博客上记录了这件事。一位叫本(Ben)的粉丝评论道:

"乐高集团员工和乐高创始家族非常友好,他们支持粉丝活动,自己也乐在其中。听了杰克(Jack)、约恩和克伊尔德的谈话后,我认为乐高集团正在回到正轨,他们也愿意倾听粉丝的意见。"

约恩在华盛顿的经历促使他与乐高粉丝建立起对话,他还需要学习许多关于乐高品牌的东西。他知道可以从粉丝身上获得宝贵的知识。以前,乐高集团的管理层把粉丝看成一群书呆子,但他们可能正是那些可以就乐高集团的身份问题给出答案的人。

约恩在美国时,从托莫德·埃斯克森那里收到一篇研究成果,题为"核心重力研究"。研究向成年粉丝提出了问题:是什么把他们和乐高品牌联系在一起?约恩预期的答案应该是"有趣""酷""刺激"或"吸引人"等,答案却是"创造力"。他大开眼界,意识到从眼下开始,当他努力理解乐高的深度时,一个至关重要的主题将是"创造力"。

约恩心中对"共同愿景"的许多内容逐渐有了把握。确保公司生存是重中之重,这需要进行更多的削减。同时,他和杰斯普于2003年圣诞节期间制订的行动计划中提出的出售乐园和转移生产地两项任务已经取得了标志性进展。现在,下一步的工作是了解乐高品牌到底是什么?这引发了关键思考:乐高品牌的独特之处能让公司实现盈利并得以生存吗？

答案至关重要。新战略计划整体上基于公司的核心业务。要想把握生存机会，一定要从乐高集团比竞争对手做得更好的方面入手。这场危机清楚地表明：如果把宝押在其他企业更擅长的领域，将会给公司带来致命的灾难。因此，乐高集团必须面对一个事实：它的未来还将处于拼搭类玩具市场。但应该怎么做呢？细分市场的国际竞争非常激烈，难以找到解决方案。

约恩进一步探索了核心业务。他深入研究了乐高品牌的四个独特元素：品牌、积木、拼搭体系和社区，尤其是拼搭体系。

乐高集团与许多竞争对手不同，它为消费者提供了一些特别的东西。乐高不仅仅是玩具，它给父母和孩子们提供了更多的体验。乐高激发了孩子们的创造力，帮助他们发展新的能力，比如运动技能。2005年冬，他和麦斯·尼伯谈论是否该削减产品系列时，就谈到拼搭系统很有竞争优势。

这一观察结论对约恩产生了深刻影响。

显然，乐高集团的企业认同和拼搭系统与积木紧密相连。乐高是积木颗粒，积木颗粒是乐高。最终，每个人都会清晰地发现这一点。尽管当下面临着电子游戏的严峻挑战，但显然，乐高集团的未来仍取决于积木颗粒。这些积木一定会带来新的曙光，鼓励创造力是未来发展的关键。

基于此，约恩认为：乐高集团应该在这个竞争激烈、没有人能取得满意成果的市场中找到一个小而美的盈利空间。

乐高集团应该把自己看作一个小众企业。这是一种颠覆性见解。

但未来发展提出了更高要求：乐高集团要能将这种洞察力转化为价值，否则毫无意义。只专注于核心业务是不够的，如果一家公司的核心业务规模太小或是陷入了可怕的困境，就无法在其基础上诞生商业未来。

对于乐高集团来说，新战略需要努力开发价值链中的所有环节，几乎所有事情都必须做得更好、更有效率：生产转移（供应链的核心）、大客户关系、公司创新、员工技能、发展新商业文化、流程改进、敏捷决策，等等。

这要求乐高集团继续秉承"不仅是玩具"的梦想。在这场危及生命的危机中，能够拯救乐高集团的仍然是其拥有的"永恒且绝妙的创意"这一理念。

约恩不是唯一的思考者。他一直和周围的人讨论未来，把想法记下来，备忘录不断更新，几近一份实时记录。管理层花了很长时间不断讨论、修改这份备忘录，让它变得越来越精确。其间高管们提高了他们对公司未来潜力的认知，也达成了更广泛的共识。

最后，约恩完成了这份 14 页的备忘录。2005 年 9 月，在召开董事会会议之前，他写了一篇关于"共同愿景"由来的文章。他以 2004 年 1 月后进行的大幅削减支出和重组开篇，接着写道：

> "随着这个短期'生存'任务的成功达成，乐高集团将聚焦应对导致集团扩展品牌、进军新业务领域的根本挑战。这一次，我们将对核心业务进行创新，而不是移除它们。这有些不符合玩具行业的现状，但也展现出推动玩具

产业发展的根本因素。换句话说，乐高集团将在一个竞争激烈、几乎无人能获得适度回报的市场中占据一席之地。

"这项举措与一般性地削减支出有很大差别，可能会涉及未来重组。设定一个明确、共同的方向是重要的一步，因为这种业务发展策略具备风险，早期可能出现失败。这就是共同愿景。"

在备忘录中，约恩谈到了乐高集团特殊的企业形象：公司一定会找到一条前进道路，前提是乐高集团一直坚守它的理念——不仅仅是玩具制造商：

"乐高集团的产品必须出色、精彩、有趣、令人着迷，具备玩具市场竞争所有的先决条件，包括具有标志性的设计和包装。还要注意：我们在乐高集团核心产品中加入了游戏主题（角色扮演），这也反映了消费者眼中的乐高品牌。它以乐高积木颗粒来呈现主题，其独特品质与乐高品牌紧密相关（与"摩比世界"的角色扮演游戏不同）。乐高首先是一种玩具，其次是一种工具，可以从中学习，也可以用它来创造。乐高发扬的是'自主'学习，它很有趣，也是一种根深蒂固的学习模式；它通过积极的行动来学习，而不是被动地倾听和重复。"

简而言之，约恩想出了一个一举两得的方案。他想把公司的所有精力都集中在打造一个全新的、更先进、更高效的核心业务，同时强化公司的品牌，将其清晰、自信地展现给消费者和用户。

乐高集团必须与玩具行业的佼佼者竞争，对方也提供超越玩具、可以教育和培养孩子的产品。约恩运用过去一年半里的思考和沉淀，将两项重要的挑战结合在了一起，目标是将公司"玩得快乐"的历史形象与商业利润需求结合起来。

他对乐高集团愿景的提议是："系统地提供具有创新性和娱乐性的高质量玩具，以培养未来的建设塑造者，让他们建造能够想象到的和无法想象到的一切。"

"共同愿景"诞生了。这项计划还没有完善，但思路已具雏形。现在，终于有了一个如何让公司独立地持续经营下去的计划。在备忘录的最后，约恩提出这项任务对新管理层有着巨大的要求：

> "如果当前的管理团队没有实现共同愿景，另一个团队（比如私募股权）却成功了，那么该团队就浪费了乐高集团 60 亿—80 亿丹麦克朗的价值。这一数字比较接近自 1993 年至今乐高集团损失的价值。毫无疑问，这将导致公司走向灭亡，至少没法独立生存下去并保有品牌。因此，风险很高，对领导层的要求也高。"

董事会产生挫败感

2005 年春夏两季，乐高集团董事会成员的情绪要比约恩和他身边的人悲观很多。

显然，乐高集团的董事会在 2005 年春天还怀有疑虑。2005 年 5 月 2 日，董事会会议召开，他们表示不确定公司未来该怎么选择发展方向。鉴于董事会要对乐高集团史上最严重的危机负责，他们的疑虑很自然；这也折射出董事会并不清楚乐高集团该怎么做。董事会内部意见也不统一：克伊尔德下决心要确保乐高集团继续独立经营，其他成员则不这么看。

在与贝恩咨询公司的顾问交谈时，董事会成员暴露出他们内心深处的沮丧和内部分歧，也折射出他们对克伊尔德和新管理层的不信任。

顾问们单独约谈了董事会成员，想全面了解董事会对公司状况和选择的看法，借以完善"共同愿景"。最终结果却违背初衷，这份备忘录仅有 4 页，于 2005 年 8 月 24 日完成。

顾问塞勒斯·吉拉（Cyrus Jilla）负责起草备忘录，他完成后发给了 4 个人：麦斯、克伊尔德、约恩和杰斯普。备忘录读起来很可怕，简单摘要如下：

愿景 & 战略

乐高作为一种产品和体验已经迷失了方向；乐高集团已经失去了信心；乐高集团需要清晰的目标和存在的理由。

商业模式

整个商业模式需要作出改变；乐高集团需要将焦点投

放在消费者身上；可能需要大规模地撤出美国市场；乐高产品的价格太高，这不仅仅是成本问题；我们需要充分了解价格弹性，多年来一直在提这个问题；乐高集团不太清楚零售商的盈利方式；直到最近，我们才开始考虑客户和产品的盈利能力；不出所料，许多客户和生产线都不盈利，应该尽快解决这个问题；应该削减众多产品线并简化产品组合，它太复杂了；乐高集团低估了互联网的力量；乐高集团在产品创新方面非常薄弱，不重视消费者，太少倾听消费者的意见。

成本

乐高集团的生产成本太高，我们应该早点采取行动，解决这个问题；成本应该绝对最小化，这意味着产品组合需要简化并将生产转移到低成本的地方；供应链的转移是关键；这需要时间和金钱，但乐高集团两者皆缺，若我们现在不开始积极进取，将永远无法实现盈利。

管理层

战略讨论很重要，管理者和员工更是根本问题；董事会的意见没有得到足够的倾听。

克伊尔德需要信任他的管理团队，让他们做真正对公司有利的事；他有时没有意识到自己在各个层面对公司都有着微妙的影响，当他表达自己的喜好或发表评论时，管

"共同愿景" 201

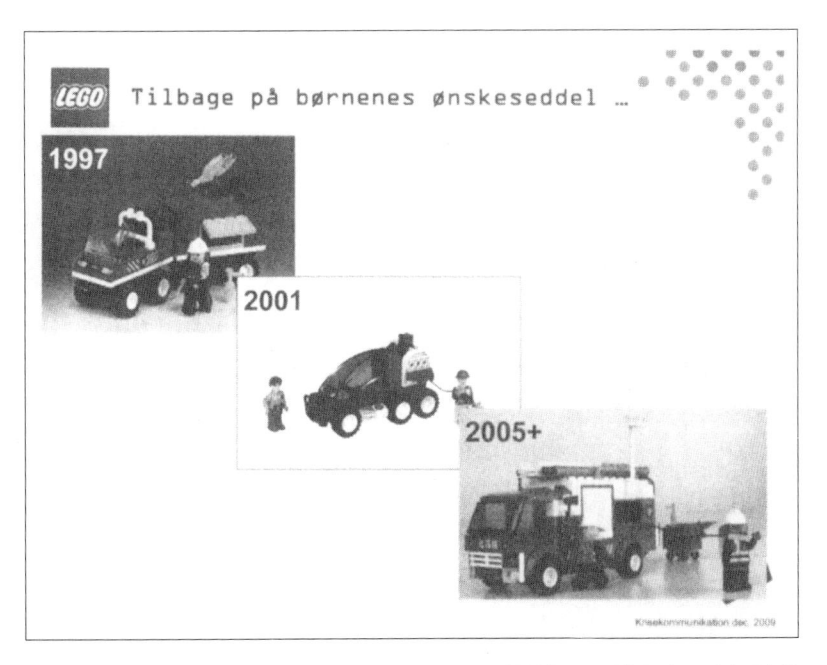

2009 年，乐高集团产品开发、销售和市场总监麦斯·尼伯制作了这张幻灯片，对公司内部极具教育意义。这三张图中的消防车反映出乐高集团陷入危机时脱离了企业认同，制作出儿童无法识别的消防车。2004—2005 年，乐高集团将注意力转回到经典乐高玩具后，消防车就像一辆真正的消防车了。这意味着电子游戏尽管是强大的竞争对手，塑料积木颗粒仍有巨大的潜能。

理层会仔细倾听,这可能会影响他们自己的想法。

如果克伊尔德对这种治理结构不满意,他真的应该考虑卖掉公司;管理层应该专注于管理公司,而不需要管理股东。

管理

管理层应对经营困境的经验有限;当管理层提出"陪审团已经出局"[①],我们要看看他们能做些什么;乐高集团太丹麦化了;这里没有你所期望的紧迫感、对成功的活力和激情(尤其是在危机时刻);管理层比较封闭;团队不要仅讨论愿景、战略、过程和障碍,要果断作决定和采取强硬的行动;首席执行官应该给手下施压;管理层花了太多时间来建立共识。公司处于危机时刻,管理层却不这么认为。

组织机构

大多数董事会成员认为:比隆总部应该部分或完全转移业务,尤其是产品开发、市场营销和供应链;文化根深蒂固,解决的唯一办法就是连根拔起(搬迁);我们无法吸引合适的人来比隆总部。

合作伙伴

人们很担心乐高集团无法靠一己之力走出困境,应该

---

① 意指董事会发挥不了作用。——译者注

寻求合作伙伴；董事会不确定这么做是否正确，但建议进行坦率的讨论；当前的所有者和管理团队无法快速作出艰难的决定，致使乐高集团将继续原地踏步甚至后退，因此需要寻求合作伙伴。

克伊尔德需要自问：他真的想扭转局势吗？他会继续退出管理层，包括在艰难决定中也给现任管理层自由选择的权力吗？家族的下一代还与公司业务有着紧密联系吗，还是只剩下深厚的情感依恋呢？他为什么想要留住公司呢？

在这份备忘录中，董事会对克伊尔德和约恩、杰普森等高管们几乎都投出了反对票。克伊尔德读到时感到无比愤怒和失望。他对董事会质疑自己是否想继续保有乐高集团所有权感到不快。董事会难道不明白，对于一个家族企业来说，责任感是他无法逃避的责任吗？他觉得董事会没有支持他。他是董事会里唯一一个认为乐高集团不应该被卖掉的人！同时，他也意识到，自己在公司中仍然扮演着重要角色。

董事会怎么能如此批判公司所有者和自己任命的管理层呢？这些人怎么还能继续留在董事会里呢？

也许，董事会对克伊尔德极为不满，成员们觉得在保罗·普罗曼任期内曾提醒过他。这份备忘录完全表达了他们的失望。董事会不相信克伊尔德足够坚强，能渡过这场危机。以前开会时，遇到极度困难的削减时，董事会成员亲眼看见了克伊尔德辞职离去。但是，他们对克伊尔德与约恩和其他人谈话时展现出的坚韧一无所知。

同期，约恩和杰斯普对乐高集团情况的消极报道也影响了董事会。在公司内外，他们讲话时都把公司情况说得极为艰难，想在员工心目中留下形势十万火急的印象。也许，这让董事会对管理层的幻想破灭了。又或者，董事会感受到了比以前都要紧张的危机气氛——连乐高乐园都将被出售了。

2005年夏天，约恩和杰斯普对董事会也顾虑重重。他们觉得董事们不理解管理层的想法，尤其是作出出售乐园的残酷决定和进行生产地是否转移的艰难讨论时，很难得到董事会的支持。

阅读备忘录时，会发现克伊尔德在董事会中相当孤立，迫使他放弃乐高集团的压力非常大。

他向约恩倾诉烦恼后得到了一个异常冷静的回答："作为所有者，这个董事会是你应得的！"

贝恩咨询公司制订的备忘录中，董事会对克伊尔德和管理层提出了严厉批评，但最终没有被公开讨论。有人也许认为，这份备忘录或多或少传达了董事会对公司高管们完全丧失了信心，需要敞开心扉地讨论与反省，但第一个收到备忘录的人——董事会主席麦斯·欧里森没有把它带到董事会。他不喜欢发生人际冲突。

2005年9月19—20日，董事会在温莎公园附近的科巴姆（Cobham）召开了下一次会议。这次会议氛围出乎意料得好。这几乎是大家记忆中第一次积极的董事会会议。夏天之前，董事会任命了两名新董事。拉斯·科恩·拉斯穆森和安德森·莫伯格离任了，B&O公司首席执行官、曾任职乐高集团的托本·百勒格·索恩森和汤米·希尔费格公司欧洲区高级主管阿敏·布罗格（Armin Broger）加入进来。他们参加了5月的会议，带来的新活力缓解了大家讨论时的情绪。

约恩展示了为"共同愿景"所做的工作。大家不确定前景如何，但仍给予了支持。两位新成员也让董事会的氛围乐观起来，大家似乎看到了隧道尽头的亮光。

最重要的是：公司将要摆脱债务，到年底时他们会有微薄的营业利润。这次会议是乐高集团历史上的一个里程碑——乐高集团应该寻求合作或出售的想法被抛弃了，乐高集团正追求独立地经营下去。

2005年的乐高集团圣诞节

2005年10月23日，星期日，约恩在博客中对新管理层上任第一年的工作作了总结。他首先提到了取得的成果：2004年和2005年大力削减开支、乐高乐园出售、资本结构调整、负债不再危及公司生存等，以及供应链效率提升、"共同愿景"的制定给公司提供了长远的战略。他也严肃指出：

> "是的，我们的规模缩小了，变得更加专注。但我们的效率提高了吗？我不太确定。……我们要用速度争取时间和机会，变得更加灵活、更具创新力，这对消费者和客户来说至关重要。"

这几个月间，员工也清晰地看到了销售数据。在公司内网中，他们一直能看到销售图表。2003年和2004年的数字惨不忍睹，乐高集团一直无法实现预算目标。

2005年，公司的销售状况一直在预算目标上下波动，到了秋天，情况明显好转，11月，销量超出预算目标10%。大家依旧紧绷神经，因为乐高集团十分依赖圣诞销售季。到了12月初，可以明显感觉到乐高集团正在走向正轨。

按照传统，克伊尔德将圣诞活动安排在乐高乐园酒店。跟往常一样，他和妻子卡米拉、母亲伊迪丝在早上邀请公司的二三十位高管一起相聚，互祝圣诞快乐，然后高管们再去同员工们一起庆祝圣诞节。

这次的圣诞节很特别。他们像往常一样合唱了两首歌，其中一首是《美丽的祖国》。但克伊尔德发言时，大家看出他颇有感触；很多高管眼里也满含泪花。当他们分别向员工们传达圣诞祝福时，很多人都说，乐高集团就要走出这场危及生命的危机了。他们面前还有高山要翻越，但公司已经没有债务了，再一次得到了上帝的眷顾。在德国，乐高集团再次成为最大的玩具品牌，这距离美泰公司的赫尔曼·盖斯告诉麦斯·尼伯"乐高集团将永远失去德国市场第一的宝座"还不到两年。

携手伟创力

- 2005 年 12 月—2006 年 10 月

　　约恩·维格·克努斯托普和杰斯普·欧文森裁减了生产部门七分之五的员工，然后与伟创力公司签订协议，决定转移生产。

　　董事会成员支持克伊尔德将一小部分生产留在比隆的意见，激怒了毫不妥协的杰斯普·欧文森。

　　约恩在新闻报道中出面，他还通过写博客与世界各地的乐高集团员工交流。他向员工介绍了"共同愿景"的完整计划，推动大家认知"系统创造力"。

　　杰斯普·欧文森和亨里克·保罗森辞职。

乐高集团与伟创力签订风险协议

　　在比隆的乐高集团总部，轻松感并未持续多久。公司走出了债务危机，销量开始增长。但约恩和杰斯普还要继续作艰难的决定。

现在轮到最难的一步了——迁移工作地点。这一任务要比出售乐高乐园更加艰巨，它涉及比隆、瑞士、美国和韩国。不仅许多人反对，工作量也巨大。

这并非突发奇想。乐高集团管理层讨论过将生产地从比隆和其他高成本的国家转移到低薪水的国家。20 世纪 90 年代，管理层认真考量过这件事，但托斯登·拉斯穆森离开乐高集团后，这件事被极少提过几次，后来再也没被提起。

2003 年，约恩和杰斯普在圣诞节期间制订临时计划时，就想过一旦能控制公司的运营，就要将生产地转移到低成本国家。"轻资产"的理念意味着乐高集团的固定成本会降低。

这件事执行起来比乐高集团内部所有人想象的都要难。约恩和杰斯普已经领导乐高集团两年，在危机控制方面得到了广泛认可，这项决策是他们犯下的第一个严重错误。

多年来，供应链一直是一个大难题。20 世纪 90 年代中期，托斯登·拉斯穆森和克伊尔德在比隆产生矛盾后，这件事就被提上了日程。如今，托斯登的继任者耶斯·波纳斯登走了，托米·古伦德·杰斯普森上任。托米很擅长领导员工，也是一位优秀的工厂厂长。但由于生产复杂程度加大，他也面临着一些问题。2004 年初，约恩开始追究此事，导致托米辞职。一切发生得很平静。2004 年 3 月，托米在瑞士举行的会议上被克伊尔德和约恩施压，他直接对约恩说："你只能炒我一次。"

继任的生产总监来自比利时，他既不理解乐高集团文化，也搞不懂事情的复杂性，很快就离职了。2004 年夏，公司承受着空前压力，约恩和杰斯普不敢从公司外部聘请新总监。他们选择听取员工的意见提拔公司内部的瑞典人拉斯·奥特马克。拉斯的第一大任务是削减5000万丹麦克朗的经费，他取得了成功。

2005年夏，杰斯普卖掉乐高乐园、回归日常运营时，供应链的新管理层开始受到指责。杰斯普没有多少耐心，他施加压力让他们将生产线转移到薪资更低的国家却遭到抵制。管理层每个人都很能干，但作为一个团队却执行不力，也许是因为有总监拉斯撑腰。

最终结果是，约恩和杰斯普采取了临时措施。2005年9月21日，星期三，约恩解雇了七位供应链管理层中的五位。这件事发生的极具戏剧性，每次单独谈话结束时，他都向对方索要了公司的钥匙。留下来的两位管理者是巴里·帕达和尼尔斯·多德。巴里被任命为新总监，尼尔斯则成为采购总监。

现在，是时候翻越大山了！他们想找到合作方，这样乐高集团不仅可以转移生产地，还不会彻底停产。约恩和杰斯普在2003年圣诞节制订的计划中，建议将乐高集团打造成小且灵活的公司。他们二人下定决心朝这一方向努力。

最终，他们选择与专业制造服务供应商伟创力合作。这是一家美国公司，总部位于新加坡。伟创力公司有三个重要优势：一是购买原材料的价格比乐高集团更便宜；二是生产成本更廉价，因为雇员工资更低；三是更善于运营工厂。

2006年5月16日，星期二，在董事会会议中，约恩和杰斯普提议将生产地从比隆和美国、瑞士、韩国等地的昂贵工厂转移出去，这样一来，乐高集团只需专注于产品开发和销售，不用再为生产操心。

他们万万没想到，董事会反对这一提议。托本·百勒格·索恩森表达了疑惑，他认为这么做虽然符合逻辑，但反对将比隆的所有生产线都转移出去。他害怕这会给乐高集团带来更多伤痛。他讲述了挪威加尔赫山峰（Galdhøpiggen）的故事，山上的苔藓在经历过凛冽的寒冬后才会长高。同样，乐高集团一定要在比隆保留一部分生产线——创新和生产也是紧密相连的。托本还说，他在B&O工作时，跟伟创力有过糟糕的合作经历，这家公司无法兑现承诺。

杰斯普不同意他的观点，完全不同意。他认为，乐高集团经历的这场危机是致命的，没有时间来动摇——应该不惜一切代价降低成本。就像出售乐高乐园一样，生产地也一定要转移出去。

这场对决争持不下，公司管理者们也很难作出抉择。杰斯普和托本到底谁说得对呢？在电子产品带来严峻挑战的当下，传统玩具行业会走向衰败吗，应该抛弃所有的负重吗，要考虑出售公司吗？或者，这一行业与塑料积木还会有未来吗？乐高集团完全处于玩具产业领域还是自成一类呢？如果出错了该怎么办？如果伟创力公司无法兑现承诺，乐高集团的生产又该何去何从呢？

这场对决也证明：转变充满伤痛。管理层要作出艰难的决定会带来极大的痛苦，也没有现成的教科书。大部分董事会成员认同杰斯普的观点，克伊尔德却犹豫不定。很明显，他更赞同托本的提议。也许，克伊尔德让托本加入董事会就是认为他与自己对公司价值理念有着同样的理解，可以与杰斯普的理性观点相抗衡。

毫不妥协的杰斯普在这场至关重要的会议中发现管理层还在犹豫，他火冒三丈。对他来说，这就是一个二选一的问题，他需要得到明确的回答。大家反复讨论，最终，重要的时刻到了：托本问克伊尔德怎么看。会议室顿时安静下来。这位公司最大的股东一直观望着大家的争论，现在他要选择站在哪一边呢？他选择了托本。他认为，比隆还是应该留下一些东西，杰斯普应该作些妥协。

后来，杰斯普·欧文森、尼尔斯·多德与伟创力公司签订了协议，这意味着乐高集团将进行一轮大规模裁员。瑞士工厂已经裁掉了大量员工，比隆将要裁减900个职位，美国恩菲尔德将裁减300个职位，捷克将裁掉600个职位，生产由匈牙利和墨西哥的伟创力工厂接手。

2006年5月，约恩和杰斯普没料到董事会会议不希望他们当即告诉员工这一消息。董事会想等到比隆工厂关闭前再告知大家，否则有可能会带来罢工的风险——为什么现在就要让公司面临这一风险呢？

最终协商的结果是，约恩可以和可信任的人谈论裁员数据，他开始准备传达这个坏消息。

约恩出现在公众面前

2006年2月14日，星期二，《博森新闻杂志》报道，乐高集团将在次日发布好消息。2005年财务报告的数字出乎意料得好，年度营业额为3.29亿丹麦克朗，企业也摆脱了负债。

乐高集团危机结束了，这次财报使约恩切实看到了公司盈余，可以采取进攻的姿态了。2006年春天，他致力于"共同愿景"的实施和同伟创力公司签订协议，此外还有两件要事。他组建了一个新的管理层，与员工和公众的交流也越发频繁。

一段时间以来，他和杰斯普一直在讨论如何加强管理层的商业运营能力，这促成了亨里克·保罗森加入由他们三人组成的高级管理层。亨里克被从瑞士调回丹麦以领导新的领域——市场及产品，他成了产品开发、市场运营和零售市场的负责人，这些任务也是把控核心业务的关键。

亨里克晋升了，但周围的关系悄悄变了，他成为前同事麦斯·尼伯和索恩·托普·劳森的上司。一直以来，他们三个都是平级且多次并肩作战。亨里克和麦斯·尼伯的家人私交也很好。

当老友们再次在度假别墅相聚时，亨里克感到了微妙的变化。2004年1月约恩晋升后就没再参加聚会，亨里克的晋升也意味着他不会参与下一次聚会了。事实证明，麦斯·尼伯、索恩·托普·劳森和麦斯·卢德没有准备好向他道贺，当晚，他们在瓦埃勒的一家餐厅给亨里克打电话，提了个他无法回答的有关足球的问答题。

约恩想让最高管理层即财务总监杰斯普和欧洲市场总监亨里克承担更多的工作。这样，他的时间会更充裕，看待公司的视角会更广阔，也更有精力进行综合、长远的构思。在2006年3月刊的《乐高生活》中，他提出，要看得更长远，要为乐高集团在2010年的业务寻找答案。

那段时间，约恩频繁地在博客发表文章。他试图阐释"共同愿景"这一理念，有时用简单易懂的语言，有时会用更深入甚至绝大多数员工无法理解的方式。一直以来，他都坚持让5000名员工通过博客或邮件给出反馈意见。

他也会写下自己与顾客之间的互动以及他们对乐高集团的看法。比如，在美国阿肯色州沃尔玛总部，他与包括首席执行官李·斯格特（Lee Scott）在内的顶级领导层开会时，这个美国商业巨头赞扬了乐高集团对销售的负责态度和对客户的关照能力。这是沃尔玛发出的全新信号，它之前怀疑乐高集团对顾客的态度不好。约恩赶紧把这件事写在博客里，向大家分享了这一信息。

约恩开始日渐活跃于公众面前，言谈也比之前尖锐。2006年2月19日，星期日，他在《日德兰邮报》的一次大型采访中批判了过去。他说，乐高集团之所以出现危机，是因为以前的管理层不以喜欢搭积木的小孩为目标，忽略了客户的需求。

他也讲述了自己的尝试与疑惑：

"度圣诞假时，我决定用一周来放松并果真做到了。我感到欣喜，告诉员工也应该这样做。新年之后，我们要再次亮起红灯，因为还没有找到未来应该以什么为生。"

一个坏消息

约恩终于让犹豫不定的董事会决定告诉员工工厂迁移的"坏消息"。2006年5月16日，星期二，董事会会议召开。一个月后，"炸弹"被引爆了。全世界工厂的员工都得知，他们中的大多数可能会丢掉工作，或者得跟着工厂一起搬迁以保住工作。

2006年6月20日，星期四，约恩在博客中写道："这是我在乐高集团最艰难的一天。"他对员工创造的成果及他们让乐高集团更强大所起的作用表达了感谢：

"这值得吗？用转移工厂来提高自己？是的！这是值得的。因为在过去几年，我们能渡过危机真是凭借着自身的进步。在这个过程中，我们都变得更好、更明智。这也会让我们在劳动力市场上更具竞争力，这个选择会让我们的公司变成强中之强。"

在内刊《乐高生活》的首页上写着：高达80%的乐高集团生产量将转移给伟创力公司。这次转移也被称为"乐高集团史上最关键的项目"。约恩解释到，等这件事完成，乐高集团就会成为一个与现在经营方式不同的公司，工作方式也要相应改变。

"共同愿景"的最后一块砖落实到位

早在2005年9月，新战略计划"共同愿景"的前期工作就通过了董事会决议，但直至2006年夏才真正向员工公布。其间，约恩一直在思考。他在递交给董事会的备忘录中写道："乐高品牌的愿景，是系统提供具有创新性、趣味性的高质量玩具来培养未来的建设者，让他们建造能想象到的和无法想象到的一切。"

约恩制定备忘录期间，读了著名学者丹尼尔·平克在美国出版的《全新思维：为什么右脑思考者将统治未来》。平克在书中写到了未来对管理者的要求。他认为，左脑善于逻辑思维，但大家也要多用右脑，因为未来的管理者需要"讲故事"的能力，在工作中进行更多的娱乐是必要的。要想在一家企业里解决问题或创造价值，就一定要既使用左脑也使用右脑。

约恩读这本书时深有同感。他又想起了加拿大作家道格拉斯·卡布兰（Douglas Coupland）的话：乐高有可能成为未来的语言，因为这是一种独一无二的二进制系统。通过平克的书，约恩越发认识到乐高品牌为未来的全球挑战提供了强有力的信息，因为它激发了消费者在一个清晰的框架内发展创新。

这听上去像一个无趣的讨论，最终却让约恩对创新有了全新认知。他与乐高粉丝的对话让他清醒地意识到：乐高集团的未来一定蕴含在"创新"之中。读完丹尼尔·平克的书后，他发明了"系统创新"这一概念。

约恩认识到，乐高集团在未来将不止扮演一种角色。他也认识到，乐高集团未来应该走哪条路？乐高集团应该鼓励儿童学习，以此促进他们的成长。这再一次印证了乐高集团"不仅是玩具"的理念。对克伊尔德来说，将逻辑与创新结合起来并不是一个全新的主意，相反，这正是他多年来一直坚持的想法。

当乐高集团向麻省理工学院的研究人员咨询时，确认了乐高产品具有成为教育材料的特殊条件，乐高产品是物理产品，儿童通过玩乐或体力活动学到的知识并不比通过聆听学到得少。乐高玩乐体验在根本上为儿童提供了一种集系统与创新于一体的新模式。也许这两种特征正是未来人们在事业、政治和文化中所需要的，就像丹尼尔·平克在书中所写的那样。

2005年9月备忘录中的愿景在公布之前已经具备了可操作性。当乐高集团检验约恩于2006年在美国制订的备忘录中"培养未来的塑造者"这一表达时，大家的反馈是"启迪"在语言上比"培养"更佳，"建设者"比"塑造者"更贴切，"明天"比"未来"更好。因此，乐高集团的新使命变成了"启迪和培养未来的建设者"。

约恩越来越能理解乐高集团的战略究竟是什么，但他仍面临着一个巨大的挑战。需要为"共同愿景"建立一个知识与价值的基础。如果员工不理解其中的意义，这一切都没有用。

一项艰巨的任务是在公司目标与业务体系之间建立联系。很多公司都没有做到这一点。一个鲜有的成功案例是：全世界最大的公司、美国零售连锁店沃尔玛创始人山姆·沃尔顿（Sam Walton）在自传中说，他为美国人省了几十亿美元。

约恩多次注意到，当有来自沃尔玛的客人访问、自己给对方提供咖啡和水时，他们会在桌子上留下1美元。为什么这样做呢？因为他们不想让供应商负荷。沃尔玛的目标、文化和业务都已成熟。他们在全世界为了给顾客提供更低的价格而努力。这是沃尔玛的哲学。

这样看来，沃尔玛和乐高集团一样，均是目标驱动型公司，即便它们的目的完全不同。在乐高集团，目标、文化和业务之间的联系出现了问题，约恩也许能找到之间的关联，但让员工们清楚地认知绝对是一项大工程。

2006年5月26日，星期五，约恩在接受《博森新闻杂志》的采访时说：

"前两年的使命已经完成了，我们不再担负着危及生存的负债，债务问题已经解决。但我们赚到足够的钱了吗？没有，我们才刚刚开始实现盈利。这一点不容乐观。我们的策略是否明确？我们应该如何赚到这些钱呢？是的，在概念上明确了。具体应该做些什么明确了吗？没有。我认为我们才做了一半，一直都是自上而下地领导。"

通过一系列大会，"共同愿景"被介绍给世界各地的员工们。约恩、杰斯普和亨里克三人一同登上了2006年6月刊《乐高生活》的封面。共同愿景有如下三个标题：

- 为我们的经销商和销售渠道创造价值时做到最好。
- 重新关注为消费者提供的价值。
- 改善并提高公司的运营效率。

事实证明，"共同愿景"是约恩和杰斯普在2003年圣诞节共同制定、2004年3月通过的"行动计划"的全面加长版本。"行动计划"中包括三个控制危机的目标：

- 树立明确的发展方向，改变业务运营模式。

- 提升竞争力，关注零售商的销售收入。
- 通过调整活动、支出和减少成本来降低风险。

现在看来，"行动计划"奠定了坚实的基础，它也被指定为新计划"共同愿景"的第一阶段，时间期限最终被定为7年，开始于2004年初，结束于2010年底，分为三个阶段：生存（2004—2005年）、稳固（2006—2008年）和增长（2009—2010年）。

员工们欣然接受了"共同愿景"。他们很长时间没有真正的方向了，现在终于得到了对抗危机的方法。员工们忽视危机，或者将希望寄托在资金池KIRKBI和克伊尔德身上的时日已经过去了。当乐园被出售、生产转移方案被通过时，他们意识到事态的严重性，但仍然充满决心。每次叫停或削减一些事务时，员工们都会把注意力转向余下的领域。

员工们注意到，约恩作了很多解释，说这个计划既可能是未来的方向，也是公司新历史的起点。公司古老的格言"只有做到最好才足够"包含了努力实现一个雄伟目标的愿望，管理层尊重乐高集团的历史并与此保持一致。

"共同愿景"不仅是理论指导，也是实际工作的向导。2005—2006年，公司开展了一系列大项目，运营更加高效，也更能满足客户的需求。约恩在内刊中提到，最大的项目便是销售和运营规划、乐高产品开发进程、LEAN工作理念、客户和产品可盈利性以及可视化工厂。

"共同愿景"实践起来耗费时日，当裁员或管理方面产生冲突时，管理层又会激烈地探讨：什么属于核心业务，什么不属于？乐高集团在哪些产品上能够实现盈利，在哪些产品上无法实现盈利？

这些问题和答案引发了强烈的情绪，管理层要坚定信念并作出决策。有时，一些决定充满伤痛甚至令人疑惑。在这样一家复杂的公司，重要的是简化事务，集中力量扑灭最严重的"火灾"，让其余部分得以保留下来。

后来，管理层更深入这一工作，在偏向理论的核心业务和商业模型之间建立了联系。2006年，乐高集团创建了品牌与创新委员会，克伊尔德和儿子托马斯（Thomas）担任成员。有时，他的女儿艾妮特也会参与。委员会发布了一个声明，就像对客户的承诺，表达了乐高集团将为消费者提供何种服务。这么做可以将概念具体化，让员工易于理解。这一声明如下：

> 乐高玩乐系统为消费者提供三种拼搭平台：
> - 针对所有4岁以上消费者的乐高®积木颗粒。
> - 针对学龄前一岁半到6岁的乐高®"得宝"系列积木。
> - 为7岁以上消费者提供更为先进、更具技术性的建筑体验的"乐高机械组"系列。

根据乐高模型，孩子们几乎可以用任何方式进行拼接组合，激发创造力和表现力，创造能玩多个小时的富有娱乐性的游戏，甚至跨越拼搭平台的积木也可以进行拼接。简单来讲，积木越多，拼搭体验的有趣性就越大。乐高玩乐体系和三个拼搭平台是乐高集团对客户的承诺和核心竞争优势，"拼搭的乐趣，创造的快乐"。

乐高集团提供高质量、富有创新性的拼搭体验和角色扮演游戏。玩乐高玩具有助于强化逻辑思维和创造性思维，从而培养儿童创造性解决问题的能力。

顺便一提，约恩此时找到了拉斯·科灵在2004年夏季问他的第二个问题的答案。之前，他找到了"乐高为什么是独一无二"的答案。现在，他也意识到乐高集团哪里出错了。两人于2006年再次相见，约恩回答说，是管理层的责任——管理层的责任始终是建立一个强大的商业模式，以承受外部的意外冲击。

拉斯·科灵表示，他已经没有什么可以教给约恩了。多年后的2010年4月，约恩在一家美国高管人员网站 meettheboss.com 上说：

> "你担起责任了吗，还是你会怪罪如货币、金融危机或恶劣天气等外部因素？如果这是你对业务状况的最好解释，那你在工作中究竟做了什么？"

杰斯普和亨里克辞职

2006年夏，约恩声明：乐高集团已经解除了致命的危机：乐园被出售，负债困扰也消除了，新的战略已经就位。他和杰斯普的首个任务在三年之内就完成了。他逐渐成为一名真正的管理者。他很清楚，8月份要公布的年中业绩会比预想的还要好。作为首席执行官，约恩信心十足，也受到媒体的广泛赞誉。

现在该怎么做呢？他已经取得了成功，让自己和大多数人都备感惊讶的巨大成功。他却觉得很累。他回想起一首熟悉的歌，它描述了站在顶峰却想着"我终于登到峰顶了，但我在这里到底要做什么"。

他与杰斯普的亲密关系也发生了变化。2005年，杰斯普忙着卖乐高乐园，疏于公司日常事务，他回来后就投入了供应链和将生产向伟创力公司转移的工作。他对"共同愿景"的参与度并不高。现在，这却成为每天最重要的事，或者说成了乐高集团未来发展的基石。

2006年夏天，杰斯普同样也受到了影响。他对乐高是否应以销售塑料积木为生持怀疑态度。他不像约恩那样对核心业务有着十足的信心，他很疑惑乐高集团能取得怎样的发展。按理来说，尽管现在公司经过"营救"，变得更稳定、可实现盈利，但未来可能发生的事仍是考虑出售公司。

当杰斯普得知克伊尔德从未想过出售公司时，他要继续留在乐高集团的动力消失不见了。他一直以来都在传统的公司工作，坚守的基本原则是要实现盈利。现在，他不太能理解乐高集团和克伊尔德的特别逻辑：公司最重要的目标竟然不是实现盈利！

此外，杰斯普对公司运营也不是很感兴趣，他更喜欢参与公司的逆转。他已多次证明自己是丹麦商界能力最强的财务总监，但他不想要一个平稳的未来。他天生热爱冒险。

最终，他决定告诉约恩，他在乐高集团的作用已经发挥完了。约恩感到沮丧，但也没有试图挽留。此时，出现了一个可以留住杰斯普的偶然机会：KIRKBI 的本德·彼得森退休了。杰斯普看起来非常适合在投资和控股领域工作，他和克伊尔德的约定是将于 2006 年 8 月接替本德的位置。后来，这一决定给一直以来亲密的约恩和杰斯普两人都带来了严重的影响，但在 2006 年夏，他们对此还一无所知。

杰斯普作出辞职决定后，约恩和亨里克讨论了乐高集团领导层未来应该怎么做。他们进行了一次坦诚的讨论，反复考虑了高级管理层的范围是否应该收缩，由约恩担任首席执行官，亨里克担任首席运营官。

谈论到细节时，约恩放弃了仅两人担任高级管理层的想法。这样的"孤岛式"管理层存在风险，就像曾经的克伊尔德和保罗·普罗曼一样与其他管理层人员隔绝开来。约恩告诉亨里克，他更希望管理层由五六个人构成。

亨里克辞职了。他作出这一决定有很多原因。在公司里，没有真正属于他和朋友麦斯·尼伯的位置。麦斯觉得自己有些多余，在考虑要不要离开乐高集团。约恩已经和当时丹佛斯公司（Danfoss）的行政副总裁尼尔斯·比扬·克里斯蒂安森（Niels Bjørn Christiansen）联系，询问是否有适合麦斯·尼伯的工作。管理层的气氛很差，大家互不满意。如果亨里克曾希望做乐高最大的领导者，那么这一梦想是破灭了。

亨里克后来去了投资基金 KKR 下的一家顾问公司，再后来去了 TDC 公司和丹能集团（DONG Energy）。

亨里克辞职后，约恩让麦斯·尼伯留在了乐高集团。麦斯·尼伯进入了乐高集团高级管理层，负责市场和产品。

麦斯·尼伯和亨里克完全不同。麦斯·尼伯思考问题不那么结构化、有战略性，但总体来讲，麦斯·尼伯更有动力和活力，在团队中创新意识也更强。亨里克在参加会议时能预想到会议的结果如何；麦斯·尼伯在举办活动时，比起理性则更依靠直觉——这是通过多年积极钻研得出的见解，在教科书中无法学到。

亨里克在辞职后最后一次参加了年轻管理者们在度假别墅中的聚会。他没有明确地回答问题，但他们能感觉到，他应该与杰斯普·欧文森有过严重的争执，这场艰难的对峙让大家都感到疲惫。

作为领导者，亨里克的想法比较固化，要让他相信别的理论需要有强有力的论据。他与不断挑战周围人的杰斯普·欧文森紧密合作，定会产生很多分歧和争执。几年之后，亨里克再次与杰斯普共处 TDC 的管理层，这是另外一个故事了。

2006 年夏天，约恩公布了乐高集团的新管理层：除了他本人还有麦斯·尼伯，负责市场与产品；巴利·帕达，生产总监；莉斯贝思·万尔德·潘尔森，社区、教育与指导总监，她和粉丝与消费者有着紧密联系；还有克里斯蒂安·艾弗森，企业中心总监，负责公司内部运营。

约恩和杰斯普这对短期却高效的搭档结束了合作。他们在合作中对乐高没有共同的观点，其间也因不同意见产生过分歧。但当杰斯普快要离职的某一天，他走到约恩面前，讲述了杜卡迪公司（Ducati）的故事。这家英国摩托车生产商和乐高集团一样拥有众多粉丝，杰斯普欣喜地诉说对杜卡迪最高领导者的看法，"他们的首席执行官和你一样,约恩。他创造了一种文化,与客户及粉丝都很亲近"。

这是极罕见的,永远在担忧的杰斯普对他俩一起创造的结果表现出欣喜。直到他快要离开时,他才开始轻松表达出自己的欣慰。他说,也许"共同愿景"有成功的可能性。

"克努斯托普疗法"

- 2006年2月—2007年12月

　　约恩·维格·克努斯托普被选为"年度最佳领导者",很快成为丹麦商界的一颗新星。

　　杰斯普·欧文森对在KIRKBI的新工作颇感意外,他很快和老友约恩决裂了。

　　"共同愿景"创造成果的速度比预期的要快,但很快遇到了瓶颈。

　　伟创力公司无法兑现与乐高集团的承诺,因为铸造小积木的工艺比他们想象的难度更大。

　　克伊尔德让麦斯·欧里森卸任董事会主席一职,尼尔斯·雅克布森取而代之。尼尔斯曾担任威廉·戴蒙特控股公司首席执行官兼董事会主席,奉行实用主义。

向首席执行官致敬

丹麦的商业记者密切关注乐高集团的危机。如今,令人惊讶的好消息传来,引发了轰动。乐高集团很快走出了危机,比大家想象得都快。一般来说,媒体喜欢报道营救企业的英雄人物。比隆这位年轻、留着大胡子、略显古怪的首席执行官就成了一个好故事。

2006年春天,约恩接受过多次采访。他对乐高集团的严峻处境有着冷静的看法。但他相信,乐高集团已经摆脱危机了。2006年2月15日,星期三,乐高集团公布了财务报告。起初,媒体都想请约恩谈谈财务状况,事实证明,他的能力不仅是谈论现金流和息税折旧摊销前利润。

他想从更宏大的角度来谈论管理和乐高集团的逆转。他不仅讲述了公司正在走向成功,还表达了他在其间的疑惑和探索。约恩是一位非凡的商界高管,他的话很好理解。2006年夏天和秋天,媒体又对他进行了大型采访。

6月,《货币与私人经济》(*Penge & Privatøkonomi*)杂志对约恩进行了人物专访,称他为"天生的管理者"。采访中,约恩也给了管理者一些好的建议。几个月后,10月27日,星期五,《贝林新闻杂志》的报道中,约恩被问到如何确定他对乐高集团的核心业务持有正确观点?

"我其实也不知道,这只是对我们未来发展方向的一个构想。事后看来,一切好像是连贯发生的。作为当事人会说：我不知道，但依照我自己的想法，我们就应该这么做。"

2006年11月7日，星期二，领导者组织（Ledernes Hovedorganisation）授予约恩"年度最佳领导者"奖。几天后，他再次接受采访。2006年11月12日，星期日，《政治报》的报道中，约恩讲述了严格要求管理者和体恤员工这一两难处境，也回应了6月份公布的裁减上千个职位的消息：

"我一直很坚持做对公司正确的事，内部也有声音说我严酷。但我的角色正是这样，用权力作出正确的决策。我不认为应该把'关怀员工'和作决策搅在一起。'关怀'是相伴而来的，不能让其影响商业决策的制定。这两件事要分开。"

2006年11月26日，星期日，约恩又接受了《贝林时报》的专访。这是公众首次听到"克努斯托普的疗法"的表述，后来大家改称为"克努斯托普疗法"。约恩说，他牺牲了除家庭之外的一切来挽救乐高集团，他虽然才38岁，但医生说他的身体状况就像是65岁的老人。

2006年这几个月，媒体对乐高集团的报道呈现出一派欢快的景象。丹麦商界的一颗新星冉冉诞生了。这位领导者创造了骄人的业绩，还审时度势、为人亲切，非常鲜见。他在短时间内创造出了这一切！

在一个强调团结和谦逊文化的公司里，约恩的说法很快就引发了不快。很多人觉得他宣扬了自己，掩盖了大家都为取得这些成绩付出了心血和努力的事实。有一次，杰斯普提醒约恩，他每次都忘记提及其他管理者和董事会，这不公平。要记得把功劳分给别人，杰斯普说。许多管理者也对约恩说，如果你说的是"我们"而不是"我"会好很多。

收到杰斯普和其他人的提醒后，在接下来几个月里，约恩都没有出现在媒体前。他保持低调，用内部博客与员工交流并给予他们关注。

后来约恩写了一篇关于压力的文章，希望大家反馈辛苦工作带来的问题。12月4日，星期一，他向员工们表达了感谢，尤其是向生产部门中明知可能被裁掉但还是坚守下来的人。12月22日，星期五，他向大家发出了圣诞祝福，感谢员工们尽管顶着"巨大的压力、伤痛、眼泪和艰难决策后进行的生产转移与裁员"，仍然创造出了"精彩的丰硕成果"。同时，他称2006年为"临界点"。

两位老友决裂了

2007年1月2日，杰斯普·欧文森开始在KIRKBI工作。他接替了多年来担任总监的本德·彼得森，听起来还不错。杰斯普结束了在乐高集团的工作。在那场生死攸关的危机中，他的财务掌控能力和执行力发挥了不可估量的作用。现在，在KIRKBI的工作则更需要前瞻性。杰斯普的脾气不太适应乐高集团交给他的这个新任务。克伊尔德原本想，将杰斯普换到 KIRKBI 就能留住他，但问题是，杰斯普在发展顺利的 KIRKBI 应该做什么呢？

回过头看，这次工作调换一定会带来诸多问题，事实的确如此。杰斯普渴望挑战，KIRKBI 的新工作与他不相匹配。比隆的人们也担心，用杰斯普的视角来领导资金池，显然会给 KIRKBI 和乐高集团的治理结构带来麻烦。

本德·彼得森较为传统，一直担任 KIRKBI 的总监；杰斯普完全是另一种类型的领导者。他习惯采取多项行动，也缺乏耐心，对周围的人比较严苛。现在，这个人要开始掌管比隆边缘这个平和、宁静的控股公司。

杰斯普曾和约恩紧密地合作过，现在将与克伊尔德展开更紧密的合作。他发现克伊尔德说话并不直接，要理解他的想法和观点就得异常仔细地倾听。

杰斯普对微小信号的察觉能力并不太强，他很快觉得不知道该怎么推进工作。他与约恩交流更容易，说出了自己的疑问，想弄清楚克伊尔德到底希望 KIRKBI 怎么发展："计划是什么，约恩？关注资金就可以了是吗？对公司和品牌来说这是最好的办法吗？业务不需要发展吗？默林集团怎么办呢，我们想和它怎么合作？我们该不该并购孩之宝？"

KIRKBI 像是个孤岛。杰斯普是 KIRKBI 的总监，也属于乐高的一分子，但他没想到自己对乐高集团董事会的决策没有任何影响力。约恩和杰斯普在董事会里意见不一，很快出现了裂痕。最严重

乐高集团是一家善于讨论的公司，约恩通过演讲和撰写博客与大家交流。2012年6月，他给管理层开内部会议时，作了三个半小时的演讲。管理层将2022愿景称为"品牌框架"，让人看到奥勒·科尔克·克里斯蒂安森的古老格言"只有做到最好才足够"和乐高集团未来发展战略的联系。

的一次冲突是杰斯普发现，乐高集团董事会在决策公司给 KIRKBI 的红利时，完全没有考虑他的意见。

杰斯普很气愤，打电话给正在曼谷机场候机的约恩，冲他发了火。约恩明白杰斯普的愤怒，却只能提醒他，治理结构就是这样。

问题出现了。乐高集团取得了成功，公司开始筹建资本，杰斯普自然也想参与其中，这样 KIRKBI 就可以投资新的公司了，同时保有公司在默林的股份。然而，乐高集团希望投资自己的业务。约恩和杰斯普之间爆发了冲突且愈演愈烈。一定要寻求解决方法，虽然最初看起来完全无法解决。

多年来，KIRKBI 属于克伊尔德和姐姐古黑尔德家族共有。乐高集团的所有者和管理者都是克伊尔德；古黑尔德家族属于旁观者，只有姐夫莫根斯·约翰森出任了乐高集团董事会成员。

这一治理结构意味着古黑尔德家族只是商标的共有者，并不共同拥有乐高集团。所以，两个家族的关注点截然不同。姐姐的家族更愿意问：为什么他们的占股不能带来影响力，或者为什么要冒着资产份额失控的风险去挽救另一个家族企业？

2007 年前几个月的争论焦点是家族决定分割 KIRKBI。克伊尔德更想共有 KIRKBI，但为以家族团结为重，他选择接受这个建议。

关于这件事有几种版本。古黑尔德家族只想对家族财产有自由支配权，还是担忧乐高集团的经营状况而害怕其中存在风险，抑或是 2004—2005 年的危机给两个家族造成了裂痕，他们有可能就 KIRKBI 帮助乐高集团的力度产生过分歧？

最后，这些争论以签署和平协议结束。具体实施落在了杰斯普的肩上。显然，这项任务需要他与乐高集团紧密合作，但他不想这样做，而且这也没有挑战性。于是，杰斯普对克伊尔德说，他一定会处理好这次分割，但之后要去寻求新的挑战。

"共同愿景"超越预期

2006年秋天，乐高集团的销售额一路高歌猛进，但对"共同愿景"来说也构成了挑战，事情发展得如此迅猛不见得是一件好事。这项计划需要耐心，也需要乐高集团在2006—2008年即第二阶段，建造起一个强大的平台。这样，等增长到第三阶段时，公司的盈利能力就会大增，因为强大的商业模式已奠定了基础。

如今，乐高集团的增长远超预期，使得生产跟不上需求，大家担心会激怒客户。2003年，乐高集团曾失去沃尔玛、玩具反斗城和塔吉特等大型连锁零售商的信任，付出了惨重的代价。现在，最应该做的是努力控制固定成本，提高生产效率，降低复杂程度。

2006年秋天，约恩在博客中提醒大家注意。他已经摆脱了先前的悲观情绪，但还是尽可能地降低期望。他分析：全球玩具市场在不断缩小，预计接下来几年销量会持平或有轻微下降。"共同愿景"的最大目标就是提升盈利性，这是给创新和市场拓展创造了空间。

然而，销售额还是持续增长。2007年春天，大家拿到了2006年的财务报表，业绩为税前约13亿丹麦克朗，比前一年增长了3亿丹麦克朗，可谓"爆炸式增长"。

约恩频繁地更新博客，篇幅或长或短，记录日常工作，比如又见到了什么，客户或员工等。有时，他会写下一些奇思妙想。2007年6月底，他坐下来写了一篇颇似宣言的文章，试图用5篇长帖来解释"共同愿景"中的不同元素。

2007年6月24日，星期日，他写了第一篇帖子，内容是乐高集团应该如何定义"共同愿景"，公司该如何掌控、管理、定位和展望目标。乐高集团起源于"玩得快乐"，旨在激发孩子们成为"未来的建造者"以及践行"只有做到最好才足够"。公司的运营和管理应该去实现乐高集团与家族高远的理想，以客户为重，目标高于实现盈利。

6月24日，约恩还写道：乐高集团要一直铭记，价值创造源自核心业务。他指出，正是这四个元素：积木、拼搭体系、品牌和社区，让乐高品牌独一无二。

2007年6月29日，星期五，约恩写了一篇关于业务模型的文章。他认为乐高集团现在属于轻资产公司，意即品牌、结构、管理、战略能力和员工这些组成将更加重要。他也提醒了"共同愿景"实施筹备工作中最重要的内容：公司中所有人越了解核心业务，就越能利用核心业务创造价值。他还借用了克里斯·祖克的"重复"表达：

"乐高集团成功的秘诀就是：重复、永恒的创意和积木。它们使公司可以低风险运营。未来，乐高集团应该将重点放在重复模型上：它可以发展忠诚和团结度，让我们更容易理解核心的零售商客户和消费者。我们可以更快地作出决策，还能将复杂度和隐患降到更低，从而降低风险。"

2007年7月4日，星期三，约恩就公司的品牌、认同和整体性写了一篇文章。

2007年7月5日，星期四，他写下"共同愿景"不同阶段的战略重点和业务计划。他解释道，"共同愿景"的三个阶段都有分段目标，每个目标都有具体的计划。他一再强调接下来的实施项目将共同帮助"共同愿景"在2010年实现。

员工理解他说的话吗？有的人听懂了，但没有太多人全部理解，更不用说那些既不讲丹麦语也不讲英语的人了。

更接地气的交流由麦斯·尼伯完成。有一次，他分别选用了1997年、2001年和2005年的"乐高消防车"图片模型制作了一张幻灯片。这三辆车的模型基本反映了公司的发展。1997年和2001年的消防车模型并不像真正的消防车，更像是来自科幻世界。2005年的模型却尽可能地做成消防车原本的样子。麦斯·尼伯在公司内部会议上讲这件事时说乐高集团应该坚守自己的认同。他提出他的儿子每周三时最开心，因为这一天垃圾车会经过家门口。儿子会站在窗前看，直到车开走。当他希望得到一辆玩具垃圾车时，也希望得到像窗外真正的垃圾车一样的模型，而不是未来的宇宙飞船。

小小的积木难制造

2007年秋季的一天，约恩收到了一个坏消息。在与伟创力公司的二号人物麦克·麦克纳马拉开会时，这位美国人不得不承认，伟创力无法兑现一年前与乐高集团签订协议中的承诺。在协议中，伟创力承诺他们有三件事会比乐高集团做得更好：采购原料成本更低，生产成本更低，更善于运营工厂。

如今，麦克承认：事实证明，伟创力无法兑现承诺。因为他们低估了铸造这些小的塑料积木需要将精准率保持在毫米的难度。

这个消息给约恩当头一棒。乐高集团将大规模重要生产交到一个不可靠的合作伙伴手里是多么错误！约恩没法立刻拿出协议并要求伟创力支付巨额赔偿。他知道，这件事解决起来注定是一场漫长而艰难的谈判。

由此，约恩和董事会的关系也一度紧张。2006年5月，董事会在会议中曾表达了对生产地转移的担心。当时，约恩和杰斯普甚至建议将整个生产都转移出去，现在杰斯普已经离去，所有责任都落在了约恩身上。

约恩同麦克·麦克纳马拉开完会，无比沮丧地开车回到位于腓特烈西亚（Fredericia）的家，又骑了20千米路程的自行车。经营刚刚好转不久就出现了这个挫折，2007年秋天就被这样毁了。

约恩向董事会汇报这一情况时，会议室里跟他担心的一样一片沉寂。这个消息糟透了，对乐高集团的生产构成了严重威胁。多年来，生产一直是公司的致命弱点。在与伟创力公司签订协议时，董事会以为乐高集团找到了一个稳定的合作伙伴。现在事实恰好相反，管理层带领公司走入了危险的境地。

接下来几个月，乐高集团和伟创力进行了多轮谈判以寻求解决途径。虽然合作不成，他们的私人关系还算平和，最后达成了一些双方都可以接受的条件。

伟创力将停止为乐高集团生产。乐高集团可以在捷克和匈牙利生产，也可以在墨西哥建造工厂。生产一个小小的塑料积木居然这么难！约恩对公司的核心业务有了全新且重要的理解。

克伊尔德找到新的董事会主席

2004年，乐高集团爆发出危机后，克伊尔德就考虑更多地参与董事会事务。一般来说，大企业的所有者和董事会关系会比较近，乐高集团却是个特例。乐高集团的董事会没有感觉到自己的影响力，克伊尔德也不太愿意听从董事会的意见。

克伊尔德觉得董事会没有给他足够的业务支持。2003年6月，克伊尔德违背董事会的意愿支持了保罗·普罗曼，此后双方关系变得更加复杂和微妙，尤其是克伊尔德与董事会主席麦斯·欧里森之间。2005年8月，贝恩咨询公司制作的备忘录中，顾问们揭开了克伊尔德与董事会成员们彼此缺乏信心的事实，但并未让情况得到改观。

董事会也有过人员更换，但麦斯·欧里森一直担任主席。如今，克伊尔德希望有一位新主席。杰斯普·欧文森在任时，克伊尔德觉得很安心，因为有人来负责乐高集团的运营。现在他走了，管理层最重要的两个人就成了董事会主席麦斯·欧里森和首席执行官约恩。他们两人擅长的都不是日常运营，公司需要一个执行力强的新人加入管理层。

此外，这些年里，克伊尔德和麦斯的私人关系也逐渐破裂。麦斯经常参加乐高集团的正式活动，投入的精力远远超过战略规划。他发现克伊尔德和约恩每天都在一起讨论时，偶尔会表现出愤怒。他认为两人之间的对话应该在董事会进行。

克伊尔德卸任乐高集团首席执行官后，他们之间的矛盾更甚。麦斯认为克伊尔德已经不再是日常管理的一员了，按照规定，克伊尔德跟约恩只能通过董事会或董事会主席交流。

2006年年度报告中，麦斯·欧里森针对克伊尔德撰写了一些措辞，希望他接受正式规则："为确保所有者、董事会和执行委员之间有清晰的治理框架和方向，应该制订责任分配的指示。所有者和管理层之间的主要联系应该通过董事会主席进行。"

克伊尔德对乐高集团贡献重大，他希望与管理层尤其是首席执行官进行非正式的私下交流，讨论公司的价值、品牌和产品。上述措辞一定使他沮丧。

于是，克伊尔德开始寻觅新的董事会主席。最终，他选择了尼尔斯·雅克布森。他们之前见过几次，克伊尔德的马场离尼尔斯位于瓦埃勒的房产威廉姆堡（Williamsborg）也很近。2007年8月，克伊尔德向尼尔斯发出邀请。

尼尔斯·雅克布森是谁？他刚满50岁，在公众中还不知名。他一直在威廉·德曼特控股公司担任领导，成绩斐然。公司最初的名称是奥克什（Oction），首席执行官是拉斯·科灵，他俩分工合作，但一直是科灵出现在媒体报道中。

科灵走后，尼尔斯·雅克布森接替他成为首席执行官，但默默无闻。他执行力很强，一直忙碌着，大部分时间都在机房中度过。他很少表现出情绪，态度温和，性格安静，也善于优化公司运营，是个务实派。他曾经解释说，战略和管理在他看来是找到一群鸭子应该前进的方向，之后当它们在走下坡路时，再将它们聚拢起来。简而言之，这位商业领导者的业务运营模式与麦斯·欧里森的完全不同。

早年，克伊尔德联系过尼尔斯，但当时对方正要去马士基集团担任董事会成员，所以婉言谢绝了邀请。现在时机成熟了。尼尔斯·雅克布森回答说他愿意担任乐高集团的董事会主席，但想先了解一下公司的状况。他很快分析出乐高集团的治理结构存在问题，KIRKBI在"分家后，跟乐高集团之间的角色分配变得含糊不清"。

2007年秋天，尼尔斯在他位于瓦埃勒的住所和约恩见面，之后又在比隆与杰斯普·欧文森见面。他清楚地感到约恩和杰斯普之间已经产生了隔阂。2003—2006年间，两人关系亲近，后因为KIRKBI和乐高集团之间不明确的治理结构产生了分歧。

之前提到过，杰斯普在董事会决策中的影响力比他预想的要小，他认为是麦斯·欧里森让他处于这种境地。两人之前在诺和诺德工作时关系友好，此时也疏远了。

尼尔斯觉得有必要修复约恩和杰斯普的关系。当时，克伊尔德也选择了一种新的治理结构：KIRKBI 的首席执行官可以参与乐高集团董事会，乐高集团董事会主席也可以加入 KIRKBI 的董事会。家族所有权需要克伊尔德有长远的考虑，如果乐高集团是一家上市公司的话，也得有专业董事会。KIRKBI 和乐高集团的角色肯定不同，但他、儿子托马斯和尼尔斯会身处两方的董事会中。

尼尔斯想挽留杰斯普，但最后以失败告终。2007 年春天，杰斯普告诉克伊尔德，他决定离开 KIRKBI 和比隆。秋天，亨里克·保罗森来拜访杰斯普，亨里克当时在 TDC 通讯集团任职。两人之前产生过多次矛盾，但亨里克还是向这位老领导、前同事提出加入 TDC 的邀请，财务总监虚位以待。经过短暂地思考，2007 年 11 月，杰斯普答应了邀约。

杰斯普在比隆任职的时间很短。他 2003 年加入危机中的乐高集团，到离开时只有四年。他在 TDC 也是如此，只任职了三四年。2011 年，他成为位于慕尼黑的诺基亚西门子网络公司的董事会主席。

在乐高集团，杰斯普是一个备受争议的人。数年后，人们谈起他的努力仍然情绪激烈。他作决定时客观冷静，也挑战了公司的价值观。他在乐高集团的"营救"过程中作出了巨大贡献，如果没有他，结局是否能成功尚不可知。

也许，杰斯普从未完全理解乐高集团的企业文化和克伊尔德的观点。他任职比隆总部期间，以为克伊尔德将会出售公司，这是一个合情合理的解决之道。克伊尔德却从未这么考虑过。杰斯普后来看到形势的变化后明白，自己再也无法给乐高集团和 KIRKBI 作出更大的贡献了。

克伊尔德没有告诉麦斯·欧里森他决定更换乐高集团董事会主席。麦斯一点也不想离开这一享有盛誉的职位，但他别无选择。当他知道克伊尔德已经作出了决定，便提议继续留任一年：要么作为董事会主席，方便尼尔斯·雅克布森先深入了解乐高集团；要么作为普通成员，给这位新主席提供帮助。

尼尔斯拒绝了。他任职诺和诺德董事会时就知道他对事情的看法与麦斯·欧里森完全不同。也许，麦斯·欧里森可以担任乐高基金会的主席。但最终结果是他在联合国全球契约的文件上只保留了"乐高集团代表"的职位。

2008年2月，新闻正式发布：尼尔斯成为乐高集团新任董事会主席。离任和新任的董事会主席没有举行交接会议，气氛不允许这样做。

"愿景 2022"

- 2007 年 12 月—2008 年 9 月

　　克伊尔德·科尔克·克里斯蒂安森的 60 岁生日给约恩·维格·克努斯托普带来了乐高集团进一步发展的灵感。

　　尼尔斯·雅克布森上任董事会主席，化解了与伟创力的危机。乐高集团从中认识到，由公司来把控小积木的铸造工艺是十分必要的。

　　约恩开始将乐高集团所有人对乐高集团的毕生梦想表达出来，目标是：乐高集团要为自己创造崭新的未来并对玩具行业进行革新。

　　"共同愿景"还在创造更多的业绩。据报道，比隆总部产量剧增，许多媒体都对公司的成就表示了肯定。

克伊尔德的 60 岁生日

2007 年 12 月 27 日，星期四，克伊尔德·科尔克·克里斯蒂安森满 60 岁了。他的生日宴会在乐高集团乐园酒店举办，现场气氛很好。在生日前，克伊尔德接受了多场大型采访，讲述了自己对乐高集团摆脱危机如释重负，未来看起来一片光明。2007 年 12 月 16 日，星期日，《日德兰邮报》作了报道，克伊尔德说：

"现在，我们采取的战略是关注公司和产品的核心价值。我们的一切发展都基于积木展开，提倡玩乐是娱乐、学习和创新的结合。这与我爷爷创立公司时最基本的理念一致，当时他认为：玩玩具是一件好事，但要是玩有益的、高质量的游戏。积木颗粒是一种普世的产品理念，如果我们做得对，在未来还可以继续做许多年。"

约恩和妻子万尼纱一同参加了宴会，并在乐高酒店过夜。次日，他们开车回位于腓特烈西亚的家。在车里，约恩思绪万千。他回想着刚刚参加的宴会。所有的讲话都围绕着克伊尔德的生平、事业、经历展开：他的童年、他的父亲、20 世纪 80 年代的大好时光、危机和近几年的成就……如果要展望未来，想象一下在庆祝 75 岁生日即 2022 年 12 月时，克伊尔德的讲话内容会是什么呢？

克伊尔德的孩子——托马斯、艾妮特和索菲（Sofie）都没有参与公司的管理，托马斯也是刚刚进入董事会。克伊尔德到底希望乐高集团如何发展呢？"共同愿景"这项艰难的计划已经快要实现了，完成得比原计划还要超前，第三阶段的增长也蓄势待发。

当然，还要面对很多挑战。就在这个月，巴里·帕达在内刊

《乐高生活》中写道：销售一增长，成本也随之升高。第二阶段和第三阶段重叠时，就要把控增长，让其可持续发展，否则盈利性就会降低。

约恩在接受杂志采访时和往常一样仔细考虑了未来发展的趋势，并强调说2008年美元汇率波动和石油价格上涨将给乐高集团带来"重创"，因此一定要继续削减开支。

"共同愿景"无疑是成功的。乐高集团发布了新的财务报告——2007年又创造了新的销售纪录，销售额高达14亿丹麦克朗。现在可以说，约恩从危机营救到转型的雄心就要实现了。

但未来应该怎么走？当克伊尔德庆祝75岁生日时，乐高集团应该是一幅怎样的景观呢？但愿到那时克伊尔德还在董事会中，但也许已经不是一位活跃的所有者或成员了。现在就要开始考虑这个关键问题：克伊尔德会留下什么样的愿望呢？

乐高集团需要新的推动力。公司已经有了丰厚的、不断增长的盈利，但这只是钱。对克伊尔德来说，乐高集团从来都不是用金钱来衡量的。有时，约恩会回想起在2004—2005年削减开支的艰难时期，杰斯普常说："这并不是克伊尔德想要的。他还能坚持多久呢？"

约恩也向自己提出了这个问题：自从1978年3月的讲话以来，克伊尔德对乐高集团到底有什么样的期望呢？最近接受《日德兰邮报》采访时，克伊尔德讲到"乐高玩乐体验是娱乐、学习和质量的结合"；他一次次强调"积木颗粒是一种普世的产品理念"，但乐高集团还是没有表达出他的最终愿景。

克伊尔德对乐高集团有什么期望呢？如果约恩想成功地带领乐

高集团走向新的未来，就一定要找到这个问题的答案。这项工作从现在就要开始，这也成了约恩在乐高集团的又一个大项目。

尼尔斯上任董事会主席

2008年4月，尼尔斯·雅克布森接替麦斯·欧里森成为董事会主席。很快，两人的不同点就展现出来。麦斯很喜欢正式、仪式化的东西，尼尔斯却不喜欢。尼尔斯希望可以谈论公司的战略方向，他首次开会时就讨论了董事会对乐高集团的情况是否拥有一致看法。他也成为一个更积极的主席，比前任更善于与人交流。

尼尔斯进行了分工：他自己将贡献更多的商业观察，克伊尔德则负责价值、品牌和产品。他对克伊尔德和约恩单独进行交流毫无异议。他怀着满腔热忱投入到工作中，希望能使公司运转得更好。

尼尔斯首先是一个商人。他有很强的执行力，立即着手改善乐高集团的运营状况。他眼中的乐高集团还留有危机的影子，他成本意识极强，只在绝对必要时才进行投资。他眼中的乐高集团清楚自身面临着一些实际挑战，例如，需要更好地发挥经营能力，改进库存管理。尼尔斯也有些怀疑约恩是否能够完全把控运营。

迫在眉睫的问题还是伟创力公司的毁约。乐高集团管理层开始与对方谈判，制订新的协议。但这操作起来很复杂，加上销量不断增长，情况变得更加棘手。高增长会带来供不应求，可能会得罪沃尔玛这类大客户。乐高集团刚完成的审计报告中有一条评论：库存管理有待改进。

伟创力危机结束

2008年春天,乐高集团与伟创力公司达成新的协议。最终结果是:捷克和匈牙利的工厂归还乐高集团,同时在墨西哥建立新工厂。这个棘手问题有了合理的解决办法。这么安排充满风险,但工厂设在了成本更低的国家,生产速度也比原先更快。后来,乐高集团发现:公司实际获得的利润要比伟创力参与时更多。

2008年3月,巴里·帕达在内刊《乐高生活》中如释重负地说,乐高集团成功地将生产地从价格昂贵的丹麦、美国和瑞士转移出来。在捷克,生产效率更高;乐高集团也开始在墨西哥和西班牙建立工厂。无可否认,与伟创力合作是约恩和乐高集团作出的一个失败决策。这个决策不仅耗费了财力和精力,制造出许多不信任和沮丧,也提醒了管理层应继续深入了解自身的核心业务。

2008年7月2日,星期三,巴里·帕达在《日德兰邮报》中说,乐高集团以为伟创力能够帮他们解决问题,但这是一个错误。他说,事实证明,这些小小的塑料积木颗粒并非大家想象的那么容易制作:

> "它看起来是一个非常简单的积木,但必须精确到千分之一毫米,而且同样的积木可以用在多种不同的乐高套盒里。伟创力习惯了一种产品只适用于某一种连接方式,但同一款乐高积木颗粒可能被分为30种不同的产品,这也需要一种完全不同的仓库管理和生产控制。"

至于同伟创力合作乐高集团付出了多大代价，巴里·帕达回答道：

"我完全不敢猜测。如果我知道这个数字，肯定不想在报纸上看见它。"

约恩意识到，他和杰斯普把公司置于巨大的风险之中。杰斯普和尼尔斯·多德一起和伟创力签订了合同。如果当时比隆的管理层深入了解自身的商业模式，就会知道生产这些积木的要求有多高，在合同里也会着重强调这一点，或者选择推迟转移工厂的计划。

这项合作也经历了几个阶段。第一阶段，在匈牙利其实已经出现了问题，本应该让管理层感到不安，但转移工厂的整体决定还是继续推进。也许约恩和杰斯普都认为，在众多管理者都反对的情况下，他们一定要坚定不移地按照节奏推进实施。

2006年6月，员工们得知工厂将转移时备感沮丧，以为自己很快就要丢掉工作了。2006年5月，董事会会议中曾担心员工罢工。最终结果是乐高集团并没有在比隆裁减900个职位，而是约400个，这些人中的大多数都在当地找到了新工作。几年后，比隆的产量迎来了大幅度增长。

约恩在与伟创力合作的过程中发现其中包含着有趣且值得学习之处。2004—2005年，他致力于深入理解乐高集团的核心业务，探索是什么让公司独一无二，得到了四个因素：品牌、积木、拼搭体系和公司粉丝社区。

现在证明：生产比他想象的更重要。他之前认为乐高集团的核心是拼搭体系，相信未来只需要关注产品的开发和销售，琐碎的生产工作可以交给伟创力这类供应商。

现在，他意识到情况恰恰相反：生产不仅复杂，还至关重要。他发现自己找到的四个因素之间有两者存在着紧密联系——积木和拼搭体系。能够如此精确地铸造积木，几乎是达到了科学水平的艺术。孩子可以将其拼搭、组装或拆解。2004年，同约恩交流过多次的克里斯·祖克反复声称：乐高拼搭作为制作塑料玩具的厂商，对积木铸造方式的观察至关重要。

2008年7月1日，星期二，约恩在内部博客上发表了一篇文章——《和伟创力合作是在浪费时间吗？》

"抱歉，我们跟伟创力的合作无法获得益处。自两年前发表合作声明后，我倾注了许多精力和期待。但事已至此，我想说，我很期望能在这些地方建立新的团队，在世界各地即将建立和已经运营的工厂中，用乐高集团自己的工作方式进行扩大生产规模并保证质量。"

连约恩也犯错了，还是一个严重的错误。这笔学费很贵，但也意味着乐高对自身的商业模式有了更深入的理解。公司也认识到：生产要比大家预想的更重要，外包是存在风险的。

"是的，约恩，这就是我一直期望的"

圣诞节和新年假期一结束，约恩就开始工作，为乐高集团寻求未来发展方向。跟往年一样：他最先和克伊尔德交谈。他们多次讨论了乐高集团的未来。第一个主题便是家族所有。

克伊尔德打破了人们的错误见解：家族内部的人要比外界专家更擅长领导家族企业。家族的首要任务是当好一个所有者。约恩在2004—2005年的乐高集团危机中表示：公司一定要有人领导；公司由资本基金所有，应该拥有短期视角并进行快速决策。此后，他改变了观点，意识到家族所有也应注重长期价值。

他和克伊尔德的孩子们也进行了交谈。最初，他想更多地了解他们以及他们和乐高集团的关系。你想为乐高集团做什么？他问。谈话期间，托马斯·科尔克·克里斯蒂安森（生于1979年）决定加入乐高集团，但不想作为员工，也不想每天都去公司。他在2007年就加入了乐高集团董事会。索菲·科尔克·克里斯蒂安森（生于1976年）和妹妹安奈德·科尔克·克里斯蒂安森（生于1983年）后来也加入了乐高基金会董事会。

约恩的任务是更了解这个家族，他们拥有自己的独特意见却不太善于用言语表达出来。要想在家族秉承的价值观和公司商业平台之间搭建桥梁，约恩就得这么办。

跟他们进行了多次对话尤其是与克伊尔德交流后，约恩开始频繁地思考：乐高集团存在于这个世界上是为了创造一些东西，它不仅是玩具。他也认同克伊尔德的看法，让"玩具"占据愿景的主导地位太过局限，未来一定要关注"玩乐"。约恩意识到，"乐高"最初的含义是"玩得快乐"，后来，克伊尔德认为乐高集团未来的目标是为儿童的学习和发展作出贡献。要想穿越历史在二者之间搭建桥梁，"玩乐"二字里蕴含着无限可能。

追溯以往，1978年克伊尔德发表讲话时着重强调了一个主题：希望乐高集团成为通向未来的钥匙。过去许多年里，公司的领导者没有真正地理解当克伊尔德说到"学习"时，是谈乐高集团的核心价值。

他们没能给克伊尔德的雄心创造一个商业平台。西蒙·派珀特教授曾告诉克伊尔德，学习将变得和气候一样重要，领导者们必须抓住这个机会。现在，2008年春天，克伊尔德与约恩对话时，终于感觉到眼前的这个人理解了他对乐高集团的期望。

约恩面临着一个巨大的挑战，需要回答一个关键问题："乐高集团到底属于哪个领域？"2004年在瑞士举行的会议中，他和克伊尔德探讨过这个问题，最后达成了妥协：克伊尔德决定了乐高集团的核心业务是"游戏材料"而非"玩具"，约恩决定了公司处于"玩具产业"。

距离上次在瑞士讨论已经过去了4年，当时的两难处境仍在。约恩必须弄清楚乐高集团到底处于哪一个产业，属于什么类别。他要找到办法打破曾经的困境。他想把公司的价值抬高，开创一个新的类别，甚至给这一产业创立新的标准。

约恩追本溯源，研究公司的根基、认同和创始人奥勒·科尔克·克里斯蒂安森所说的"玩得快乐"。他分析后发现：一直以来，乐高集团都在追求玩的特别形式，这也激发出他所谓的"系统式创新"。玩出新技能是有可能的，他笃认。玩是最好的学习方式。也许，系统式创新正是全世界的孩子在未来商业、知识和艺术领域的诸多挑战中最需要的竞争力。简而言之，一个巨大且快速变化的世界对创新思维提出了更高要求。

约恩认为，这表达了一种对"玩乐"的态度。乐高集团存在于世不单单为了实现盈利，而应抱有更高远的目标。怀揣着这一理想，公司可以尝试创造出玩具产业从未见过的新类别，还是与积木有关，但会迎来全新的可能性。

约恩最初措辞为"玩乐的未来"。在新的战略备忘录中，他提出乐高集团应该为乏善可陈的玩具市场指明一条通向未来的新路，第一步是发展商业模型，然后运用到乐高集团，再扩展到整个产业：

> "这是我们的'阿波罗登月'计划。我们要创造一些之前从未有过的、很有价值的事物；我们要让产业进行转型并创造好的游戏。"

这一备忘录最终命名为"愿景2022——塑造我们行业的未来以及游戏的未来"（Vision 2022 — Shaping our industry's future and the future of play）。2008年7月8日，星期二，约恩向克伊尔德展示了这一备忘录，他说到公司应该放眼未来，创造自己的类别。克伊尔德当即打断他说："是的，约恩，这就是我一直以来所期望的。"

克伊尔德首次感到，他一直以来的梦想有望实现了。他发现在理念和业务之间是有可能建立联结的。

约恩的想法并非新创。一直以来，克伊尔德都对乐高集团的身份认同和潜力持有相同的理解，现在他得到了确认。约恩所解读的理念正是克伊尔德成年后在大部分时间里所追求的，进入现代社会也受到了全球化浪潮与电子化潮流的影响。现在，克伊尔德觉得：约恩也许找到了带领公司走向未来的独创之路。

此外，克伊尔德也对自己曾经未能明确表达自己的理想感到后悔，一想到以前当他想出一个新主意时却常会遭到他父亲的否定时，他便心有不甘。约恩也认为这不全是他自己的独创性想法，但克伊尔德仍然很高兴，因为这次约恩找到了一个绝妙的角度。

克伊尔德仍然提出了一些批评意见。他很喜欢备忘录的内容，但也指出约恩应当摆脱对玩具行业的过分关注。当董事会主席尼尔斯读到乐高集团应该进行"产业转型"时，他提出这可能会引起大家的误解，因为这种表达在公司要收购其他公司时才会用的。

再后来，他们最终确定了乐高集团新愿景的表述。2009年3月，在摩尔斯克罗恩举办的一场管理层会议中，一位与会者提出了"发明"（Inventing）一词。

之后，董事会也进行了一次讨论。董事会新成员、前诺和诺德总监科尔·苏尔兹（Kåre Schultz）提议，"在玩乐中发明系统的未来"（Inventing the future of system in play），但语言表达太复杂。直到2009年4月，大家才统一了表述——"发明玩乐的未来"。

这句话依托的理念是什么？乐高集团要"发明玩乐的未来"是何意？理念是：乐高集团要发展或创造新的类别。在教科书中，大家称之为"超越"（transcendere）。

这是一个宏大的理想，只有少数几家公司才能在实践中成功创造的艺术。比如，迪士尼成功创建了游乐园；IBM，从销售打卡机转变为销售咨询和建议；耐克，从最开始卖运动鞋，到后来通过明星进行市场推广，参与制作如高尔夫装备等其他体育产品——当有了消费者追随，耐克直接开始做高尔夫球。

"艺术"是说，公司要在正确的节奏下发展品牌，同时赢取大家的信任。从历史角度看，乐高集团在20世纪90年代忽略了这一点，虽然开设了乐园，但当时自身能力并不具备。迪士尼、IBM和耐克取得了成功，原因是他们很善于留住消费者，关注他们想从这一品牌中获得什么。

最有趣的例子不是迪士尼、IBM和耐克，而是苹果。苹果的发展史让人难以置信，正在于它"超越"了现有类别。苹果成功地脱颖而出，用新方式定义了自己的市场，不仅革新了计算机产业，也革新了音乐和远距离通信产业。

现在，乐高集团要做跟苹果同样的事。乐高集团想要重新定义拼搭类玩具这一类别，同时一直保持公司独一无二的拼搭系统。乐高集团不能重蹈20世纪90年代的覆辙，当时其实想做同样的事，但既没有能力，也没有掌控商业模式。

后来，这个计划被命名为："**愿景2022**"。还有无数艰苦的工作需要完成，以让计划变得具体并可以实施。

"共同愿景"进入第三阶段

2008年,"共同愿景"进展得怎样了,在构想未来时花费了多少精力呢?

现在,乐高集团终于开始实施愿景的第三阶段,增长已势不可当。约恩很担心经济危机,但乐高集团并未受到危机影响,其他传统玩具生产商也是如此,这在企业中很鲜见。2008年9月29—10月1日,星期一到星期三,董事会会议在慕尼黑召开并决定增大产量。2008年的增长很可观,年度营业额高达18.52亿丹麦克朗。

早在2008年11月25日,星期二,约恩公布了一条令大家诧异的消息:从比隆转移生产的计划取消了。媒体开始报道这件事。但多年后,还有人以为乐高集团几乎解雇了所有比隆生产部门的员工,后来在丹麦总部解雇员工一事发生得极为平静,但在美国、瑞士和韩国情况则较为严重。2008年12月,约恩开心地在内刊中对员工们说:"你们今年创造了绝佳的业绩。"

在慕尼黑召开的董事会会议中,大家决定了"共同愿景"第三阶段的实际内容。根据约恩的建议,最后一个阶段的战略计划应该关注三个领域:

- 运营模型,即继续努力提高运营效率
- 人、文化与能力,即通过提高员工能力来改进工作
- 增长计划,即通过一系列具体计划确保增长可持续性

新的增长计划分为 7 部分：1. 增大美国的市场份额；2. 增大欧洲的市场份额；3. 投资"新兴市场"；4. 全新的理念；5. 直接面对消费者（即零售商、网上销售和邮寄销售）；6. 发展乐高®教育；7. 发展电子业务。

2008 年 8 月 31 日，星期日，约恩再次接受了《贝林时报》的采访。前几次，他常常提到自己的担忧。这一次，他终于欣喜地说：

"我们有极大的潜力，没有任何理由怀疑乐高集团能否取得长期成功。在过去 76 年里，乐高集团一直在寻求成功之路。现在，我们有了自由选择的机会，最大挑战就是选择正确的道路。"

"共同愿景"的实现

- 2008年10月—2011年3月

  约恩·维格·克努斯托普继续为"愿景2022"忙碌。

  在斯凯里尔屋举办的一次会议中,约恩讲述了乐高集团面临的挑战。与会者还观看了由奥勒·博内代尔执导的一部乐高®影片。

  "愿景2022"更名为"乐高2.2"。接下来在布拉格召开的会议中,约恩向管理层成员介绍了5个具体项目,以共同促进乐高集团朝着"发明玩乐的未来"这一愿景进发。

  "共同愿景"战略计划为期7年,于2010年末终结,创下了新的业绩纪录。乐高集团在世界各地举办了聚会来庆祝这一成果。

2009年4月29日,星期三,斯凯里尔屋会议

  2008年秋天至2009年初,乐高集团开始实施"共同愿景"的

第三阶段。其间，约恩和管理层花了很多时间在"愿景2022"上。管理层吸纳了新鲜血液。公司快速增长，需要一位能干的财务领导者，KIRKBI和克里斯蒂安·艾弗森的组合无法完全胜任，于是，斯德恩·多格加入了乐高集团。他是一位有经验的首席财务官，过去20年来一直在不同的德国企业中工作。现在，最高管理层由6位成员组成：约恩·维格·克努斯托普、斯德恩·多格、巴里·帕达、麦斯·尼伯、克里斯蒂安·艾弗森和莉斯贝思·万尔德·潘尔森。

2008年7月，约恩给克伊尔德介绍了对乐高集团新长期愿景的想法后，他们就共同致力于把愿景变得更加具体，容纳商业内容。如果它只包含一些2022年乐高集团发展的宏大口号就起不了多大作用，有必要把它具体化并制订一些操作目标。

事实上，从"共同愿景"第三阶段到新计划的实施取得了平稳过渡。之前，乐高并未谈到"共同愿景"应该在2010年末戛然而止。相反，在"共同愿景"中三个最重要的元素——运营模型，人、文化与能力，增长计划——正是"愿景2022"的内容。这三点计划从2008年9月在慕尼黑的董事会会议提出实施至今，成为"共同愿景"和"愿景2022"之间的过渡。

2009年4月和2009年10月，乐高集团在距离比隆一小时车程的斯凯里尔屋和布拉格举办了两场会议，旨在将约恩于2008年7月制订的备忘录中的概念具体化，落实到商业任务中。2009年4月29日，星期三，约恩在会上首次向众多管理层人员介绍了新愿景。他讲述了已经完成的工作，说明愿景目前还不具有可操作性，在斯凯里尔屋开会就是为了讨论、倾听和互相学习。

"共同愿景"的实现 257

会前，导演奥勒·博内代尔制作了一个电影短片，呈现了他对乐高集团身份认同的看法，应邀从哲学角度去呈现乐高集团。克伊尔德和约恩都很喜欢这个影片。是的，克伊尔德很中意它，但许多与会者觉得它不易理解。

电影名叫《作为乐高》，时长 11 分钟，有 6 种语言。它开篇讲到孩子需要三样东西：爱、食物和游戏。它通过一个简短的采访，讲述了星球大战、乔治·卢卡斯以及从挣脱传统的自由想法对人类发展的关键性来看，没有人比乐高集团做得更好。影片始末通过一个女孩讲述了创新是什么和它对孩子的意义。电影有种美丽的忧伤感，画面和音乐受到了《哈利·波特》电影的灵感启发。然而，整体叙事不是那么简单易懂。这一段引自背景音：

"乐高（游戏）没有完成时限。乐高（游戏）不会带来压力。法国哲学家笛卡尔曾说：'我思，故我在。'但我不完全确定他知道自己在说什么。你在，不是因为你思考。你在，是因为你就在这里……此时此刻你就在这里！

"我们是孩子，是建造者。有计划或无计划。冲动。快速选择，没有错误的选择。只要选择就好。忘掉时间。不，抓紧时间。将时间用在当下。眼下，就现在，在这里，时间完全不重要。如果你给万物都设置时间，那最终的结果是：时间在使用你，而不是，你在使用时间。"

"哎，"斯凯里尔屋的管理者们一定会说，"这到底是什么意呢？"今天看电影时，很难从中看出乐高集团的整体理念和商业实践之间的关联。是的，在电影中其实很难看出一个清楚的理念，也看不出这是想要激发关于创新的讨论。是的，这部影片被视作这次讨论的幻灯片展示，在很久以前就开始着手制作，但结果是：大家看不明白。

电影承载着约恩希望表达的意义。如果告诉一个产品总监他在一家希望促进孩子学习和系统性创新的公司工作，无疑是一件好事。但如果告诉他，他应该制作出很酷的玩具，能让 8 岁的小男孩激动地尿裤子，他可能更容易理解自己到底应该做什么。后来，乐高董事层又给员工们放映了这部电影，但仍未产生较大的影响。

会前，约恩在发给与会者的备忘录中写下了"愿景 2022"的主题。2004 年的主题是体验，现在则要展望未来，任务是建立可持续发展、基业长青的业务。约恩定义了三个大趋势，对乐高集团来说，它们既创造机遇又构成挑战：

第一个趋势是全球化，意思是全球的孩子数量会增加，而且这些孩子会趋向于花更多时间在室外玩耍。全球化也意味着，未来会突然冒出一家乐高眼下全然不知的强劲对手。

第二个趋势是数字化，它会从最基础的角度转变世界各地公司的商业模型。

第三个趋势是公司社会角色的重要性日益增长。乐高在生产产品时使用塑料，家长不愿意让孩子把这些产品吃进嘴里。如果乐高要继续成为美国和欧洲最优秀的玩具品牌之一，就要对社会形象有一个清晰的定位。

约恩也写下了公司古老的座右铭——"只有做到最好才足够";写下了"发明玩乐的未来"这一理念;公司未来的创新工作;一些战略目标,比如应该在亚洲开拓新的市场;借助不同的销售渠道来销售产品,从零售到自营商店;让员工感觉到乐高集团是一个独一无二的工作场所;推动可持续发展;向所有者承诺至少实现12%的盈利。

当时,备忘录还没有制订完成,但乐高集团应该确立高远的目标——"在全球娱乐、玩具和寓教于乐领域中拥有无可争议的主导权"。然后,约恩将注意力集中在运营上并着重强调公司的引擎,消费者驱动型业务,应该受到关注;此外,铸造积木颗粒的工艺也将成为公司的核心竞争力。

约恩在会上的演讲获得了大家的肯定。很多与会者说,"愿景2022"和克伊尔德将在2022年12月27日星期四庆祝生日是一码事。可以这样解读:现在为未来某个特定时间确立了目标,到那时要创造出一个具体的产品,这样"发明玩乐的未来"这一理念才能实现。这样看来,这个愿景的定义可能会出现偏差。也许这里所说的愿景更像是一生的追求,和乐高一直以来承载的理想一样,但如果是愿景,则会在途中有一些具体的目标和计划。

讨论结果是,"愿景2022"有了新名字,变成了"乐高2.2"。这个数字是深思熟虑得来,意即"乐高1.0"是指奥勒创立公司;"乐高2.0"是指古德弗莱德在1960年决定放弃木质玩具,专注生产塑料玩具;"乐高2.1"是指克伊尔德在1978年3月的讲话。

现在,公司要迈出下一步了。约恩不想称这一愿景为"乐高

3.0"，而选择了"乐高2.2"。他希望向员工传达一个重要的信号：公司的未来还将承载在古老的塑料积木颗粒和拼搭体验中。

克伊尔德的毕生梦想终于被描绘出来

2009年10月，乐高管理层在布拉格开会，约恩展示了"愿景2022"进一步的工作成果。这距离他向克伊尔德初次展示备忘录已经有一年之久。会议的目的是结束第一部分工作。后来，约恩称其为他有史以来最重要的一次展示。

愿景已经被分解为5个"战略意图"，分别是：

- 创新：创新游戏体系
- 运营：消费者导向型运营
- 进入市场：全球品牌通过多渠道进入市场
- 人：赋权于人
- 全球：积极的全球影响

这5个战略领域将带领乐高集团走向未来。管理层的工作分配是：麦斯·尼伯、莉斯贝思·万尔德·潘尔森负责创新和市场；巴里·帕达、斯德恩·多格负责工作和运营；克里斯蒂安·艾弗森负责经销代理和全球事务。

"创新：创新游戏体系"，是指乐高集团向不同方向发展核心业务，但要一直以积木和拼搭体系为根基。

比如，乐高集团要先后在美国、亚洲开拓市场，也要扩展目标受众，将学龄前儿童也包含在内；乐高集团还要开发针对女孩的玩具市场。但强制性要求是：这些新业务必须在核心业务的基础上展开。

约恩从危机中吸取了教训，为公司的未来提出了这项强制性要求。他也意识到，在和乐高集团规模相当的非家族企业里，像"共同愿景"这类历时7年的长期战略计划很少见——在乐高集团，家族拥有者的耐心保证了管理层可以推行长期计划。乐高集团要实现新的愿景，也需要同样的耐心：单在亚洲建立新的强大业务就需要十年！

"运营：消费者导向型运营"，是指对乐高集团来说，掌控运营至关重要。应该从更广的角度来理解"运营"。它包含开发、设计、生产和销售。所有步骤都紧密相连，每个人都要意识到手中的任务可以赋能其他价值环节。

2004—2005年的乐高集团危机以及与伟创力合作的教训，帮助大家更深地理解了这一理念。要铸造出优质的塑料积木颗粒非常复杂，但可以增强乐高集团的核心竞争力。

"进入市场：全球品牌通过多渠道进入市场"，是指乐高集团应该发展成为一个生产大众产品的高端品牌。这听起来自相矛盾，但苹果公司的产品就像艺术，乐高集团需要拓宽市场，但还要坚持高端定位。

这也明确表达了乐高集团应该成为一个真正的全球公司这一目标。美国的美泰和孩之宝都很强大，日本的万代（Bandai）在亚洲市场很强势。乐高集团一定要有多渠道策略，即产品要通过多种渠道进行销售，比如传统的玩具店、零售商、亚马逊网站、社交媒体，甚至美国的药店。

乐高集团也应尽力走出与零售商的困局。自从2000年以来，公司一直在努力理解这一点。乐高集团应该成为零售商喜爱的供货商。零售商要对乐高集团有新的看法，他们应该告诉自己：乐高集团帮我们创造了价值，所以货架上一定要摆上乐高品牌的产品。

"人：赋权于人"，是指发展企业文化。80%的管理层成员都是乐高集团培养出的骨干。选择为乐高集团工作，员工应感觉到这是他此生最好、最重要的选择。

"全球：积极的全球影响"，是指乐高集团应成为一家可持续发展的公司，给全球带来积极的影响。乐高集团将在环保等领域作出更大的贡献。

约恩完成了"愿景2022"的前期工作，也得到了领导层的认同。他做到了。克伊尔德说，这正是他一直以来对乐高集团的期望，他很期待看到这项计划在乐高集团实施。

乐高集团赢得了优异的业绩，在北美市场的增长尤为强劲。喜讯如潮水般涌来，引起了广泛的国际关注。《华尔街日报》(*Wall Street Journal*)、《商业周刊》和《金融时报》(*Financial Times*)都报道了这一让人难以置信的巨大成功。2009年9月5日，星期六，《纽约时报》(*New York Times*)用一整版刊登了乐高集团的新闻，它已抢占了强劲的竞争对手美泰和孩之宝的市场份额。思恩·麦克高文，玩具产业最著名的评论家，曾在1999年批评了乐高集团当时强大的商业野心，但现在他说："我看过乐高集团的演示，太令人惊讶了！售价 80 美元的乐高产品是怎么赢过售价 10 美元的玩具的呢？"

2009 年 12 月 28 日，星期一，《华尔街日报》报道：圣诞季乐高集团在美国和英国市场的销售上涨了 40%。年度业绩公布显示：乐高集团创下了税前 28.87 亿丹麦克朗的新纪录！

关于新战略工作的尾声是一份"发展蓝图"。它是一个阶梯状的图表，展现了乐高集团在未来十年要达到的不同目标。既要扩大市场范围，尤其是北美和亚洲的发展，也要开发新产品。但所有工作要一直围绕核心，即约恩在 2004 年提出的四个最基本的要素：品牌、积木、拼搭体系和乐高粉丝社区。

乐高集团做到了专注，能在 2010 年大获成功是因为新举措也始终围绕着已有的认知展开，这很重要。无论乐高集团获得了多大的收益，无论它多想在新领域进行探索，都要把握最基本的原则：所有活动都从核心业务出发。生产工艺会使得核心业务规模更大、更具价值。新业务应该围绕着核心业务展开，在公司里慢慢扎根，强化核心业务。

其实，乐高集团的"星球大战"系列就是这种思维的一个典型案例。20 世纪 90 年代末，乐高集团与卢卡斯影业合作推出了"星球大战"系列。在那艰难的几年中，乐高集团的收益起伏不定，非常依赖卢卡斯影业会不会发行新的电影。后来，"星球大战"系列产品逐渐摆脱了依赖，成为乐高集团核心业务的一部分，这也是大家最初都没有预料到的。

基于"发展蓝图"，管理层树立了明确的目标，推动乐高集团实现"发明玩乐的未来"这一愿景。

"新现象"

2010年底,"共同愿景"实施结束,为期7年。2003年圣诞节前后,约恩和杰斯普制订了第一份执行计划,现在目标已经变成现实。

7年间,乐高集团经历过挫折与失败,但最终生存下来了,计划也取得了出乎大家意料的绝佳成绩。管理层和员工们都倾注了大量心血和精力。2004年与克伊尔德一起出现在《贝林新闻杂志》照片上的年轻管理者们,到了2010年除了克伊尔德,只剩下三个人了:约恩·维格·克努斯托普、麦斯·尼伯和索恩·托普·劳森。

"共同愿景"实施完毕时,乐高集团为世界各地的员工举办了聚会。在丹麦比隆、美国恩菲尔德、英国斯劳(Slough)、德国慕尼黑、捷克克拉德诺、匈牙利尼赖吉哈佐(Nyíregyháza)、墨西哥蒙特雷(Monterrey)的员工们聚集在一起举办了大型聚会,其他国家的乐高集团分支机构则各自举办了庆功宴。

2011年3月3日,乐高集团公布了2010年的财务报告,销售额再次破纪录地达到税前48.89亿丹麦克朗。

"前所未有。"英国《卫报》评价道。

后记

2011年1月,我开始为撰写本书作准备时,完全不清楚这是一项什么样的任务。作为一名商业记者,我当然知道乐高集团,但对这家公司没有更深入的认知。一年半后,我完成了这本书的写作,才真正了解了乐高集团,也结识了一些不平凡的人。

这是一个关于克伊尔德·科尔克·克里斯蒂安森的故事。他拥有的财富让他成为丹麦最有权力的人之一,但他跟我认识的其他商业领袖不同。深入了解后,我认为他还是一个孩子,一个大孩子,肩负着一项宏伟的毕生使命。

克伊尔德要担起家族企业的责任,他成功过,也有过失误,更经历过充满伤痛的失败。他见证过自己的公司为生存而战,也看到过公司在国际上取得成功。

克伊尔德已经退出了乐高集团的日常管理,但直到今天,他依然是公司文化的承载者。他将乐高集团的价值观牢牢地记在心中。他很容易感到欣喜,因为他深知乐高集团的独特之处就栖息在通往未来的密码中,并永久怀揣着公司在儿童娱乐和学习中扮演重要角色的理想。近些年来，乐高集团大获成功，但这个愿望还没有最终实现，起码现在没有实现。他显然是那种毫不掩饰自己雄心壮志的人，在商界领袖中十分罕见。

这也是一个关于约恩·维格·克努斯托普的故事。从2004年起，他用两只手紧紧抓住机会。他拥有超群的智慧。从他身上，你可以看到当成功弥合了知识深度和商业理解之间的鸿沟后，一个人可以在经营中走多远。有人会说，这不就是商业吗？我承认，但没有人像约恩那样从头至尾坚持不懈。

乐高集团的历史也关乎危机和失败，关乎战略疑惑和寻求认同，关乎胜利和凯歌，关乎追逐一个更宏大的梦想，也关乎那些深深热爱自己产品的员工。虽然这一特点在竞争严酷、需要严格自制和冷静决策的公司并不是一项特别的优势。

简而言之，乐高集团的故事包含了许多问题，我将它们整理起来一并给出答案。

克伊尔德对乐高集团的期望是什么？

> "我们想要创造对生活有价值的玩具，能开发孩子的想象力，激发他们创造的欲望和乐趣，对每个人都有强大的推动力"——"抓住这个理念，'玩'出更高水平。"

1995年10月，乐高集团在《玩具店》(*Blad til legetøjsforhandlerne*)杂志中写下上述话语，并未标明作者是谁，但这不重要。重要的是，这段话表明：乐高集团在很久以前就怀有"不仅是玩具"的追求。1932年，奥勒·科尔克·克里斯蒂安森创立了乐高集团，从那时起，这份追求就烙印在公司的身份认同中。

奥勒是一位木匠。他很注重质量，留下了"只有做到最好才足够"这句格言。品质一直是乐高集团的一项基础价值。有一个大家熟知的故事：20世纪30年代的一个晚上，年轻的古德弗莱德·科尔克·克里斯蒂安森回到家中，欣喜地告诉父亲，他给公司省了一笔钱。他在比隆的站点提交了一些将要发给丹麦消费者联合协会的木制玩具，只给它们上了两遍漆——原则上应该是三遍。父亲很生气，命令他取回玩具，再刷一遍漆。在玩具重新刷好漆送回站点之前，儿子不许上床睡觉。

这次经历让古德弗莱德的质量意识提升到父亲的认知水平。随着时间的流逝，他越发认同父亲的看法。当古德弗莱德决定放弃木制玩具只生产塑料玩具时，他也明白这将对产品工艺提出更高的要求。他把自己看作厂商，他知道，作为塑料厂商，就要更加关注选材、外形和铸造。他以此为原则建立了自己的业务。他选择在瑞士建立工厂，认为那里拥有最先进的技术。

克伊尔德与爷爷、父亲一样，都很注重产品质量；但他更关注乐高集团能为儿童做什么，由此想到了自信、荣誉、用户体验和品牌。1978年3月，他再次推动了乐高集团向前更进一步。

20世纪80年代，克伊尔德的讲话被低估了，甚至为大家遗忘。这次讲话确实带来一些成功的改变。他引进了"系统中的系统"（system i systemet），设立了新的生产线和产品主题，开拓出新世界,"乐高小人仔"也使孩子们可以玩角色扮演类的游戏。他使以西德为主的旧市场和以美国为主的新市场都实现了增收。他创下15年连续增收的经营纪录,在丹麦商界颇为罕见。

就这样,"乐高不仅是玩具"一直贯穿着家族几代的经营。这一理念在奥勒时代诞生,在古德弗莱德时代得以发展,在克伊尔德时代则被视作毕生的梦想。早在1978年,克伊尔德就讲过"拼搭体系",这发人深省,多年后,在数次失败之后——成为现代乐高集团走向成功的基础。

在1978年的讲话中,克伊尔德表示要将乐高集团从"拼搭类玩具"生产商转型为"创新且能推动发展的高质量玩乐体验"供应商。20世纪八九十年代,他多次想采取这一行动。他梦想着发展乐高集团,给公司注入教育理念。

克伊尔德认为,玩乐和学习紧密相关。乐高集团应该在二者交界处找到一个恰当的角色定位,因此选择和西蒙·派珀特、泽维尔·吉尔伯特和米切尔·瑞斯尼克等教授合作。但他从未让人们意识到,这一理念可以发展成商业运营。他没能将自己的期望正确表达出来,他并不擅长执行。

对一名商业领袖来说,这两种能力的缺失是种遗憾,最终造成了20世纪90年代末的乐高集团灾难。乐高集团的总裁们不知道克伊尔德对公司的期望是什么,他们制定出的战略其实是错误的。克伊尔德眼睁睁地看着这一切发生,差点成为现代伊卡洛斯(Ikaros)——具备飞行的能力,但飞得太高终被太阳烤焦了翅膀。

克伊尔德对公司太过了解，他自己几乎就是乐高集团。他的想法不理性，却很感性，他思考品牌及其可能性。2004年3月，他跟约恩在瑞士讨论乐高集团制作的是"玩具"还是"玩具材料"时产生了分歧，这就是一个标志性的案例。乐高集团处于玩具领域，但并不满足于只制作玩具。大家认为，孩子可以通过"玩乐"来激发潜能，乐高集团恰好有一个独一无二的平台，也有能力开发电子游戏、棋盘游戏和教育课程等新领域。

克伊尔德不希望自己的想法受限，他害怕会阻碍乐高集团跳出框架进行思考。1977年，全世界最大的电脑生产商、美国DEC公司创始人肯·奥尔森（Ken Olsen）曾说，"电脑永远不会成为人人都拥有的物品"可谓这方面最著名的反例。

一直以来，克伊尔德对乐高集团的潜力有着独到的见解。尽管经历了多次失败，他还是坚持不懈地追求。后来发生了许多事，他的想法也逐渐被清晰地表达了出来。约恩说，"乐高2.2"应该重新定义玩具是什么，这一理念恰恰源于克伊尔德在1978年3月发表的讲话。他认为，乐高集团的未来就在于将公司对玩的独特理念升华到自己所处的类别之上——以积木和拼搭体系为基础。现代乐高集团要将品牌升华至一个新的境界，这就是克伊尔德一直以来对乐高集团的期望，也正是乐高集团现在努力做的事。

乐高集团为什么会出现危机？

1996年3月，乐高集团公布了战略蓝图，要在"2005年成为全世界有孩子的家庭中最受欢迎的品牌"。为达成这一目标，在接下来的几年里，公司开创了一系列斥资巨大的新业务，甚至超过了自身的承载能力。尤其是1996年在英国、1999年在美国和2002年在德国建造乐高乐园，耗资太大，甚至将要拖垮公司。

2003年，乐高集团为什么会出现危机？为什么公司在战略指引下走向了深渊？深究一下，不难找到答案。这份战略构想从理论上可以理解，在图纸上也颇有逻辑。乐高集团的品牌具备像可口可乐和迪士尼那样的潜力，为什么不能扩展品牌以创造更高的利润呢？但是，公司的活力正逐步丧失。克伊尔德希望用非常激进的"罗盘式管理"重振公司文化，但以失败告终。麦肯锡公司将其称为"企业转型"，即调整公司的大部分业务投资。这些新业务花费了乐高集团管理层的大量心血，依照公司的传统，他们没有寻求合作伙伴，而是选择自己应对这些形态各异的业务：乐园、新商店、电子游戏、服饰、手表和书等。

这违背了乐高集团历史上秉承的基本理念。起初，乐高集团只是一家制作玩具的厂商，现在却开始涉足毫不擅长的新业务。后来，贝恩咨询公司的顾问克里斯·祖克给约恩提供指导时曾摇着头评价，乐高乐园是一项极其耗费财力、物力的大项目，每5年开设一个就足够了。

这一战略要求极高的执行力，乐高集团并不具备开创这些新业务的能力，因此该战略从未有明确的收入目标，也许在实施过程中管理层的意见就不一致。

克伊尔德喜欢发展乐高品牌的想法，但并不想用它来赚钱。管理层却恰好相反，他们秉持着传统的商业眼光，尽可能地想让乐高品牌具有盈利性。管理层没法清楚地告诉员工该如何朝着实现这一目标而努力。

回溯此事，可以看到管理层并未深入了解乐高集团的商业模式，就贸然投入这个让他们极其困窘的战略。他们不认为积木具备成为创新性玩具的潜力，而认为它无法应对未来电脑游戏带来的威胁。他们也低估了铸造工艺的价值，其实这些塑料积木的铸造要比世界上许多企业的生产工艺都要精确。

因此，管理层对乐高集团的核心业务失去了信心，也忽视了核心业务。结果是，他们对生产失去了控制，与重要的零售商客户的关系也闹僵了。他们对品牌的关注占据了上风，导致生产出孩子和家长都不理解的产品。

为什么克伊尔德放任乐高集团执行错误的战略？

克伊尔德强调，他从未丧失对积木的信心。毋庸置疑，他一生都对积木充满信心，直至今日也未曾改变。所以，很难理解，他为何领导实施了一个让乐高集团偏离积木的战略？

克伊尔德对乐高集团有着深刻的理解，比任何人都甚。他的才智不会出错。问题是，他缺乏领导者的前瞻性。他没有关注公司的状况，也没有进行自我反思。他没有检查客户满不满意自己的业务，也不知道员工是否理解管理层对公司的期望。

这并不意味着克伊尔德不知道正确答案,而是他没有提出正确的问题。后来,他远离了日常事务,只约见保罗·普罗曼,却没有和其他管理层成员交流。结果是,尽管克伊尔德是首席执行官,他扮演的角色却更像是董事会,而不是执行领导者。

这一切造成了问题重重的局面,但乐高集团仍可以继续运营。克伊尔德有一些强大的价值观让人们想为他工作,哪怕并不能经常见到他。他在当地和公司里都受到尊敬,他也像爷爷和父亲一样对员工关怀备至。

从奥勒·科尔克·克里斯蒂安森时代起,乐高集团的价值观就受到了基督教的影响。2004—2005年危机期间,乐园被出售,比隆总部进行了大规模裁员,但大家对克伊尔德的忠诚度丝毫不受影响。当公司或乐高集团的老员工有庆典时,克伊尔德和妻子卡米拉都会出席。

克伊尔德与管理层的交流方式也意味着:他一定要雇用对的人,对方要理解他并愿意倾听他的意见。他们必须要有良好的触觉,因为克伊尔德经常发出一些需要他们能理解其中内涵的信号。克伊尔德找到了"对"的人时,乐高集团就能创造出骄人的业绩,比如在20世纪80年代;如果找"错"了人,则可能危及公司的存亡,比如20世纪90年代及之后的几年。

索恩·托普·索恩森领导着控股公司KIRKBI。这是他在多年的职业生涯中首次遇到在一份工作中上司不给他施加压力也不提出要求。他要自己给KIRKBI树立收益目标,颇花了一些时间来适应这种克伊尔德对待员工的方式。

但这无法解释克伊尔德为何会放任错误战略被实施这么久。他很难表达自己的愿景，也不能树立一个方向，但应该能感到方向到底是正确还是错误。那么，他为什么不提前采取行动呢？

很难解释。现在回顾起来他有很多机会可以把握。20世纪90年代，他想要重塑企业文化，但"罗盘式管理"并未取得成功。他应该承担后果更换掉管理层，而不是听他们解释为何没有取得成功。同理，他应该早点换掉保罗·普罗曼和麦斯·欧里森。

他为什么没那样做呢？如今，最有可能的解释是：他害怕冲突。他太有耐心了。他任时间流逝，自己在管理层中也不太显眼，他一直在寻求为什么经营状况没有改观的原因。但也必须理解，他当时每一天都对公司的未来充满不确定。企业文化止步不前，却没有足够混乱来促使他意识到必须作出改变。董事会和管理层多次以为他们已经摆脱危机了，比如每当一部好莱坞新电影帮助乐高集团创造了快速收益之后。

最重要的原因是：当时，克伊尔德还没有找到他信任的合适人选来担任首席执行官一职，因此他只能作出让步。

为什么没有人提醒乐高集团，战略是不是出错了呢？是的，一定有人这样做，尤其是在备受欢迎的"得宝"系列被取消、换成"探索"品牌这一灾难性的时刻，亨里克·保罗森和麦斯·尼伯都提出了质疑。但毫无预兆的是，这一战略在1999—2002年间面临了巨大挑战，当时"星球大战"和"哈利·波特"系列发行时起伏不定的收益蒙蔽了管理层的双眼。

克伊尔德一直在领导这一战略的实施，他在公司内部很有权威，比他自己以为的更大。如今，乐高集团的工作人员说，克伊尔德当时说的话就像是被刻在石头上。也许这是他最严重的错误：不知道自己的个人影响力到底有多大。他对乐高集团建设新的乐园和在全世界设立商店的喜悦让身边人以为他放弃了积木。这不是他的意愿，但员工们猜想这是他的意愿。

其中的教训是：公司所有者应该确保管理者能随时提出质疑。克伊尔德当时没有意识到这一点，他也没有从董事会主席麦斯·欧里森那里得到必要的帮助。

如果当时古德弗莱德还活着，他会怎么看呢？他对"2005年乐高集团将成为全世界有孩子的家庭中最受欢迎的品牌"这一目标会怎么想？答案值得怀疑。从本书写作的历史角度来看这是值得考虑的。

"我们不要求做到最大，但要成为最好的之一。"1992年古德弗莱德在备忘录中写道。这句话读起来像是对克伊尔德和管理层在几年后实施的战略的警告。如果克伊尔德听从了父亲对公司业务的理解，乐高集团能避免2004—2005年威胁生存的危机吗？

古德弗莱德对核心业务的理解——他所说的"专注"，同约恩指出20世纪90年代乐高集团的错误战略并从公司历史和身份认同角度探索而大获成功之间，难道没有明显的关联吗？

2009年，大家才看到了1992年的这份备忘录。公司员工哈里特·拉森找到了它，把它发给了约恩。当约恩读到这些话时，努力使自己平静下来，备忘录中提出了警示："唯一能摧毁乐高集团的，就是乐高集团自己。"这如同预言一般。

大家应该谨慎地在不同时代之间进行对比。20世纪80年代末，古德弗莱德想作出一些改变时，他的工具箱其实是空的。他的管理工具在公司里效率很高，他能控制局面，可以自己作出重要决策，但在更现代、更国际化的乐高集团他这样做并不够。没有人能猜出古德弗莱德能否带领乐高集团走进新时代，它所要求的战略思维、财务眼光和公开透明与古德弗莱德习惯的完全不同。假如克伊尔德在20世纪90年代采取约恩后来实施的举措，当时乐高集团的企业文化并不支持。大家要记得，约恩的优势是：他处在十万火急的局势中，克伊尔德却没有。

为什么"共同愿景"会得到国际认同？

2011年5月14日，星期六，约恩在博客中记录了与富士施乐（Xerox）前任首席执行官安妮·麦卡伊（Anne M. Mulcahy）的会议。他们在一次会议中相识。安妮和约恩一样，受邀前来分享公司的危机营救，她对约恩说：

"其实进行危机营救并不复杂：你需要停止销售下降的状况，减少负债，出售业务领域来缓解现金流紧张。真正最难但也最精彩的是转型——如果成功的话，会使公司重获新生。"

约恩同意安妮·麦卡伊的观点。他认为从总体上看，乐高集团转变了所有的商业模型。这让他想起了在2005年读过的托马斯·S.艾略特的一首诗，可谓是对"共同愿景"的一种解读。诗歌讲述了人类对于理解自己和生命的不懈追求：

> "我们不应放弃探索
>
> 在所有探索的尽头
>
> 我们会回到起点
>
> 重新认识这个地方"

约恩在博客中写到他钟爱这首诗,它解释了是什么让品牌获得新生,也解释了应该一直变换管理公司的方式,承担新的风险并探索崭新的艰难道路,以寻求发展和增长。

当人们回顾"共同愿景"和2004—2010年这段时光时,会发现乐高集团在此期间取得了丰硕的成果。公司成功地找到了核心业务并实现盈利,使公司业绩得以增长。其间,乐高集团给2015年制定的营业额目标是200亿丹麦克朗,但在2011年就超越了这一目标。

这一创举得到了广泛的认可。2011年12月14日,星期三,蒙特利尔银行资本市场(BMO Capital Markets)的评论家格里克·约翰逊在美国《商业周刊》中说:"乐高是男孩子最热爱的玩具品牌,也许在整个玩具领域都最受宠。"2012年4月10日,星期二,大卫·罗伯森(David Robertson)教授在宾夕法尼亚大学沃顿商学院(Wharton School of the Upenn)的主页上说:"乐高集团是世界上最好的创新企业之一。"

"克努斯托普疗法"的特殊之处在于蕴含着深远的智慧。它对公司历史和身份认同的探索极具教育意义。它提供了教科书般的案例,可以指导危机中的公司深入探索核心业务并沿着这条脉络创造出生存的基本道路。

"共同愿景"的起点是一个最基本、最朴素的问题：你为什么存在？它比大家想象的更难回答。大多数丹麦企业和国际公司都难以给出明确答案。因此，理解公司为何是独一无二的至关重要，这是探寻核心业务的基础。一家公司同其他公司相比，拥有的战略优势正是其核心竞争力，有机会借此实现特殊的价值创造，其他业务则可以外包。

这也与乐高集团在中途犯错有关。最明显的例子就是与伟创力的合作。乐高集团管理层不清楚公司可以生存多久，在很长时间里，约恩也不确定乐高集团能否在薄弱的核心业务上建立可实现盈利的未来。杰斯普·欧文森对此并不乐观，他预期乐高集团会放弃独立经营，因为公司的品牌太缺乏弹性，无法容纳除积木之外的东西。

约恩不停地探索。回顾起来，一切都关乎清晰的逻辑，但工作途中也出现了很多偶然。如果某一件事缺失，后来的发展或许不同：如果拉斯·科灵没有担任约恩的指导，向他提出关键问题，推动他探索公司的身份认同；如果约恩没有在飞机上偶遇克里斯·祖克，听到对方在公司核心业务的价值方面给予实际并充满智慧的建议；如果约恩没有随克伊尔德去参加美国"积木节"，意识到乐高粉丝的潜力；如果约恩没有读到丹尼尔·平克的博客，启发他获得"系统性创新"的灵感，等等。

做一个幸运的首席执行官十分重要，约恩就很幸运。除了上面的例子，他最大的幸运是乐高集团危机出现的时机刚刚好。乐高集团在比隆裁员、在世界各地出售业务，正好发生全球经济腾飞的时期，如果是在2008年全球经济危机爆发之后，那将完全是另一幅景象。

约恩不仅领导乐高集团走出了危机，还进行了一次文化转型，这是真的吗？

早在2006年他就说过，如果危机中的公司摆脱了债务，并且创造了一定的盈利，那么就回归了正常运营；下一个目标就是创造文化转变。当"共同愿景"在2010年实施完毕时，它为乐高集团创造了三个长久且深远的转变，从中可窥见战略成功的主要原因：

首先，成功地和零售商客户建立了紧密关系。解决了零售商既是威胁也是伙伴的困境。乐高集团创造出一种不断追寻如何给客户创造价值的文化。美国的大型连锁零售商多次称赞乐高集团为"年度最佳供应商"。

第二个转变是破解了创新的密码，将设计师的创新和消费者的愿望结合起来。麦斯·尼伯用三辆消防车作展示，对创新起到一定推动作用。公司开始追本溯源，清楚了解孩子们的期望。

第三是深入理解了自己的商业模型。不光管理层理解，员工们也有了认知。员工们的理解程度虽然无法与管理层一致，但一定懂得在整个价值链中存在着某种联系。

生产和销售、与客户和消费者的关系、跟内部同事的沟通等，大家在这些方面都达成了共识。当公司的某位设计师开发新产品时，他会重视链条中下游生产和销售部门的意见。之前，产品装盒需要30天时间，现在只需一天半。当沃尔玛这样的零售商在11月打电话告诉乐高集团，消费者买X产品不买Y产品，因此需要更改圣诞订单时，乐高集团也能及时满足客户的需求，之前却完全不行。

这种业绩仅靠一位管理者是无法实现的，只有创造出员工们自动自发的文化才可能实现。通过这种方式，"共同愿景"创造了崭新且强大的核心业务，因此答案很确定：是的，乐高集团经历了文化转型。

"共同愿景"适用于所有公司还是仅仅适用于乐高集团？

"克努斯托普疗法"有一些特殊的先决条件。没有什么危机是完全一样的。约恩在适当的时机接手了任务，当时友好、迟钝的文化没有理解危机的严重性。如果他早一两年开始承担这一任务，整个组织也许没有作好改变的准备。

他很庆幸乐高集团是家族企业。公司最大的股东对这位资历尚浅的年轻首席执行官很有耐心，使他能够作好准备工作去推进实施"共同愿景"长期战略目标。

约恩周围也有一个"智囊团"，尤其是杰斯普·欧文森。他是约恩的"黄金搭档"，在公司重建中帮助约恩解决了最棘手的问题——现金流压力。此外，还有亨里克·保罗森、麦斯·尼伯和索恩·托普·劳森，他们对公司也持有正确、务实的观点，而不是考虑品牌的理论概念。

约恩非常幸运，他的博士专业背景和在麦肯锡公司的实践经验，是承担这项任务的不二人选。

"共同愿景"如今被看作是一种巧妙的逻辑，但制订它是一个漫长且复杂的过程——要接受质疑，进行无休止的讨论，管理层要打破投资组合，最终达到核心。

约恩和杰斯普早在2003年圣诞节前就着手进行相关的工作，当时制订出一份临时执行计划。2006年6月，"共同愿景"正式通过，之前的执行计划被称作"共同愿景"的第一阶段。在很长一段时间里，管理层不断探索着厘清"共同愿景"，最后才成为一个为期7年的战略计划。

约恩这样看待制定战略的工作：首先，最重要的是管理层知道何谓制定战略。就像进行假设一样，人们先前不知道答案，如果知道就会从别处复制，这样也无法创造出独一无二的事物。

其次，提出战略性的问题比较复杂，对管理者要求很高。管理者要有智慧，要有深入其中的意愿，也要真正这样去做。如果早期阶段放弃了，就无法从根本上理解自己的问题，在没有认清问题的前提下作出选择，开始按部就班地做其他公司做过的事，就会造成风险。在整个进程中，应该不断给自己提出挑战，尤其是从不同角度看待提出的问题。当约恩在制定"发明玩乐的未来"这一愿景时，他全程都在想象不同的人会怎么看待它，从不同的印象中厘清形成自己的答案。

第三是必须找到一个答案。事实上，这建立在公司是以什么为基础的假设前提下。

第四是管理者要知道一个问题总会有多种解决方式。应该同时进行多项假设，相互竞争，提取其中"对"的部分，创造一个焦点——这就是找到并传达最终战略的方法。

听起来很抽象，事实也是如此，这更印证了"共同愿景"诞生的不平凡。它包含着智慧深度，即约恩把握住了可以长期持续的商业模型。以"共同愿景"为例来解读约恩对战略的看法会更有效。抛开特殊条件、中途产生的疑惑、出现的错误等,"共同愿景"可被视作只包含四个章节的教科书:

• 判断

　　提出正确的判断。公司出现问题并处于危机之中时可能会有许多种原因和认识。你要理解危机的深度,也要分外注意你定义的问题是正确的。这将有助于你继续交流。在乐高集团,管理层多年来一致认为他们遵循着正确的战略,公司的问题是外部因素造成的,比如经济周期、汇率波动或亚洲金融危机等。事实证明,乐高集团忽略了自己最基本的业务,因此公司的问题是自己造成的。

• 哲学

　　提出关键性问题:你的公司为什么存在?如果有一天它要关闭,你将在墓志铭上写下世界从此失去了什么呢?约恩认识到,乐高集团有四个独特元素:品牌、积木、拼搭体系和粉丝社区。当他找到公司的核心业务以后,他有了一个重大发现;当你也找到自己公司的核心业务以后,会发现,它小得惊人。

• 战略

　　你要知道怎么创造竞争力,这样就有了战略优势。你要做的一切并不是所有人都能做到的事。好的战略总是包含着其他人无法竞争的部分。记住：一旦脱离了你的核心业务，你将完全没有任何战略优势。在乐高集团，约恩总是不断鼓舞、重塑公司的核心业务，不断优化乐高集团已经擅长的领域。他从体育运动中得到灵感，并称之为训练、训练、再训练。

● 处理

创造一种员工可以独立思考并具有创新精神的文化。如果你告诉他应该做什么，得到的也只是你脑海中的东西。在乐高集团，约恩既没有自己想出"棋盘游戏"的创意，也没有参与开发更有效的塑料铸造工艺，但他参与创造了可以激发新创意的文化。

"克努斯托普疗法"适用于所有处在危机中的公司吗？是的。

约恩是一位怎样的领导者？

大家对约恩有怎样的看法呢？也许有人认为他是绝对可靠的，但没有人真正是这样。当他在2004年1月被推在"冰面"上出任首席执行官时，他的领导力还有待加强。他对乐高集团的家族所有权持批判态度，认为这个家族对某些事忍耐太久。后来他才理解，这是一种错误的观点，家族所有权有自身的特征。

第一年担任管理者时，他犯了几次错误。他太直言不讳了。他对家族所有权缺乏理解，指责克伊尔德没有寻找能解决问题的人。他在袒露真诚的同时也会引发员工的不安，比如告诉他们在比隆总部一定要进行裁员。他在与伟创力合作一事中犯了错误，在网络游戏"乐高世界"中也经历了严重的失败。

约恩很快纠正了这些错误。那么，他作为管理者的优势是什么？他最强大的能力是能左右脑同时并用。他的能力对国际水平的首席执行官越来越重要：他能处理巨大的心理复杂性。

这些年来，乐高集团的管理层成员风格各不相同，要么太过宗教化，要么太过商业化。20世纪90年代，克里斯蒂安·麦格、托本·百勒格·索恩森等人都痴迷于公司品牌；托斯登·拉斯穆森的想法却完全不同，他更注重运营。这成了公司数年来的两难困境，管理层成员想法各异，但都不善于总揽全局。

在商界，大家经常把管理者分成两种，在制定战略时，一种比较关注其中的价值内涵，另一种则比较注重经济效益。

大多数首席执行官或多或少具备这两种品质，但很少有人像约恩一样把控得如此到位。这即是说，在"共同愿景"实施过程中，他既可以与自己进行哲学讨论，同时也优化了公司的运营。这样一来，他折中找到了"系统性创新"这一表达也符合逻辑。这一表达是在清晰框架中的无尽创造，它讲的是乐高集团，也是对约恩的一种描述。

约恩懂得让这两种特征达到平衡，不仅自己这样，在管理层中也是如此。显然，在董事会中，克伊尔德、托本·百勒格·索恩森这些感性的人与尼尔斯·雅克布森、科尔·苏尔兹和艾娃·贝妮科

（Eva Berneke）这些理性的人有很大差别，约恩可以和他们所有人交流。显然，他也是一位优秀的政治家，能够让"愿景2022"在董事会中被不同的人都接受。

考虑公司应该如何管理是首席执行官的职责。随着战略计划推进实施，公司的工作方式必须进行调整。2009年1月，约恩在《哈佛商业评论》中讲述了"共同愿景"在三个阶段的管理成果。他说，在第一阶段，公司为生存斗争时，乐高集团在管理中采用了由上而下制定的短期决策。第二阶段的主要工作是平台建设，管理层的任务是给成员更多的空间，他也开始为公司的决策负责。他继续说道：

> "我们现在处于第三阶段，目标是创造有机增长。我们的业绩在世界各地取得了很大的增长，但为了使销售额持续增长，我们必须再次改变自身的管理风格。在危机阶段，公司管理层专注于生存，害怕再冒风险。现在，管理层必须更加偏向机会主义，这就要求我们作好承担一定风险的准备。在战略实施的每一个阶段，我们都调换了管理者，改变了组织结构和工作方式。"

2011年，约恩再次刷新了乐高集团的管理风格。这是他在启动"提高"（Step Up）项目时所做的，在本书后文有提及。

2012年6月，约恩在科灵为几百位管理层人员举行内部会议时，进行了长达三个半小时的讲话。他对事物有整体的看法，想要总揽全局。他的学术背景让他喜欢写得很长说得很多，但他在表达想法时其实是非常务实的。他将在管理层的工作看作是学习的过程,他对那些更愿意讨论和发展新战略的管理者持怀疑态度。他的观点是战略工作可能会带来最终偏离具体工作的风险;他的角色有时是将热切的管理者往回拉一拉,告诉对方不要想新的战略,而要想行动和执行。

也许,这就是他否认首席执行官应该作出重大决策这一想法的原因。乐高集团的逆转虽然高潮迭起,其实每天都在作出无数的小型决策和判断,似乎永远蹬着自行车的踏板。因此,没有哪个倡议是临时在某场特定的会议中提出的,所有提议都已经准备了很长时间,最终决定实际上只是一种形式。

约恩作为乐高集团的领导者,惊讶于员工们按照个人想法做事的能力——他们每年都作出一些新举动。约恩和董事会主席尼尔斯·雅克布森持有同样的看法。他们认为,对管理层来说,最重要的是让鸭子们都走在路上,这样它们就会朝着大致相同的方向前进。

约恩非常注重掌控运营状况,这一点颇令人惊讶。起初,克伊尔德担心他缺乏这方面的意识,尤其是当2006年杰斯普离开以后。事实证明,约恩极为关注公司的运营。他每半年都会花两三天时间在比隆的两个乐高集团工厂与五个轮班组一起沟通,他想知道操作间是怎样运行的;他与员工见面,了解他们对高级管理层制定的决策的看法。约恩也尽可能地与客户建立紧密联系:"我不喜欢高高在上的管理者。所有成功的公司都得益于一群真正理解自己业务、了解自己客户并长期花时间与社会接轨的人的推动。"几年前,他在《贝林新闻杂志》中如是说。

约恩的工具箱中有一项非常有效的工具：他善于交流。

约恩如何进行交流？

约恩在"共同愿景"实施期间，经常询问员工们对这一战略的理解。他想知道自己有没有将计划的意图解释清楚，员工们是否领悟了他的意思。他得到的回答各不相同。有人说，"共同愿景"的目的是掌控生产；有人说，它的重点是"核心业务"；有人说，这一战略是从麦斯·尼伯制作的那三辆消防车的幻灯片演变而来的，展现了乐高集团开始再次生产类似传统乐高玩具的产品。

在乐高集团，一位沟通专家某一天对约恩说，员工对"共同愿景"的了解比较局限。这是一个出乎约恩意料的坏消息。但这位专家说，没有必要这样想。员工们对这一战略有自己的解释，这意味着他们已经消化了这一战略并用自己的话表达出来。约恩的挑战是制订一个框架，使员工不会偏离得太远。

约恩仔细地品味了这些话。正如教科书所说，要改变管理，多长、多密集的沟通都不够。但这并不是说要养成一种新的行为习惯，而应该有一种新的思维方式。达到这一目标的最佳方式是让员工用自己的话将这些变化表达出来，因为人脑是通过经验而非通过吸收一些话语来学习的。

约恩在发展"发明玩乐的未来"这一愿景时也使用了相同的理念。他认为孩子们通过物理活动学习要比单纯地倾听效果更好。这一想法的一个标志性体现是：乐高集团比隆总部的接待台就是用大积木建成的，这样就没有人疑惑：这家公司是做什么的？

约恩告诉员工，将"共同愿景"倒背如流并不重要，"你们应该感受面包房的气味。"他说，并希望他们能用自己的理解将这一战略实施出来。约恩经常用"瘦身"来打比方。如果只是嘴上说说，或者偶尔减减肥，而不是长久地改变生活习惯，"瘦身"就不会有什么效果。

约恩的这一灵感来源于已故的美国哈佛大学哲学家威廉·詹姆斯（William James）。约恩在乐高集团内部开会时经常引用威廉说过的："它行不通，因为它是真理；它是真理，因为它行得通。"（It doesn't work because it's true, it's true because it works.）意即，如果你要在生活或某个问题中寻找真理，不要指望用上帝或数学证明真假，而应该去外面的世界通过实践去检验。这和要在管理或战略挑战中寻求真理一样。

威廉·詹姆斯对人有两种看法：有的人对所处的环境感到厌恶，思想也被禁锢了；有的人将周围环境看作能提供他们想要的生活的前提条件。这种人是自由的，他们不觉得被环境束缚，因此，威廉说："要检验一个人的真实性格，看他对周遭环境的反应就可知道。"

约恩借用威廉·詹姆斯的话告诉员工，他们应该积极地应对数字化带来的挑战。乐高集团不应该将数字化看作一种无法跨越或无法对其产生影响的威胁。乐高集团的目标是公司能如何应对和适应数字化进程。

此外，约恩也经常用接地气的方法进行交流。他很频繁地在博客和内刊中写文章，也在许多内部会议中讲话。他很清楚，领导者就要一次、一次又一次地进行交流。如今他的任务更重，在"共同愿景"实现之后要向大家解释"乐高2.2"的理念。

公司处于严重危机时他经常会表达感谢，让员工们知道他们按照管理层的期望改变自己的行为是一件多么重要的事。"共同愿景"还有一个优势：它有一个明确的逻辑，关注的焦点是价值和积木——许多员工都对积木怀有强烈感情。

如今，"乐高2.2"这项任务的难度更大。如何来解释"创造未来的玩乐"呢？当收益不断上涨，公司状态安稳、完全没有威胁的情况下，如何能让员工继续马不停蹄地努力呢？

约恩试图来解答这个问题。他频繁地写文章，记录自己的经历。下面是2011年的一些例子：

2011年1月12日，星期三，他记录了在上海召开的一次管理层会议，与会决定：乐高集团管理层大多为欧洲人和美国人，一定要努力去了解中国文化。

2011年2月2日，星期三，他记录了在美国与玩具反斗城的首席执行官杰瑞·史托奇（Jerry Storch）的会议。杰瑞对乐高集团赞扬有加，比如员工包装礼盒的方式。

2011年2月17日，星期四，他写下收到了一封来自某位父亲的表扬信，对方说同6岁的儿子一起拼搭乐高®积木，玩得很开心。

2011年5月18日，星期三，他向员工提出一个问题：如果他们当首席执行官的话他们会做什么？

2011年5月18日，星期三，他记录了在德国的一次会议经历。

当时，德国慕尼黑拜仁（Bayern München）足球俱乐部的主席乌利·赫内斯（Uli Hoeness）为乐高集团管理层作了一次演讲。乌利提到一个足球俱乐部要想多年位于欧洲顶端，就必须在球迷中扎根。当一家公司拥有强大的品牌之后，周围的人就会希望这家公司可以担起社会责任。

有时，这些内容很简单，易于理解；有时也会很复杂，只有少数员工能够读懂其中的内涵。有时，约恩在网上找到一篇关于管理的有趣文章时，员工们几乎会完全消化。这些内容都是约恩想要通过一种或某种方式，用或小或大的认知、或长或短的时间来向员工传达他对公司战略的看法。他对于交流的最基本看法是：首先这个人要从根本上了解这件事，然后才能用别人也可理解的方式将其表达出来。

约恩在向新员工解读"乐高2.2"时，最主要的目的就是传达如何通过计划实现宏伟目标的理念。在许多精彩的幻灯片之中，经常夹杂着一些很原始的简单画面：有的由几个框和几个箭头组成；有一页就只有一个圆，讲述乐高集团如何处理与零售商和生产部门之间的关系，以及这两项任务如何互相支持。

这张看起来极其简单的幻灯片讲述了乐高集团动力机制之间的关键联系：乐高集团要一直保证其在零售店的销售上升，商店的经验是不需要打折就能卖掉商品。这样一来，商店的周转率就会很高，还能卖出个好价钱，因此就会提前向乐高集团订货，以确保可以拿到货。如此演变下去，商店会担心订单下少了，倾向于要越来越多的货，使得乐高玩具在货架上的位置也越来越大。

这和乐高集团的运营有关吗？当然，这意味着乐高集团的销量超出了预期。乐高要尽可能地发挥优势，生产部门的员工要提高生产效率，因为之前也许低估了自己的能力。乐高的销售比预期更多，公司也可以增加投资，也可以对市场施加压力。

最终得出的结论是：零售商的优秀表现会带动核心业务发展。自2004年开始，乐高集团每一年都成功地做到了这一点。员工能深入理解这种良性循环也至关重要。相反，如果乐高集团让零售商失望，上述一系列过程都会反向演变：零售商买的货变少，他们倾向于滞后付款；乐高集团达不到预算目标，生产率下降，能力闲置，这也正是乐高集团在20世纪90年代所经历的。

有的员工会感到惊讶：为什么这也是"发明玩乐的未来"愿景的一部分？约恩认为，只有当大家理解了这件事，才能成为一个好商人。

约恩的"乐高2.2"创造出成果了吗？

2010年末，乐高集团结束实施"共同愿景"，开始进行"乐高2.2"的相关工作。大家觉得这项新计划怎么样呢？计划目标是实现雄心勃勃的理想，即"发明玩乐的未来"。对这个愿景来说，最关键的问题是：约恩能否成功地带领公司走向"发展未来的游戏"这一方向，还是乐高集团仅仅把"共同愿景"改头换面，实现能在美国和亚洲有更大影响力之类的宏伟目标？

也许，最迫切的问题是：乐高集团能否应对未来数字化带来的挑战？在数字世界中，公司能否继续实现盈利？

要回答上述问题，让我们再次回顾一下"乐高宇宙"项目的惨痛经历。2009年3月，员工们第一次在内刊中看到一个新的业务正在酝酿，目标是要与全球拥有1200万用户的游戏《魔兽世界》（*World of Warcraft*）竞争。

乐高花了3年时间与美国的魔兽网络公司（NetDevil）合作，筹备自己的新游戏。游戏由华纳兄弟发布，以非常受欢迎的乐高小人为基础，借助乐高强大的品牌，本应该取得成功。

2010年10月26日，星期二，该游戏正式发布，一度搜索量很高。2010年12月，负责此项目的莉斯贝思·万尔德·潘尔森在内刊中说，最大的挑战是将乐高的基因转化到数字世界并寻求正确的商业模式，即将系统性创新转变为虚拟游戏。

但事实很快就证明：这个游戏存在一些问题。乐高集团的品牌享誉世界，但只有少数人玩了这个游戏。2011年6月，管理层试图吸引更多的玩家而将游戏设置成免费，玩家人数达到了200万，但还是无法实现盈利。2012年，乐高集团宣布关闭游戏业务。简而言之，"乐高®宇宙"以失败告终。约恩从一开始就说这是一个高风险项目，让董事会作好准备。

2011年12月14日，星期三，负责该项目的副总裁杰斯普·维尔斯图普（Jesper Vilstrup）在comon.dk网站中说："我们从中学到了要谨慎，以防数字战略太过远离核心业务。显然，我们太过将"乐高®宇宙"看作是一个独立产品。如果能重来，我们一定会从一开始就对核心业务给予更大的关注。"

在乐高集团之前就有很多公司尝试在电子数字世界盈利，结果惨遭滑铁卢。网络最大的特点是公开，因此很难从中实现盈利，要将商业模式转化为以网络为主则更难。

正如同伟创力的失败合作一样，约恩想从中找到"乐高®宇宙"失败的原因。他的分析结果是：乐高集团在尝试将拼搭体系转化到虚拟世界时，对自己的商业模式盲目自信，事实证明这在虚拟世界中却行不通。多年来，约恩都希望"乐高®宇宙"能成为孩子们的俱乐部，但他错了。孩子玩一个游戏只有几个月热度，然后就不玩了。

乐高集团对游戏设定的目标也过于偏离实际，本来打算用一年半时间制作并发布一个测试版本，实际却用了三年时间来进行调整和完善，花费的代价太大了。

从更广阔的视角看，"乐高®宇宙"的失败也提醒了约恩所面临的"乐高 2.2"工作是一个多么大的挑战。

目前看来，乐高集团成功地取得了一系列成果，方向都非常正确。2011 年 12 月，新产品"乐高好朋友"（LEGO Friends）发行，承载着乐高一直想为女孩制作玩具的愿望；乐高在美国也逐渐发展壮大，2011 年赢得了全球玩具市场排名第三的好成绩，激发出将美国打造成为下一个"国内市场"的动力；2011 年，控股公司 KIRKBI 向一个风车项目投资了 30 亿丹麦克朗，这也是乐高想要证明它提供给社会的"不仅是玩具"的全球战略目标。

约恩也采取了"赋权于人"（Empowered People）的策略，旨在促进员工的发展。2011 年 9 月，他启动了一个新项目，称其为"提高"。他将管理层扩至了22个人。有这么庞大的管理集体，听起来几近疯狂，但背后的理念是：如果乐高集团要成为一家具有创新性的公司，许多不同的成功因素都要具备，这个目标的实现只能通过不同的人在一起工作，在一个更好的团队中创造活力。

在管理团队中，约恩应该扮演一个更幕后的角色，由巴利·帕达、麦斯·尼伯和新任首席财务官约翰·古德文（John Goodwin）在日常会议中主持讨论，约恩的任务则是提出正确的问题，确保从多个角度对事务进行全方位的考虑。他不需要在讨论中提出最终结论，而更像是一位教练，通过这种方式将决策交给这个壮大且复杂的公司中最有能力的人。与此同时，他还要面对和处理未来最大的挑战。

这个团队在网上有一个讨论群，每年开12次会。7次是实际会议，其余都是视频会议。与会者不在会议中作展示，而是提前阅读幻灯片，这样就有更多的时间进行讨论。

听起来似乎很好、很现代，但这种结构也存在风险，对每个人都提出了应该担起责任并达到总揽全局的高要求。许多人都对自己的角色感觉到不确定，约恩要善于与每一个人进行交流，而且他要做到不独自一人做事，他应该对员工提出比以前更高的要求，这对他来说是一个十足的挑战。如果他稍不留神，自己就可能成为统领整个团队的人，这样的话，他也只是比以前多了一些参考意见而已。

当约恩将新管理层聚集在一起时，他会作出冷静的决策。管理团队变得十分庞大，他也有自己最紧密的两位高管：莉斯贝思·万尔德·潘尔森和克里斯蒂安·艾弗森，艾弗森后来决定离开乐高集团,以及海勒·苏菲·凯斯普森(Helle Sofie Kaspersen),凯斯普森多年来一直负责企业社会责任并担任董事会秘书。

新的管理层中有22位男士,没有女性,这一点非同寻常。在公众看来,作为一家国际化的现代大公司,这发出了一个令人绝望的信号。对约恩来说,向内部公布时并不困难,因为管理层愿意进行更换,以给具有天赋的人留下位置,新人也有可能得到晋升。团队组成也反映了约恩继续关注公司运营的决心。新管理层中,40%的人日常工作都是公司运营。

如果要找到谁是有天赋的人,约恩会咨询谁的意见?当然有很多人,但最近几年,他与加拿大的罗格·马丁合作最为紧密。罗格曾领导摩立特集团,如今是加拿大罗特曼管理学院院长。

罗格有很多著作,2011年,他在thinkers50.com网站评选的"最佳商业人士"排名中位列第6。约恩每天与罗格在一起讨论15分钟,这位加拿大人也在乐高集团比隆总部给管理层开办了工作研讨会。他最著名的著作是《整合思维》(The Opposable Mind),讲到商业成功的一项重大因素是首席执行官的"综合思考"能力,即处理复杂心理问题的能力。他和约恩对事物有着相同的看法,当罗格·马丁要解释首席执行官的任务是同时掌控不同的准则时,他有时会引用约恩的事迹并形容道:"就像一架调音调得好的钢琴。"

那个大项目怎样了?"创造未来的游戏"取得实质性的成果了吗?

约恩的回答是"将会实现",他还在路上。他已经启动了五个战略领域的相关工作,它们将共同带领公司实现愿景。至于工作大局,他认为是"在时间的浪潮上冲浪",对乐高集团来说就是数字化、全球化和可持续发展。因此,公司要认识这些潮流,理解它们,以便在未来的商业经营中充分利用它们。"在时间的浪潮上冲浪",这一理念不是约恩提出的,而是源于战略学教授理查德·鲁梅尔特(Richard P. Rumelt)。1998年,理查德在与史蒂夫·乔布斯那次著名的采访中首次谈到,并在2011年出版的《好战略,坏战略》(Good Strategy, Bad Strategy)一书中进行了再现:

"'苹果公司的转变令人信服。但根据我们所了解的电脑市场,不能期望乐高集团也能占有一席之地。……所以你的长期计划是什么呢?战略是什么?'鲁梅尔特问。

"史蒂夫·乔布斯笑着回答道:'我期待着下一件大事。'"

这还是在乔布斯发明iPod和iTunes之前。1998年,他和许多其他公司在逆转中的做法一样:叫停了一系列产品,从而降低了运营复杂性和成本,提升了公司的盈利能力。几年后,乐高集团的做法如出一辙。

当时,苹果在全世界还是一家小公司,但乔布斯所说的"下一件大事"或者浪潮,后来就成了音乐、图片和电影的电子革命。乔布斯比竞争者更先看到这一浪潮,他知道,在索尼等公司尚没有意识到的情况下,这可以给苹果带来何种可能性。

约恩也想在这样的浪潮上冲浪。他定义了接下来几年的浪潮,想在它们成为威胁之前在上面冲浪。

大家能相信他吗？约恩的优势是：乐高集团以前做过同样的事。在奥勒·科尔克·克里斯蒂安森的时代，正值人们不再把玩乐看作无意义地浪费时间而认为"玩乐"具有合理性，孩子在成长中应该玩乐。这就是乐高集团利用的一个浪潮。

1960年，古德弗莱德决定放弃木质玩具，生产塑料玩具，这无疑是正确的。他也赶上了全世界在"二战"之后塑料铸造兴起的浪潮，1978年，克伊尔德酝酿出的产品主题和新思想使乐高积木颗粒分别被1999年的《财富》杂志和2000年的英国玩具零售协会评为"跨世纪的积木"。

约恩的梦想是：乐高集团重复20世纪的工艺并将其发展成为21世纪的玩具。要取得成功他就必须证明："玩"在将来对学习意义重大，乐高集团可以在未来提供一个独一无二的平台。这是一个宏伟的理想，但约恩谨慎起见，现在还不敢确认这是可以实现的。如果成功，就要求他完成这个世界上极少数首席执行官能做到的事。下面，让我们深入分析一下所有人心目中最强大的榜样——史蒂夫·乔布斯。

约恩能像乔布斯一样吗？

在乔布斯的传记中，沃尔特·艾萨克森（Walter Isaacsons）讲述了他在1997年的苹果广告"不同凡响"（Think Different）中发挥的作用。

这个广告使苹果的地位从普通企业变成了时代的标杆。当乔布斯和同事们发现自己掌握了广告的精髓时，突破也随之而来。这个广告不同于以往传统的广告只告诉人们计算机的功能，而是向前人致敬，用历史名人来证明有创造力的人能用计算机来改变世界。史蒂夫·乔布斯激动地说：

"苹果能为天才的想法提供种子。苹果的创造是为了那些不循规蹈矩的人，那些想要用电脑来改变世界的人。"

如前所述，克伊尔德一直追求卓尔不凡和获取共鸣。在"乐高2.2"中，约恩承担了这项重任。鉴于苹果和乐高集团有很多共同点，人们常常将两者进行对比。两家公司虽不同，但有很多惊人的相似之处。约恩自己也作过比较。2012年3月1日，星期四，他评价乐高集团2011年的财务报告时说：

"我认为乐高集团是一个非常与众不同的公司，其市场可以与苹果在市场中的地位相媲美。"

如果乐高集团想要成功实现自己的战略，就要求达成与苹果一样的成就：苹果成功地找到了自己的定位，提升了品牌价值。换句话讲，苹果完成了自我的超越。最开始时，苹果不仅是一家电脑公司，还有打印机之类的产品。后来，乔布斯利用一次危机砍掉了很多产品线，专注于核心业务。苹果在业界独具一格的同时，还获得了丰厚的利润，带动了许多周边产业的发展与革新，例如音乐、电影和电话行业。

约恩对比了苹果和乐高集团两家公司，但并没有将两个品牌描述得过于相近，也许是因为谦虚，也许是因为对詹代法则

（Janteloven）的不容置疑①，也许是因为他确认这两个品牌并非绝对相似。事实上，将两者对比已经不是什么新鲜事了。早在2006年7月，《乐高生活》就对上奇广告公司（Saatchi & Saatchi）的负责人凯文·鲁伯特（Kevin Robert）进行了一次采访，凯文表示"乐高集团可以成为苹果公司的孩子"。

首先，让我们看看这两家公司的相似之处。乐高集团和苹果公司都有能力创建一个用于新产品研发的平台。苹果已经多次证实这一点：Apple II、麦金塔、皮克斯和iTunes都是这样的平台。相比之下，乐高自创始以来并没有建立一个新平台，但乐高集团一直被赞许的一点是：无论时间还是技术问题，都没有迫使它去创建一个新的平台。

乐高集团和苹果公司对于创建新平台有一个共同的想法，即当它变得足够受欢迎时，就能够吸引更多的消费者。普通消费者的诉求是追求便利，倾向于尽可能少地使用平台种类。这意味着，当系统上的用户越来越多时，其价值也会越来越高，品牌忠诚度也会随之而来。对于乐高集团来说，让自己的平台成为游戏行业的主要平台，当这个任务解决后，下一个任务就是为消费者开发更多的应用程序，就像苹果公司那样。

无论乐高集团还是苹果公司，都有自己出类拔萃的品牌。这两家公司的经营管理都集中在品牌、产品和创新方面。乔布斯在自传中说，他的第一个合伙人迈克·马尔库拉（Mike Markkula）教给

---

① 丹麦社会中被大家公认的为人法则，共有十条，浓缩为一句话就是：不要以为你很特别，不要以为你比"我们"（一个集体）优秀。——译者注

他，在市场营销中有三点很重要：

- 你必须要有同理心，即你要设身处地地为顾客着想。
- 你必须时刻关注自己的公司擅长做什么。
- 你必须善于"归纳总结"，即你要充分理解人们对你公司的反馈，你必须要用创造性和专业性来诠释自己的产品。

这三点结合在一起，即是将自己的品牌捧于掌心，铭记在心。你必须成为自己公司的品牌。这不仅符合约恩的理念，更适用于克伊尔德。一次，乐高酒店的总经理说，乐高产品占了酒店营业额的10%，乐高集团提供了特别好的服务。克伊尔德回答说，他对比例不关心，最重要的是乐高®品牌通过酒店得到了广泛的传播和宣扬。

只有少数人能理解这种理念，克伊尔德将品牌置于利益之前。他对品牌持有如此特别的理解，甚至早过迈克·马克库拉和史蒂夫·乔布斯。

2004年11月，摩根士丹利曾表示希望协助出售乐高集团。克伊尔德对乐高品牌抱有特殊的信任，拒绝了这个提议。如果乐高集团被其主要竞争对手接管，成为美泰或者孩之宝的一部分，那么管理层对该品牌的重视程度也会大不如前。

以苹果公司的情况来看，乔布斯改变了之前的经营管理战略，他将品牌进行了"瘦身"，使其变得更有竞争力。最初，苹果公司仅有5%的市场份额，乔布斯从这个薄弱的基础出发，创造出了如今的苹果。乔布斯肯定会同意古德弗莱德曾发表的言论，乐高集团不应成为最大的，但要成为最好的。无论是乐高集团还是苹果公司，都不以赚钱为唯一目标。

乐高集团和苹果公司曾多次合作。两家商店交换过消费者购物体验以及线上销售等方面的经验。原因是两家企业都与消费者保持着紧密的联系，都有狂热的忠实消费者——"粉丝们"。

2004年，约恩问自己：为什么乐高集团能做到独一无二？正如前文所述，他发现有四个原因：品牌、积木、拼搭系统、粉丝的密切联系。如果你问苹果公司同样的问题，得到的答案多半是：品牌、系统操作、简约的设计以及与粉丝的密切关系。

由此推断出：乐高和苹果有着共同的出发点。对于想进入其他行业的公司来说，这是一个不同寻常、雄心勃勃的战略，对经营管理有着极高的要求。但在乐高集团和苹果这类公司里，这种战略是可行的，他们正凭借着这种战略成就了独树一帜的企业。

约恩应从乐高集团的平台出发，把握消费者的需求，为其带来新的体验。如果乐高集团能解决这个任务，就可以在坚持核心任务的同时扩展其他业务。根据乐高集团的历史，一旦这个任务成功，公司也将有长足的发展。简而言之，乐高集团历史上从积木起家，之后加入"乐高®小人仔"和"乐高头脑风暴"系列，再到如今的"棋盘游戏"等。随着时间的推移，乐高集团基于同一个平台，但发展已不可同日而语。

乐高集团必须突破极限，重新定义市场。如果继续将苹果公司和乐高集团进行比较，会发现乐高也是个游戏平台，"乐高®幻影忍者""乐高好朋友"和"乐高游戏"（LEGO Games）等新产品则像应用程序，或称为 App。这也解释了乐高集团的竞争对手，美泰、孩之宝和万代（Bandai）等会感受到的巨大压力——它们在玩具行业中还处于传统角色，乐高集团却具有更大的潜力。2011年，乐高集团推出新产品"乐高好朋友"时，在头五周内就在沃尔玛售出了25%的玩具猪。

乐高集团证明了可以突破自我。它曾经通过"星球大战"系列做到过，那时几乎摧毁了孩之宝的可动人偶市场。如果"乐高游戏"取得成功，那么公司将开发更多的棋盘游戏，获得比之前的拼搭类玩具更大、更广阔的市场。此外，乐高集团不仅有着丰厚的财力，所有的员工还有为公司努力奋斗的愿景。

众所周知，竞争对手加大了对乐高集团的打击力度。毋庸置疑，他们认为来自小小丹麦的竞争对手对自身产生了威胁。他们尝试开发能与积木分庭抗礼的新玩具，对乐高集团的市场地位发起挑战，届时乐高将备受打击。2011年，美泰公司公开宣布新的未来愿景，"创造玩乐的未来"（Creating the future of play），这几乎就是乐高集团在2009年发布的"发明玩乐的未来"的翻版。当然，人们也可以换种方式解读，至少美泰公司没有将乐高集团的愿景置若罔闻。

乐高集团面临着怎样的挑战？

乐高集团成功的秘诀是：管理层良好地掌控了公司运营。是的，还有很多其他原因，也有精彩和令人兴奋的解释，但最重要的是，他们创造了高效的运营。约恩在首次深入理解核心业务后就和管理层意识到：铸造一小块塑料积木到底有多难！工艺要非常精密，两岁的孩子能把两块积木拼起来玩，再拆开。

要注意，乐高集团在全球不同地域、不同文化环境中进行大规模的积木生产，销售收入却主要来源于圣诞节前的6周。这听起来很普通，其实是一项很难的任务，也提出了一个要求——"乐高集团要成为塑料技术领域效率最高的先锋公司"。

这是乐高集团未来几年稳定增收的源泉。但乐高集团在不断取得成功的同时，也变得很难将员工的注意力集中在乏善可陈的核心业务上。

约恩感受到来自员工的巨大压力。当前的收益不断上涨，为什么还要快马加鞭？他们问。如果约恩让公司规模变大，并把焦点从核心业务上转移开来，这将对乐高集团的成功构成巨大威胁。更重要的任务是深入思考，深入核心业务，深入公司运作，变得更加明智，同时铭记贝恩咨询公司的克里斯·祖克教导的"重复"的重要性。

20世纪90年代的危机是对乐高集团盲目扩张的惩罚，约恩从2004—2005年的乐高危机中也吸取了教训，但他的继任者能理解坚守积木和拼搭体系的重要性吗？

约恩制定的战略要求能够应对电子化、全球化和可持续发展带来的挑战。他在这条路上已经走了很远，但仍然不能破解密码。"乐高®宇宙"的失败证明，要真正理解数字化还需要做很多工作，那么全球化呢？乐高产品在欧洲和美国销售很旺，那里的孩子喜欢在室内玩；在亚洲，这个孩子更喜欢在户外玩的地方呢？约恩如何解读这种形势？他可以选择有意忽略，等着亚洲的中产阶级有一天发展壮大，但如果最终证明：中产阶级也更喜欢买便宜的玩具呢？正确的判断该是什么？

对这一基本问题的回答，应该来自约恩组建的名为"提高"的新管理层。但这些挑战完全可能构成威胁，因为乐高集团要改变基础商业模式是很难的。

此外，大家也不应忽视可持续发展这一要求带来的挑战。乐高集团称之为"地球议程"。没有人能预见关于塑料生产的政策风向会往哪边吹。最坏的情况是大家开始一起抵制塑料，如果父母开始反对的话，乐高集团就将面临大问题。

很容易就能发现诸多威胁。市场可能会改变，积木可能会不再流行。如果以后大家都玩网络游戏呢？乐高集团在这种情况下还能继续实现盈利吗？

约恩能向世界各地讲丹麦语或讲英语的员工解释清楚如何实现"乐高2.2"这一复杂构想吗？如果在亚洲出现了如今大家全然不知的新竞争者，乐高集团能应对吗？如果在中国出现乐高集团的直接竞争者，它会很快占据大量的市场份额吗？

对员工能力的要求将进一步提高。最糟糕的情况是无法吸引一个能干的国际领导者加盟乐高集团——它的总部坐落在一个小国，一个几乎无人知道的小镇上。

那么竞争者呢？他们与乐高集团如影随形。在危机期间，美泰公司的首席执行官有一位丹麦员工为他翻译丹麦报纸上的文章，寻求并购的可能性。如今，乐高集团取得了骄人的成绩，竞争者也开始对公司发起进攻。美泰和美高公司一起生产了产品以对抗"乐高好朋友"系列。竞争者也经常试图挖走乐高集团的优秀员工，特别是重要的设计师。是的，很容易就能看出乐高集团面临的威胁。

克伊尔德的未来挑战是什么？

现在，克伊尔德的三个孩子：托马斯、安奈德和苏菲都加入了乐高集团，但他们都不是公司的雇员，也不觉得自己将来会成为乐高集团的员工。他们处在乐高集团的不同位置。中心人物是托马斯，2010年他首次接受采访时谈论了自己与家族企业的关系。托马斯说：

"在比隆长大并不是一件趣事。我们总是和别人不太一样，但真的希望自己和其他小孩一样。同时，我们的父亲工作很忙，经常出差。这也意味着我们不是很喜欢公司。父母从来不给我们施加压力。父亲经常说，他不期望我们以后一定要进公司。

"我可能会接受成为首席执行官需要的教育，但不认为这很合理。最好能找到合适的人选来担起这份责任，家族应该作出其他贡献，比如当乐高集团的'价值大使'，而乐高集团的价值是一代代传承下来的。"

如今，这三个孩子的角色分工为：儿子托马斯在董事会中，参与新员工见面会，未来任务是确保公司的价值观被传承下来；大女儿苏菲在乐高基金会（LEGO Fonden）的董事会中，她的收益越来越多，后来表现得更为积极；小女儿安奈德在乐高集团董事会和卡米拉与克伊尔德·科尔克·克里斯蒂安森基金会中任职。

自从控股公司 KIRKBI 分家以后，公司未来的重任就落在了克伊尔德和三个孩子身上。克伊尔德早就知道没有一个孩子想在乐高集团工作，他也从未给他们施加过压力。托马斯和苏菲小时候一定看到过父亲和爷爷之间的破裂关系，也不想重蹈父亲的覆辙。

克伊尔德选择了一种家族担任所有者的角色模型，董事会主席和首席执行官这些职位都请专业人士出任。他的理念是乐高集团要有长远眼光，也要有商业规则，就像一家上市公司一样。目前，克伊尔德是控股公司 KIRKBI 和乐高基金会的主席。

如今，克伊尔德和约恩的关系十分紧密。2004 年 8 月，他卸任首席执行官一职，让约恩负责日常事务，这是一个颇为艰难的决定。他这样做是因为公司正遭遇前所未有的巨大危机，他真的这样做了，也消失在公共视野中，将一切交给年轻的首席执行官来做。

但这并不意味着克伊尔德消失了。相反，他在董事会和关于品牌的内部讨论中非常活跃。2004—2005 年的关键时刻，他给约恩提供了莫大的帮助，其他管理层则很不满意，觉得自己被克伊尔德忽视了。

如今，他们俩经常在一起，特别是在出差时。他们经常出去访问乐高集团员工，考察品牌零售店，也拜访不同的乐园和世界各地的客户。在乐高教育领域，他们会拜访学校和位于韩国、日本和新加坡的中心以及工厂的员工。在会议结束时，他们会一起讨论有什么收获，有什么是两人同意的，有什么是不同意的。遇到不同意的情况，他们会确保这件事是在四只眼睛下进行的。因此，他们共同的决定很少是从某次特定会议中达成的。可以说，他们时刻保持着对话。

克伊尔德和约恩仅有几次发生意见分歧，最终都证明克伊尔德是对的。第一次是2005年出售乐高乐园；第二次是在2006年决定把生产外包。

这两次，约恩和杰斯普倾向于更彻底的解决办法。他们都在理性地思考，为了帮助公司有更好的现金流。克伊尔德则更感性，他希望留住在未来至关重要的乐园及品牌，因此选择和默林集团合作；他也想留住比隆的部分生产，这也是公司的源头。后来，乐高集团与伟创力公司合作失败证明了他是对的。

事实证明，将乐园卖给默林集团也是一个明智的选择。默林集团首席执行官尼克·瓦尼（Nick Varney）认为，应该将受天气影响的户外乐园与室内乐园结合起来，他后来还买下了杜莎夫人蜡像馆（Madame Tussauds）。随后，事情的发展超出了预期：一个新的乐园于2011年10月在美国佛罗里达州开业，又一个乐园于2012年9月在马来西亚开业，2015年在日本修建一个乐园，可能在韩国也会开一个乐园。

要理解克伊尔德和约恩的关系，最重要的是：约恩成功地理解了克伊尔德和他的特殊想法。约恩表达出这位所有者对乐高集团的期望。2010年4月26日，星期一，他在博客中写下，他不只与所有者家族讨论重要的经济数字，也讨论员工之间的氛围怎么样，增长如何影响公司文化，通过这种方式检验所有者对自己建议的看法。

克伊尔德和他的家族如释重负。他们成功地找到了一个可以理解他们对乐高集团的期望、同时比全世界竞争对手更强的公司领导人。显然，这是令克伊尔德欣喜的时刻，同时也构成了挑战：约恩太成功了，乐高集团对他产生了依赖。

如果有一天约恩离开，一定会给公司造成巨大的损失，怎么办呢？没有人是不可或缺的，大家都知道一句古话：将手从水里抽出，水中的空隙就会立马补上。乐高集团也会是这样吗？

当首席财务官斯德恩·多格于2011年11月辞职时，董事会和管理层就开始寻觅新人。当时，一位猎头告诉约恩：当他知道有多少公司想请他当首席执行官时，他一定会惊讶万分。是谁会在约恩日常说错话或做错事时提醒他？又有谁能取代已经做得如此优秀的约恩？

毋庸置疑，克伊尔德和董事会一定能找到一位可以运营公司并创造盈利的人，却很难同时给克伊尔德他想要的东西：他需要一位"懂"他的首席执行官。他喜欢做梦，他和约恩在一起时就能这样做。克伊尔德有第二个人选吗？他对这件事的想法只有他自己和董事会主席尼尔斯·雅克布森知道，也许他们已经想出了一个方案。

这些年里，对克伊尔德来说，最重要的问题是"乐高2.2"是否取得了成功。约恩成功地实施了"发明玩乐的未来"并借此实现了克伊尔德的梦想吗？

具体来讲，这个问题目前还没有确切的答案。"共同愿景"创造了一个强大的公司。在"乐高2.2"的指引下，公司会继续前进。

所有迹象都表明，无论是产品还是市场范围，乐高集团都会持续增长。公司创造的盈利越来越多，也收获了国际认知，但这依然是一家通过拼搭类玩具赚钱的公司。

克伊尔德和约恩都无法具体地说出"未来的玩乐"是什么样的。如果乐高集团想进一步升华"拼搭类玩具生产商"这一角色，就应该创造自己的类别，但这一类别应该是怎样的呢？"这就是我们的'阿波罗登月任务'，是之前从来未曾发生过的事，我们要创造一些很有价值的事物；我们要让产业进行转型并创造好的玩乐方式。"2008年7月，约恩在给克伊尔德提交的备忘录中写道，但仍未成功地给出未来到底是什么样的建议。

如果有人就此质疑约恩，如果有人期望有一天宣布愿景实现了，那他就没有理解这个理念。大家不应该期望乐高集团某天生产出某种特定的产品，就是"未来的玩乐方式"。发明"未来的玩乐方式"，也是克伊尔德和父亲、爷爷对乐高集团的期望。约恩认为，就像食物与爱一样，玩乐对儿童发展极其重要，玩乐在未来将扮演更重要的角色以促进儿童发展。"玩"，作为未来的一种学习方式，不仅仅是在教室和卧室里进行。

这个愿景就像是一个"开放式问题"，没有确切的答案，但人们要一直寻求答案，就像问一个人生命的意义是什么。约恩也会回答说，他已为这一愿景制定了5个战略领域，它们协力帮助乐高实现愿景，它们属于工作安排，每个都很具体、可操作且包含着各自的目标。

就这样，乐高公司穿越历史创造出自己的动力。早在20世纪

30年代初,奥勒·科尔克·克里斯蒂安森就说过,"只有做到最好才足够";1955年,乐高集团在《玩具商》杂志中提出想要"让玩提升到一个新的层次";1978年,克伊尔德在讲话中说,"天才的产品创意""包含无尽的可能性,只有我们自己能给它设限"。

　　正是对创意的不懈追求,让乐高集团成为独一无二的存在。因此,克伊尔德能否看见"乐高2.2"实现并未有那般重要。重要的是,乐高来到这个世界上就是为了追梦,以史为证,公司总会找到自己的未来。

参考资料

本书的写作基于大量书面与口头资料。

随着时间的流逝，目前已经发行了不少关于乐高集团的书。最著名的就是皮尔·托格森·保罗森（Per Thygesen Poulsen）的《乐高集团——一家公司及它的灵魂》（*LEGO—en virksomhed og dens sjæl*）和延·科特森（Jan Cortzen）为古德弗莱德写的人物传记，出版于1996年。

皮尔的书聚焦于乐高集团在20世纪七八十年代的管理哲学。延·科特森的书则透过古德弗莱德的眼睛回顾了乐高集团的历史，书中呈现了父亲的世界观，很少提到克伊尔德。在写作本书时，这两本书中的信息给我提供了很大的帮助。

此外，在本书的创作中，我也很有幸读到基姆·亨迪瓦特（Kim Hundevadt）在2007年为拉斯·泽尔写的《探路者》（*Pathfinder*），以及玛丽·尤·海克（Mary Jo Hatch）和麦肯·苏尔兹（Majken Schultz）在2009年共同创作的《用你的品牌》（*Brug dit brand*）。我也得到了2011年"丹麦领导先锋组织"（Den danske ledelseskanon）

的支持，乐高集团是捐赠者之一。为了更了解乐高集团，深入探索其核心业务的价值，我还读了2001年出版的《回归核心：持续增长的战略》，克里斯·祖克著，这是一本畅销书并多次再版。

2008年，索恩·杰克布森（Søren Jakobsen）出版了《乐高传承》（LEGO-arven）一书，讲述了克伊尔德和他的观点。但作者没能获取最重要的资料，书中也表示了遗憾。

此外，我还参考了乐高集团1973—2012年间出版的内刊，2000年从《积木》更名为《乐高生活》。与其他公司内刊一样，这本内刊主要报道乐高集团的新产品，偶尔也会采访管理层，包括采访古德弗莱德和克伊尔德等人。20世纪八九十年代，内刊文章折射出公司内部的封闭性，自2004年危机起，公司变得越发开放。除了内刊，我还读了一系列乐高集团在这些年间对外和对内发行的小册子和其他出版物。

在写作中，我得到了乐高集团极大的支持，尤其是人力及公关部门总监夏洛特·西蒙森和"乐高之家"负责人耶德·欧德纳，为我解答了许多疑问，帮我了解了公司的历史和人物事迹。

我得到了许多难以获得的信息，通读了许多内部备忘录，这让我有些难以置信。我对乐高集团的运营有了更深入的了解，也在这个国际化大公司的中心人物那里学到了许多之前不知道的知识。这一切都非常有价值。

作为记者，我经常能遇到一家公司或者一个人对出一本关于自己的书毫不感兴趣的情况，也不会协助提供重要的信息。但写这本书时，我遇到了另一个问题。众所周知，在传媒领域如果要影响一个充满批判精神的记者，最有效的工具就是接纳他（她）。因为关系越紧密，记者对公司的理解和对公司运营的认识就会更加深入。

其中的风险是，记者可能会中途忘记自己是一个毫不相关的角色，抛弃了客观看待事情的立场。我在写作的过程中注意到，乐高集团向我表达的热情也给我的写作方法带来了一定的风险。乐高集团虽然对我开放，但并不是没有边界。比如，我无法看到董事会资料和审计协议；我读了一系列核心备忘录和邮件，但想要查一些相关资料时仍遭到了拒绝。

也许非常了解乐高集团的读者会说，这本书忽略了一些事情。有些人在乐高集团的发展中发挥了重要作用，非常值得被书写，却没有被详细地介绍。本书没法做到面面俱到。

"共同愿景"实施中偏技术性的部分也没有着重描写。我必须给自己设限，讲述这项工作中偏理论的部分。我认为这才是最有意思的，因为这正是其他公司感到好奇、想从乐高集团那里学习的。

本书对科尔克·克里斯蒂安森家族的私人关系没有过多描述。媒体一直对克伊尔德的私人财产表现出极大兴趣，试图猜测家族产业的价值。出于对克伊尔德的尊重，我没有从这个角度入手，这也不符合本书的写作理念。

乐高集团是一个很善于讨论的公司，这是许多年从未改变的一个特征。它极其注重公司文化，这也是让本书更有趣味的原因之一。但在我读公司内部备忘录的时候觉得这也是一个挑战。书面资料有时会受到术语影响，让一个外人无法理解，因此在搜集书面文字的同时，我也用一系列口头资料作为辅助。

我采访了许多人，询问了他们对乐高集团的看法，包括书中的两位主角克伊尔德和约恩以及许多现任和前任的总监和董事会成员共百余人。这些采访的共同点是，大家都讲到了"背景"，也就是说，他们没有任何的旁征博引或者固定的回答模板。公司的整体氛围使得受访者比较能够畅所欲言，作者也可以像一个无所不知的讲故事的人来讲述这段历史。这也意味着作者要对书中的信息、观点和判断负责，这也给资料提出了更高的要求。

乐高集团是一家复杂的公司，和我一起交谈过的人对公司依然抱有强烈的情感。许多参与这段历史的人对过去发生的事都有不同的解读。因为一些重要的事件就发生在几年前，所以一些人可能很难接受书中对一些事实的揭露。当讲到乐高集团怎么陷入危机又是如何走出危机的历史时，我品味到了一句老话中的真谛："胜利者有很多父亲，失败者只是孤儿。"

我想对所有支持和鼓励我的人表达感谢，特别感谢我在政治报出版社（JP/Politikens Forlagshus）的朋友们，尤其是出版社社长基姆·亨迪瓦特（Kim Hundevadt）和主编汉斯·拉森（Hans Larsen）。